대화윤리를 향하여
칸트와 하버마스의 윤리학 비판

이 도서의 국립중앙도서관 출판시도서목록(CIP)은 e-CIP홈페이지(http://www.nl.go.kr/ecip)
에서 이용하실 수 있습니다(CIP제어번호: CIP2009001117).

대화윤리를 향하여

칸트와 하버마스의 윤리학 비판

알브레히트 벨머 지음

김동규·박종식(연구모임 비상 번역팀) 옮김

한울
아카데미

Albrecht Wellmer
Ethik und Dialog

Elemente des moralischen Urteils bei
Kant und in der Diskursethik

Suhrkamp

Ethik und Dialog

Elemente des moralischen Urteils bei
Kant und in der Diskursethik

by Albrecht Wellmer

역자 서문

발터 벤야민은 『파사젠 베르크』에서 도덕의 영원한 과제가 "진보에 대한 믿음, 즉 무한한 완성 가능성에 대한 믿음"(D 10a 5)이라고 언급한 바 있다. 물론 그는 비록 이 믿음이 현실과 변증법적으로 충돌하여 한시적으로 출현하는 순간, 비로소 의미 있는 것이 된다고 생각했던 것 같다. 그에게 의미화될 수 없는 소망 이미지인 진보라는 것은 단순히 신화적 수준에 머무르는 것을 넘어서 인간을 억압할 수 있는 가능성을 가질 수 있는 것이기도 하다. 그렇다면 전통의 승리를 무비판적으로 보장하는 윤리나 도덕만큼 신화적이면서도 억압적인 것이 있을까.

역자들은 이런 의문을 이 책이 어느 정도 해소할 수 있을 것이라는 기대를 안고 번역을 시작했다. 이 책은 알브레히트 벨머(Albrecht Wellmer)의 *Ethik und Dialog: Elemente des moralischen Urteils bei Kant und in der Diskursethik* (Frankfurt am Main: Suhrkamp, 1999)를 완역한 것이다. 번역서의 제목은 『대화윤리를 향하여: 칸트와 하버마스의 윤리학 비판』으로 정했다. 특히 이 책의 저자 벨머나 비판적 검토의 대상이 되는 하버마스의 윤리학은 아마도 억압적인 윤리학을 벗어나려 했다는 점에서는 벤야민의 비판적 시야에서 비켜날 수 있을 것 같다. 그렇다고 그들이 진보라는 신화를 포기했던 것일까? 윤리적으로 구상된 사회진화론을 내세웠던 하버마스와는 달리 벨머는 구체적으로 사회진화론적 견해를 밝히지는 않지만, 여전히 그에게도 진보라는 신화는 유지되는 듯하다. 그럼에도 불구하고 두 사람에게 윤리는 여전히 억압이 아닌 자유를 확장하는 도구이다. 하버마스가 내세우는 논변윤리나 벨머가 제시하는 대화윤리 저 끝에는 진보의 이상과 자유의 완성이 자리하고 있고, 이러한 자유의 완성에는 보편과 특수의 조화라는 신화적 이미지가 채워져 있다. 이 실현 불가능한 미래로 억압 없이(지배로부터 자유로이) 수렴되는 최적의 방법들 중 하나가 하버마스에게는 의사소통과 논변이며 벨머에게는 대화인 셈이다.

모든 것이 입시에만 쏠린 공교육체계 탓에 윤리의 참된 의미를 배울 수 없었던 학생들에게, 그리고 고등학교에서 윤리를 선택하지 않았기에 중학교 수준의 도덕교육만을 받고 대학에 들어온 학생들에게, 심지어 온갖 선입견과 편견을 지닌 채로 윤리를 생각하는 학생들에게 윤리란 자신을 간섭하는 귀찮고 짜증나는 그 무엇 정도로 생각될 것이다. 윤리는 그들에게 처음부터 고리타분하며 심지어 자신들의 자유를 억압하는 강고한 금지의 체계일 뿐이다. 그들에게 윤리는

8

정말로 전통의 승리를 무비판적으로 강요하는 억압체계인 것이다. 대학에서 '교양 윤리학'이나 '현대사회와 윤리' 등과 같은 윤리학 관련 강의를 할 때마다 역자들이 가장 먼저 접하게 되는 것은 바로 학생들이 윤리에 대해 느끼고 있는 이러한 감각적인 반응들이다. 그럼에도 여전히 윤리학 관련 강좌를 수강하는 학생들을 볼 때마다 아직도 윤리학에 관심을 가진 그들에게 감읍할 따름이다.

우리가 이 책을 통해서 만나게 되는 칸트, 하버마스, 벨머는 윤리가 최종적으로 '자유를 선물하는 학문'임을 강조하고 있다. 따라서 이러한 책이 출간되지 않아도 되는 시대 상황을 꿈꾸는 것이 역설적으로 이 책의 목표가 될 것이다. 그러나 현실은 언제나 이러한 목표를 배반한다. 현재 한국의 상황은 '자유'를 다시 이슈화하지 않으면 안 되는 절박한 시대적 요청과 마주하고 있다. 윤리학과 사회 정의에 대한 대중의 멸시와 무관심, 천민자본주의적인 물신숭배, 재개발을 통한 집값 및 땅값 상승에 대한 욕망과 지연, 학연, 혈연으로 이어진 패거리 의식 등이 결합되어 결국 현 정권을 탄생시켰다. 도덕성을 하찮은 것일 뿐만 아니라 바보들이나 신경 쓰는 것으로 치부해버리고는 도덕성과 윤리가 있어야 할 자리에 돈에 대한 염치없는 욕망을 대체한 일부 대중 덕택에 우리는 지금 민주주의의 위기를 맞고 있다. "아무 것도 묻지도 않고 따지지도 않고"라는 이순재 씨의 광고 카피가 개그 소재가 되는 것도 이러한 현실을 반영하는 것이리라. 출항과 함께 배가 고장 난 것을 알게 된 승객들이 선장과 선원에게 그 사실을 알려주어도, 심지어 어느 부분에 무슨 고장이 났는지까지 알려주어도 선장과 선원은 배가 고장 난 것을 인정하기는커녕 배가 고장 났다고 외치는 사람들의 입에 재갈을 물리고 있다. 두 번 다시는 배가 고장 났다고 외치지 못하도록 본때를 보여주고 있는 것이다. 입으로는 '소통과 화해'를 외치고 있지만 백성들에게 돌아오는 것은 물대포와 인터넷 검열뿐이다. 이 정권은 백성들의 생각을 철저히 무시하고 백성들과 철저히 '불통'하면서, 이른바 '고소영'과 '강부자'만 껴안고 즐기고 있다. '화해'는 공염불일 뿐이고 백성들을 편 가르기해서 있는 놈들은 감세로 밀어주고 없는 놈들은 벼랑으로, 길거리로, 옥탑으로 밀어붙인다. 噫라(슬프구나)! '불통'을 통해서 몸소 정의와 윤리 문제의 중요성을 실천적으로 보여주는 정권이 또 어디 있겠는가! 불통의 정치는 우리 편에게는 잘해주고 우리 편 아닌 놈들에게는 철저하게 몽둥이로 다스린다. 이것이야말로 타자에 대한 전형적인 억압과 배제의 정치다. 2009년 용산 참사는 배제와 억압의 정치를 단적으로 보여주었다. 죽은 자들은 가해자가 되고 죽인 자들은 피해자가 되는 이러한 전도 현상은 이 정권의 '불통'과 '배제'의 정치가 잉태한 필연적 귀결이다.

난민들이 대화를 하자고 호소해도 대화를 거부하거나 불성실한 대화로 일관하다가 결국 난민들이 굶어죽거나 본국으로 강제 송환되어 생사의 기로에 놓이는 일들이 발생하고 있다. 이것은 세계화 시대의 '불통'의 정치가 치명적인 '부정의'와 연결될 수도 있다는 것을 보여준다. 난민들은 '법의 외부'에 존재하는 사람들인데, 이들이 간곡히 요청하는 대화를 포기하거나 거부하는 것은 곧 이들을 죽음의 절벽으로 밀어내는 '부정의'한 행위다. 이러한 상황에서 이 책은 다음과 같은 준칙을 내세우면서 불통과 불화에 대해 비판하고 있다. **대화 거절이라는 준칙이 보편화될 수 없다.** 이것은 여전히 '법'보다 먼저 '윤리'적 고려를 통해 '정의'와 '자유'에 도달해야 한다는 것을 보여준다. 그러한 점에서 윤리학은 약자와 소수자에게 자유를 선언하는 가장 강력한 세속적 복음이자 최후의 보루이다. 이러한 맥락에서 이 책에서 말하는 대화는 곧 윤리적인 것이자, 자유롭지 못하고 정의롭지 못한 것에 대한 강력한 비판이며 수정 명령이기도 하다. 자유와 비판이라는 것이 타자 없이는 불가능하다는 점에서 대화의 윤리는 주체철학의 문제도 간단히(?) 넘어선다.

그런데 불통의 문제는 대학 내부에도 만연하다. 비정규 교수(시간강사)가 검증이 안 된 사람들이라고 공영방송 인터뷰에서 노골적으로 발언한 어느 분의 목소리에서 우리는 '불통' 문제의 심각성을 느낄 수 있다. 두 명의 비정규 교수가 번역한 이 책은 어쩌면 한국사회와 대학사회의 불합리와 부도덕, 불법성을 향한 메아리 없는 절규일지도 모른다. 대화의 윤리를 통해서 정의의 문제를 탐구하고 있는 이 책은 불통과 불화, '대화와 토론 없는 다수결 논리'에 근거한 패거리 정치가 만연한 한국사회에 대한 비판이자, 엄연하게 대학생을 가르치고 있음에도 교원으로 인정받지 못하고 있는 비정규 교수들의 불법적인 강의 행위에 대한 고발이기도 하다. 즉, 한국사회와 대학사회를 향해 대화의 윤리를 통해 소통하고 정의를 실현하라는 외침이기도 하다. 이것만으로도 이 책이 왜 지금 한국에 소개되어야만 하는가 하는 이론적·실천적 근거는 충분할 것이다. 그러나 의사소통의 철학으로 유명한 하버마스의 입장에 대해 비판적이고 생산적 자극을 주어 하버마스 이론에 중대한 수정을 가하도록 동기를 제공한 벨머의 목소리를 들을 수 있는 것은 또 하나의 즐거운 보너스일 것이다.

사실 출판계의 불황 속에서 학술서를 출간하겠다는 무모함, 그리고 한국사회에 만연한 윤리에 대한 대중들의 무관심 등을 고려해 본다면, 이 책의 출판은 불가능에 가까운 일이었다. 그래서 출판을 염두에 두지 않은 채 역자들은 윤리학이 선물하는 자유 그리고 이 길로 가는 여러 방법들을 소개해야 한다는 의무감만으로 이 책을 번역했다. 앞으로 우리 연구모임에서는 이러한 생각에 공감하는 사람들과 함께 지속적으로 윤리학과 관련한 정의, 타자, 소통, 정체성 등의 문제를 다루는 책을 강독하고 번역할 것이다. 현재 '연구모임 비상'의 번역팀에서는 세계화 시대의 윤리로서 제시되고 있는『정체성의 윤리(The Ethics of Identity)』를 번역하고 있다. '연구모임 비상'은 현재 학술세미나팀과 번역팀으로 구분되어 각기 연구를 진행하고 있다. 이 모임은 2005년 6월 비정규 교수와 대학원생을 중심으로 한 단순 스터디 모임에서 출발했지만, 현재는 부산대, 동아대, 경성대, 영남대의 인문학 관련 연구자들의 모임으로 확대되어 운영 중이다. 그리고 최근 2008년 12월에는 인문학 대중독서 모임 '산책'을 부산교육대학교 앞 대안공간 '공간초록'에서 출범시켰으며, 현재 2기 독서 모임이 진행되고 있다. 이와 같은 여러 모임들이 중심부가 아닌 주변부에서 새로운 인문학적 상상력과 목소리를 낼 수 있기를 바라는 마음으로 연구에 임하고 있다. 많은 분들의 따뜻한 관심과 격려를 부탁드린다.

끝으로 이 책을 낼 수 있도록 애써주신 도서출판 한울 편집부 최규선 씨와 기획실 윤순현 과장님, 김종수 사장님께 감사드린다. 그리고 늘 애써주시고 관심을 보여주신 부산대 박준건 선생님과 이 책의 출간을 위해 같이 고민해주셨던 숭실대 김선욱 선생님 그리고 동국대 홍윤기 선생님께도 감사드린다. 또한 지속적으로 함께 고민하고 연구했던(또 하게 될) 동료들에게도 고마운 마음을 전하고 싶다. 이 책은 이 일을 할 수 있도록 무조건적으로 후원하고 응원해준 가족들이 없었다면 불가능했을 것이다. 가족들에게 무한한 사랑과 감사를 드린다.

그런데 우리는 자연이 요청하는 대화에 언제쯤 제대로 응하게 될까? 고민이다.

2009년 3월
초록에서
김동규, 박종식

저자 서문

　도덕철학적 회의주의와 혁명적 휴머니즘은 계몽주의의 자연스러
운 후손이다. 이는 이미 어느 정도 그리스의 계몽시대에도 해당된다.
그리고 그것은 훨씬 더 강하게 근대 유럽의 계몽주의에도 적용된다.
그리스와 유럽의 계몽주의는 직각적으로 가장 확실한 것으로 보였던
삶의 규범들, 즉 사물의 질서나 신의 의지 또는 전통의 권위에 '근거
한' 올바른 삶의 규범이 적절한 토대를 지니지 못하며, 인간의 의지에
근거한 올바른 삶의 규범만이 적절한 토대를 지닌다는 것을 밝혀낸
것을 의미한다. 이는 계몽주의를 처음으로 열었던 사람들에게 현기
증(Schwindels)을 느끼게 할 수밖에 없었을 것이라 생각된다. 이 현기증
속에서는 전적으로 상이한 것들이 서로 뒤섞일 수도 있었을 것이다.
즉, 모든 것의 토대가 흔들리는 듯한 기분이 그러한 현기증이라 할
수 있는데, 그것은 공포로 전율하게 하거나 안도의 한숨을 쉬게 할
수 있는 자유를 깨닫게 되었기 때문이거나, 또는 기존의 사회적 질서

가 폭력이나 억압, 망상에 의존하고 있다는 것이 드러났기 때문이다. 계몽된 의식으로 고무된 사람들의 시각이나 사회적 지위에 따라 하나 또는 다른 여러 요소들이 결국 좀 더 큰 비중을 차지하게 되었다. 예컨대 철학적 회의주의와 보수적 냉소주의, 혁명적 인간 감성들이 계몽주의가 폭로하는 것에 반발하는 여러 가지 가능한 방식들이 그것이다.

　나는 여기서 회의주의의 '어두운' 변주로서의 냉소주의를 논외로 할 것이다.[1] 냉소주의는 인식론적인 문제를 서술하는 것이 아니라, 오히려 심리학적이고 도덕적인 문제를 서술할 뿐이기 때문이다. 이에 반해 회의주의와 혁명적 또는 보편주의적 휴머니즘은 인식론적으로 고찰했을 때, 계몽주의가 밝혀낸 것에 대한 대안적인 대답이다. 회의주의는 도덕에 대한 새로운 토대를 세울 수 있다는 것에 이의를 제기하고, 혁명적 휴머니즘은 이성적 존재의 일치된 의지를 바탕으로 그러한 토대를 본다. 나는 당장은 이러한 대립을 대립으로 내버려 둘 것이다. 그리고 도덕철학적 회의주의에 대해서는 나중에 언급될 것이므로 더 이상 논하지 않을 것이다. 지금은 혁명적 휴머니즘의 운명, 다시 말해 철학적 운명이 나의 흥미를 끈다. 그 운명을 내 방식대로 말하려는 것은 아니다. 나는 오히려 혁명적 휴머니즘을 철학적으로 진전된 그것의 두 가지 견해로 탐구하고자 하는데, 이는 그 두 가지 방식으로부터 혁명적 휴머니즘의 **가능한** (철학적) 운명에

1) 이에 관해서는 Peter Sloterdijk, *Kritik der zynischen Vernunft*, 2 Bde., Frankfurt, 1983을 참고하시오.

관한 몇 가지 해결책을 이끌어내기 위한 것이다. 나는 '진전된'이라는 말에 대해서 매번 해당 시대에 진전된 것으로 생각한다. 그리고 부가 어적 형용사인 '혁명적'이라는 말은 여기서 고찰된 휴머니즘과 근대 의 혁명 사이의 **철학적 연관**을 암시한다. 그것은 고찰 대상 자체에 관해서는 어떠한 것도 말해주지 않는다. 이러한 고찰 대상은 혁명 이론이 아니라 보편주의적인 윤리학이다.

내가 고찰해보려는 두 입장은 칸트의 형식윤리학과 하버마스와 아펠의 논변윤리학(diskursethik)이다.[2] 그것은 보편주의적인 이성윤

---

2) **역주** − 여기서 역자는 하버마스의 'diskurs' 개념을 '논변'으로 번역한 홍윤 기 선생의 입장을 수용한다. 그래서 하버마스의 'diskursethik' 개념도 '논변 윤리'라고 번역한다. 가장 널리 번역되는 용어는 사실 '담론윤리'라는 개념이다. 물론 가장 널리 쓰이고 먼저 번역된 개념을 따르는 것이 좋겠지 만, 역자가 보기에 'diskurs'를 단순히 '담론'이라고 번역을 하면 하버마스 가 이 개념을 통해 드러내고자 하는 진정한 의도가 잘 드러나지 않게 되는 듯하다. 하버마스에게 'diskurs'는 화자와 청자가 문제가 된 주장에 대해서 타당성을 주장하며, 자신의 견해를 정당화하기 위해 적절한 근거 를 평등하고 상호적으로 교환하는 '논증적 담화'의 과정을 의미한다. 이 과정을 단순히 담화라고 표현하기에는 그 번역이 다소 밋밋해지는 느낌이 없지 않다. 논변이라는 개념을 차라리 논증적 담화윤리라고 쓰면 좋겠다. 하지만 이렇게 번역하면 표현 자체가 너무 길어지므로, 논증적 담화라는 말을 가장 효과적으로 살리는 말로서 '논변'이라는 말을 사용하고자 한다. 심지어는 대화윤리라고 번역하기도 하는데, 이는 하버마스의 'diskurs'라 는 개념의 완고함을 상당히 흐리는 듯하다. 그러므로 이러한 번역어는 되도록 사용하지 않는 것이 좋겠다. 게다가 벨머가 이미 하버마스의 논변

리학(Vernunft-Ethik)의 두 가지 형식이거나 하버마스가 말하는 바와 같은 '인식론적' 윤리학의 두 형태이다. 윤리의 토대가 **형식적** 원리로 탐구되어야 한다는 것은 이 두 입장의 주된 특징이다. 이때 이 원리는 자신의 형식성에 힘입으면서도 동시에 보편주의적이다. 도덕적 타당성은 하나의 합리적인 **절차**를 통해 정초된다. 여기서 절차는 **한편으로** 이성적 존재의 이성성이라는 보편적 핵심과 같은 것을 가리키면서, 다른 **한편으로는** 근본적 의미에서 자유와 평등 같은 모든 이성적 본질과도 관계된다. 도덕적 원리의 보편타당성과 도덕적 원리의 보편적 특성은 서로 중첩된다. 하버마스와 아펠은 이러한 근본이념에서 칸트와 일치된 견해를 보인다. 그리고 하버마스와 아펠은 법적 '정당성'의 개념과 관련해서 혁명적 자연법에 대한 견해도 칸트와 일치한다. 그리고 이는 하버마스와 아펠이 계몽주의적 휴머니즘이라

윤리를 비판적으로 확장해 대화윤리(dialogethik)라는 말을 사용하고 있으니, 이를 구별하기 위해서라도 'diskursethik'을 대화윤리로 번역하는 것은 적절하지 않다. 그 밖에도 토의 또는 토론 윤리라는 말이 있는데, 이는 이미 'diskussion'이라는 개념이 따로 있기 때문에 개념 사용상 혼동을 줄 수 있다. 그 밖에도 하버마스가 『사실성과 타당성』에서 언급하는 토론 또는 심의 정치(deliberative Politik) 개념과도 혼동을 가져다 줄 수 있기 때문에 '논변'이라는 개념을 쓰는 것이 좋겠다. 단, 하버마스의 원전을 번역한 책 제목에 '담론'이라는 개념을 쓴 경우가 있는데, 그 경우에는 해당 역자의 번역을 존중하는 의미에서 번역된 제목을 그대로 사용했다. '논변'이라는 개념 사용에 대해서는 홍윤기, 「하버마스의 법철학」, ≪철학과 현실≫, 봄호(1996), 106~114쪽 참조.

는 진영에 속한다는 것을 나타낸다.

　나는 이어서 칸트, 아펠 또는 하버마스의 도덕철학적 입장에 대해 소모적인 서술은 하지 않을 것이다. 왜냐하면 나의 분석과 해석은 매번 다소 제한된 의도에서 도출되기 때문이다. 내가 이전에 칸트의 윤리학에 관심을 갖게 된 것은 발견법적인(heuristisch) 이유에서였다. 나는 선택적인 해석 절차를 통해 의사소통윤리학 또는 논변윤리학의 발전을 위한 계기와 그러한 계기를 입증할 책임이 명백해지도록 칸트윤리학의 강점과 약점에 관해 면밀히 고찰해볼 것이다. 나는 칸트윤리학 전부가 옹호될 수는 없다는 생각에서 출발하므로, 특히 칸트윤리학의 **강점**을 명확히 하고자 한다. 왜냐하면 어떤 이들은 애호가가 붕괴된 사원을 다루듯(그 애호가는 사원에서 가장 좋은 부분을 구해내려고 노력한다) 내가 칸트윤리학을 다룬다고 비난할 수 있기 때문이다. 그러나 나는 보편화용론 또는 선험화용론의 매개를 통해 칸트의 문제를 해소하려는, 그렇게 함으로써 동시에 칸트를 통해 재현된 윤리적 보편주의의 형식을 보편주의의 대화적 형식으로 '지양하려는' 논변윤리의 체계주의적인 요구에 입각해 논변윤리를 주목해왔다. 나는 논변윤리가 이러한 요구를 아직까지 완수했다고 믿지 않기 때문에, 논변윤리에 대해 칸트윤리학의 경우에서보다 더 비판적인 태도를 취한다. 칸트윤리학이 그 자체로 '지양'하고자 하는 이론들이 지닌 문제 해결을 판정하는 것이 중요할 경우에 나는 칸트윤리학을 — 비록 애매한 척도이지만 — 여전히 유용한 척도로 사용할 것이다.

논변윤리는 칸트에 대해 비판하면서 다음과 같은 칸트윤리학의 세 가지 약점을 겨냥한다. 첫째로 그 비판은 칸트적 도덕원칙의 형식적이고 **독백적인** 성격을 지적한다. 이에 따라서 칸트의 견해와 상반되는 **상호주관적으로 타당한** 도덕적 판단 가능성에 대한 질문에 대해 칸트는 대답할 수 없다. 둘째로 그 비판은 법칙 개념에 대한 고유한 형식주의적 실체화를 토대로 한 칸트윤리학의 **엄숙주의**를 지적한다. 셋째로 그 비판은 도덕원칙을 **정초**하려고 했던 칸트의 시도와 관계된다. 여기서 드러난 칸트윤리학의 세 가지 약점은 형식적이고 **독백적인** 칸트적 보편주의의 '지양'을 통해 형식적이고 **대화적인** 보편주의로 수정되어야 한다. 다시 말해 **첫째,** 도덕적으로 타당한 준칙(Maximen)에 관해 재공식화된 논변윤리적 도덕원칙은 **내가** 아닌 **우리가** 그 준칙들을 일반적인 법칙으로 희망할 수 있기를 요구한다. **둘째,** 도덕원칙은 다음과 같이 공식화된다. 즉, 도덕원칙은 올바른 행위에 대한 질문을 궁핍하고 상처 입기 쉬운 존재가 같은 처지에 놓인 또 다른 존재들과 맺는 이성적 교섭의 문제와 관련된 질문으로 이해하도록 허용한다. 이를 통해 엄숙주의적 심성윤리의 모든 형식은 배제된다. **셋째,** 결국 도덕원칙을 논변윤리적으로 재공식화하는 것은 새로운 형태의 최후정초를 가능하게 한다. 바로 이 점에 대해서 아펠과 하버마스는 도덕원칙이 논증의 보편적 구조들 속에서 정초된다는 것을 드러내고자 했다. 이제 논변윤리의 기존 형식에 대한 나의 고유한 반론에 공통분모를 도출하기 위해서, 논변윤리의 형식이 한편으로는 여전히 아주 **칸트주의적**이고 다른 한편으로는 상당히 **칸트주의적이**

지 않다는 것을 주장하려고 한다. 칸트에 매우 가깝다는 비난은 논변윤리의 합의이론적 전제들과 최후정초라는 기획과 관련된다. 물론 논변윤리의 두 측면은 직각적으로는 칸트와 거의 관계없는 것처럼 보인다. 그러나 내가 제시하고자 하는 바와 같이 보편주의적 윤리를 말하자면, 도덕의식의 **역사**라는 매개적 심급 없이 이성의 보편적 구조에서 직접적으로 이끌어내려는 시도와 형식적으로 이상화된 합의이론이라는 개념 형성은, 다소 논란의 여지는 있지만, 칸트적이다. 물론 이를 통해 칸트에서 헤겔에 이르는 도정이 오늘날까지도 여전히 우리에게 통용될 수 있다고 말하려는 것은 아니다. 헤겔의 비판을 무시하는 것은 아니지만, 오히려 헤겔이 아주 예리하게 지적한 칸트 도덕철학의 막다른 골목에서 탈출하는 길이 굳이 헤겔의 체계를 거치지 않아도 된다고 생각한다. 나는 '목적의 왕국'이라는 칸트의 이념으로 널리 알려진 보편적 대화윤리라는 **합의이론적인** 해석 대신에 **오류를 허용하는** 해석으로 대체할 것이며, **강하고 일차원적인** 정초 요구 대신에 다소 **약하고 다차원적인** 정초 요구로 대체할 것이다. 보편화된 도덕의식은 실제로 화해라는 상황(이러한 상황이 어떤 형식으로 특징 지워진다 하더라도)에 대한 예견이나 최후정초라는 지반을 요구하지 않는다. 오히려 보편주의적 윤리학이 이 두 가지 절대적인 것에 고착되어 있는 한, 회의주의자의 반론과 마찬가지로 헤겔의 반론에 의해서도 쉽게 상처받을 수 있을 것이다. 따라서 논변윤리가 칸트에 밀접하게 관계된다는 하나의 비난에 관해, 나는 윤리학이 절대주의와 상대주의라는 잘못된 양자택일을 넘어서야만 한다는 것에서 출발할 것이다. 그 이유는 도덕과 이성의 운명이 최종합의와 최후정초라는 절대주의와 더불어 성립하고 소멸해서는 안 되기 때문이다.

기존의 형식에서 논변윤리가 **충분히** 칸트적이지 **않다는** 것은 그것이 칸트가 이미 분명하게 정교화했던 구분에 미달함을 의미하는 것이다. 나는 특히 도덕의 문제와 법(Recht)의 문제의 구분을 염두에 두고 있다. 의심할 여지없이 칸트의 의도는 법과 도덕을 상호 연관시키는 것이다. 그러나 내가 생각하기에 칸트는 충분한 근거를 가지고 규범적 **적법성**(Normenlegitimität)과 도덕적으로 올바른 행위의 문제를 최소한 분석적으로는 구분했다. 종종 논란이 되기는 하지만, 나는 칸트의 법과 도덕의 관계가 어떻게 구성되었는가 하는 세부적인 문제까지 다루지는 않을 것이다. 오히려 칸트가 도덕형식의 공식화를 통해 도덕적으로 올바른 행위에 대한 문제를 규범적 정당성에 대한 문제와 구별하는 방식에 주목할 것이다. 논변윤리는 지금도 여전히 문제들을 차별화하는 이러한 수준에 도달하지 못했다. 왜냐하면 이러한 수준이 논변윤리의 합의이론적 전제들과 관계되기 때문이다. 따라서 이 두 가지, 즉 논변윤리를 칸트에 밀착시키는 것, 그리고 칸트에 반대해 법과 도덕이라는 문제를 구분하지 않은 것은 진리합의론의 의문시될 수 있는 가정들과 관계된다.

결론적으로 내가 논변윤리를 변호할 수 있게 하는 논변윤리의 근본적 직관은 마찬가지로 칸트에 대한 논변윤리의 입장과 관련이 있다. 형식적으로 독백적인 칸트윤리학의 엄숙주의에 대한 비판과,

윤리학을 대화적으로 확장함으로써 칸트윤리학의 엄격한 형식주의를 넘어서고자 하는 시도는 정당하다고 생각된다. 끝으로 한편으로는 아펠과 하버마스와 마찬가지로 형식주의 윤리학에서 대화적 윤리학으로의 이행이라는 측면과, 다른 한편으로는 의식철학에서 언어철학으로의 이행 사이에 있는 연관을 살펴보고자 한다. 물론 나는 대화윤리적으로 이해된 보편주의를 위해 칸트윤리학이 제공할 만한 연관점이 새롭게 규정될 수 있을 것이라 믿는다. 이는 이 책의 제1장에서 고찰하고자 하는 바의 토대가 되는 의도이기도 하다. 이 책의 제2장에서는 논변윤리에 대한 비판과 그것의 합의론적 전제에 대한 비판을 담고 있다. 이 책의 제3장에서는 제1장에서 전개된 '유사 칸트주의적' 관점이라는 맥락에서 논변윤리의 근본적 직관들이 어떻게 타당성을 획득할 수 있는가를 드러낼 것이다.

　도덕철학적 회의주의에 대한 문제는 언급하지 않아도 될 듯하다. 왜냐하면 도덕철학적 회의주의가 중요하기도 하지만 그렇지 않다고도 생각하기 때문이다. 도덕적 회의주의는 **도덕적** 태도로서는 중요하게 간주되지 않겠지만, 합리주의적이고 근본주의적인 인식 요구를 의문시한다는 측면에서는 중요하게 간주되어야만 한다. 따라서 회의주의적 합리주의가 그 자체로 수용되어야만 하고, 이를 통해 그것이 계몽을 위한 촉매가 되어야 한다고 생각한다. 회의를 통해 배운 합리주의는 합리주의적이지도, 회의주의적이지도 않다. 그러나 그것은 아마 이성적이기는 할 것이다. 따라서 우리가 이성의 고유한 이상에서 분리될 경우에 계몽의 전통을, 그리고 혁명적 휴머니즘의 전통을 가장 잘 유지해갈 수 있다고 생각한다. 이것은 이성과의 결별이 아니라 오히려 이성 자체와 이성의 잘못된 표상과의 결별이 될 것이다.

이 책 제2장에서 나타나는 아펠과 하버마스의 사상에 대한 비판은 부분적으로 저자인 나 자신에 대한 비판으로 이해될 수 있다. 그러나 어떤 점에서 이러한 비판이 나 자신에 대한 비판으로 이해될 수 있는지에 대해 엄밀하게 보여주려고 하지는 않았다. 한편 내가 비판하는 두 저자의 사상이 제공한 결정적이고도 광범위한 충격에 빚지고 있다는 것을 숨기지 않을 것이다.

차례

제1장

칸트적 설명

1

하버마스는 「논변윤리: 정당화 기획에 대한 메모」[1]라는 글에서 이른바 경험과학의 귀납적 원리와의 유비를 통해 최종적으로 윤리의 보편화 원리를 다른 방식으로 정립했다. 나중에 설명하겠지만 나는 하버마스의 이러한 유추에 문제가 있다고 생각한다. 그럼에도 우리가 이러한 유추를 우선 이미 싱어(M. G. Singer)[2]와 헤어(R. M. Hare)[3]가

---

1) J. Habermas, "Diskursethik: Notizen zu einem Begründungsprogramm"(이하 DE 로 표기)는 그의 책 *Moralbewußtsein und kommunikatives Handeln*, Frankfurt, 1983 에 수록되어 있다.

2) Marcus G. Singer, *Generalization in Ethics*, New York, 1971, p. 37 이하(독일어판 은 *Verallgemeinerung in der Ethik*, Frankfurt 1975)를 참고하시오.

3) Richard M. Hare, *Moral Thinking*, Oxford, 1981, p. 8 이하를 참고하시오.

주장한 의미에서 좀 더 빈약하고 다른 형식으로 이해한다면 이러한 유추는 당장 해명된다. 즉, 그것은 인과적 판단과 도덕적 판단에 대해 동등하게 구성적인 '일반화 원리'라는 표현으로 이해된다.

이러한 일반화 원리는 인과적·규범적 판단, 그리고 원인-결과 관계의 일반적 특성을 표현하는데, 이 표현은 언어의 논리적 문법에 속한다. 이러한 문법의 도움을 통해 우리는 인과적 판단과 규범적 판단을 공식화한다. 다음과 같은 것이 인과적 설명에 해당한다. 만약 (인과적으로) b이기 때문에 a라면 다른 조건이 같을 경우에는 항상 b 다음에 a가 발생한다. 인과적 관계의 증명은 적어도 함축적으로는 인과적 **규칙성**의 증명을 의미한다. 이러한 주장은 우리가 '귀납 원리'라고 하는 것의 핵심이다. 인과적 '때문에(weil)'의 경우와 유사한 것은 곧 규범적 '때문에'에도 적용된다. 즉, 만약 어떤 사람이 조건인 b가 선행하기 때문에 a를 해야만 한다면(반드시 해야 하거나 할 필요가 있다면), 다른 조건이 같고 만약 b라는 조건이 선행하는 경우에는 모든 사람이 a를 해야만 한다(반드시 해야 하거나 할 필요가 있다). 각각의 인과적 또는 규범적 '때문에'는 일반성이라는 색인을 갖는다. 각각의 '때문에'는 언어적 표현의 일반성을 지니는데, 다른 조건이 같다는 전제하에서는 언제나 당연하게 각각의 '때문에' 사이에 언어적 표현의 일반성이 성립한다. "따라서 도덕적 판단은 보통 함축적 일반성이라는 특성이 있다는 측면에서 인과적 판단 그리고 '때문에'라는 진술과 유사하다."[4] 일반화의 원리 대신에 우리는 '동등의 원리'에 대해서도 말할 수 있을 것이다. 왜냐하면 일반화의 원리는 동일한 경우에 대해 동등한 처분을 요구하는 것이기 때문이다. 규범적 '때문에'의 경우, 인과적 '때문에'의 경우에서와 마찬가지로 동일한 경우에 직각적으로 동일하게 처리하지 않는 것에 대한 설명(또는 정당화)이 필요한데, 그러한 설명(또는 정당화)은 상이한 경우들이 ─ 인과적 또는 규범적으로 ─ 연관된 관점에 입각할 때 동일한 차원이 **아니라는** 것을 증명해야 한다. 아마도 일반화 원리나 동등의 원리는 논리적 모순율이라는 경우와 비교해서 좀 더 일반적인 의미를 지닐 것이다. 그렇지만 여기에서는 인과적이고 규범적인 "'때문에'로 서술된 문장"의 논리적 문법과의 관계에서 일반화의 원리나 동등의 원리가 가정하는 의미만을 주목한다.

규범적 동등성의 원리에는 이미 '정의(Gerechtigkeit)'의 기초 개념이 드러난다. 그러한 기초적 정의 개념은 동일한 경우에 대한 동일한 처분 외에는 어떠한 것도 의미하지 않는다. 그리고 이러한 개념은 공평성(Unparteilichkeit)의 이념을 포함한다. 공평성의 이념에서는 무엇보다도 기존 규범들의 공평한 적용이 중요하다. 이러한 의미에서 우리는 '공평한 사람'을 심판관으로 명명할 수도 있다. 우리는 이와 유사한 의미에서 어떤 교사가 어떠한 어린이도 '편애하지' 않을 때 그를 공정하다고 말한다. 그리고 어떤 법관이 '자의적으로' 법을 판결하지 않을 때 그 법관을 공정하다고 말한다. 물론 동등의 원리의 경우에서는 정해진 규범의 응용이 중요할 뿐만 아니라 개별적 행위

---

4) Singer, *Generalization in Ethics*, p. 38.

와 판단의 선례(先例)적 특성도 중요하다. 다시 말해 단일한 사건의 인과적 해석이 인과적 규칙성에 대한 미정(未定)의 명령(Anweisung)을 포함하는 것처럼 규범적으로 이해된 선례의 경우에는 함축적인 규범을 포함한다. 규범적인 선례와 인과적 선례, 이 두 가지는 동일한 경우에 대한 동일한 처분이라는 함축적인 규칙을 포함한다. 왜냐하면 이 두 가지 경우는 **앞으로** 일어날 사건에 대해 인과적이고 규범적인 해석의 자유를 제한하기 때문이다.

선례의 규범적 의미에 입각한 일반화의 원리는 실제적으로 '해야 한다(soll)', '해야만 한다(muß)', '해도 좋다(darf)'와 같은 표현과 규범적 개념 사이의 연관만을 표현한다. 따라서 앞서 언급된 기초적 정의 개념은 동일한 경우에 대한 동등한 처분이라는 기준을 정립시키는 규범들의 **정당화**에 대해, 즉 규범들의 '정의'에 대해 의문이 제기될 경우, 자연스레 거의 적용될 수 없는 것이 된다. 동등의 원리는 인과관계의 일반적 특성과 관계된다. 따라서 인과관계의 일반적 특성은 **일관성**의 원리라는 의미에서만 인과적 설명 또는 규범적 정당화의 **적합성**이라는 기준을 제공한다. 이에 반해 규범의 정당화에서는 특히 동일한 사태에 대한 동등한 처분에서 **어떠한** 기준이 **정당한** 기준인가 하는 물음이 중요하다. 이것은 아리스토텔레스가 그의 **정치학**에서 논의한 물음이다. 이 물음은 아마도 시민적 권리와 의무의 분배에서 부자나 자유인 또는 기술자가 언제나 '평등한 사람'으로 취급될 수 있는가 하는 질문으로 제기된 것이다. 기본적 권리에 관해 인간이 인간으로서 평등하게 간주될 수 있다는 이러한 보편적 원리는 **근대적**

도덕 해석과 법 해석에 속한다. 다만 인간이 동등하지 않다는 전통적인 정당화가 설득력과 구속력을 상실한 지금 상황에서는 그러한 보편적 원리가 모든 인간(이때의 인간이란 인정에 의해 규범적 원리가 작용한다는 의미에서의 인간을 말한다)이 이성적으로 찬성할 수 있는 유일한 원리라고 말할 수 있을 뿐이다. 따라서 규범이 더 이상 하나의 초월적 권위로 되돌아갈 수 없다면, 게다가 그러한 규범을 정당한 것으로 **인정해야**만 하는 사람들에게도 정당화될 수 없다면, 도대체 규범 **일반**이 어떻게 정당화될 수 있는지 고찰해볼 수밖에 없고, 그 즉시 규범적 근본 용어의 논리적 문법은 보편적 의미를 필연적으로 가정할 수밖에 없다. 왜냐하면 우리는 단지 보편주의적 의미에서만 이러한 표현을 합리적으로 사용할 수 있기 때문이다. 이러한 까닭으로 규범적 일반화의 원리가 보편화의 원리와 **동일한 의미**를 지닌 것처럼 보이는 현상이 발생한다. 그러나 나는 우리가 우선 다음과 같은 두 가지 의미 층위를 구별해야 한다고 생각한다. 그중 하나는 규범적 판단의 일반성이라는 특성과 관계되고, 다른 하나는 가능한 상호주관적인 규범**타당성**의 보편주의적 조건과 관계된다. 하버마스가 보편화 원리를 해석할 때 두 가지 의미 층위가 중첩된다는 사실은 실천적 진리라는 그의 합의 개념과 관련이 있다. 달리 말해서 보편화의 원리와 일반화의 원리가 중첩된다는 사실은 규범적 타당성 요구라는 **의미**가 하버마스에게는 그러한 타당성을 상호주관적으로 인정할 수 있게 하는 보편주의적 조건들과 중첩된다는 것과 관련된다는 것이다. 이어서 나는 칸트의 도덕원리를 두 번째 단계의 일반화 원리로 해석하기 위해 기본적인 의미를 지니고 있는 하버마스의 일반화 원리에서 출발하고자 한다.

2

나는 싱어 그리고 헤어와 함께 지금껏 고찰된 일반화의 원리가 이미 칸트가 정언명령으로 공식화했던 것의 본질적인 차원을 묘사하고 있다는 것에 근거해 논의를 시작하려 한다. 다만 다음과 같은 내용을 덧붙이고자 한다. **첫째,** 칸트가 말한 '이성의 사실'이 이러한 일반화의 원리로 환원될 수 없고, **둘째,** 내가 고찰한 바에 따르면 보편주의적 도덕원리는 추가적인 전제(예컨대 싱어의 '결과의 원리')의 도움을 받은 추론을 통해 일반화의 원리로부터 획득될 수도 없다.[5] 그럼에도 우리는 일반화의 원리가 칸트 도덕원리의 본질적인 차원을 지적한다는 것을 바로 다음과 같은 방식으로 분명하게 드러낼 수 있다. 정언명령은 내가 단지 준칙에 의거해 행위할 것을 요구한다. 이 준칙에 의거해 나는 동시에 그 준칙이 일반적인 법칙으로 타당하기를 희망할 수 있다. 그러나 이제 내가 일반 법칙으로서 희망할 수 있다는 것은 사실상 일반적으로 나의 — 항상 그리고 선행하는 — 규범적 확신을 통해 규정될 것이다. 특히 **다른 사람들**에 대한 나의

---

5) 이러한 점에서 나는 칸트적인 것 또는 '칸트적인' 윤리학에 대한 아주 설득력 있는 재구성이라는 다수의 관점을 통해 싱어의 결정적 약점을 본다. Singer, *Generalization in Ethics*, p. 63 이하를 참고하시오.

— 사회적으로 길들여진 — 규범적 기대를 통해 규정될 것이다. 이러한 경우에 정언명령은 궁극적으로 다음과 같은 내용만을 지닌다. "당신이 생각하기에 사람들이 해야만 한다고 여기는 것을 행하라." 또는 "당신이 생각하기에 사람들이 행해서는 안 된다고 여기는 것은 행하지 마라." 따라서 "너 자신을 위해서 규범적인 사태 내부에 어떠한 예외도 만들지 마라." 또는 단적으로 "당신이 해야만 하는 것을 행하라." 정언명령이 이미 이러한 — 말하자면 기초적인 — 의미에서 **사소한** 요구들을 결코 서술하지 않는다는 것을 지적하기에 충분하다고 생각한다. 다시 말해 정언명령은 내가 **지금** 여기서 그리고 내 **자신의** **행위에서 자기기만 없이** 인정된 규범적 의무들을 인정해야만 한다는 것을 요구한다. 칸트가 만약 **이러한** 요청을 단순한 것으로, 모든 사람에게 납득될 수 있는 것으로서, 그렇지만 충족시키기가 아주 어려운 것으로 이해했다면, 그는 아주 옳다. 자신의 고유한 규범적 확신이라는 의미에서 행동하라는 요구는 내가 매번 내 행위에 대한 자기 나름의 정당화를 숙고해야 한다는 것을 의미하지 않으며, 또 내가 매번 나의 규범적인 확신으로 **제시할** 수 있는 것에 입각해 행위를 해야 한다는 것을 의미하지도 않는다. 오히려 이러한 요구는 — 경우에 따라 서로 교환할 수 있는 역할을 할 때 상대방에게서 실제로 기대할 수 있는 것에 대해 기만당하지 않아야 한다는 요구와 같은 — 충족되기 어려운 요구를 포함한다.

물론 이미 강조한 바와 같이 정언명령은 이러한 기본적인 의미로 환원될 수 없다. 정언명령은 '규범적 확신'이라는 개념에 항상 그리고 이미 포함되어 있는 정언적 '당위(Soll)' 또는 '강제(Muß)'의 가능성을 설명해야만 하는 데다가, 이러한 가능성을 **합리적으로 이해할 수** 있는 '당위' 또는 '강제'의 가능성으로 설명해야 한다. 이러한 방식으로 비로소 정언명령은 보편주의적 도덕원리가 될 수 있다. 일반화 원리 그 자체는 모든 '합리적 존재'에 대해 타당한 원리이기는 하지만, 다른 규범들에 비해 보편주의적 규범을 반드시 두드러지게 하는 원리는 아니다.

우리는 정언명령을 두 번째 단계의 일반화 원리로 명명할 수 있다. 왜냐하면 여기서 비로소 보편화의 원리라는 표현이 드러날 수 있기 때문이다. 이러한 보편화의 원리는 더 이상 귀납 원리를 통한 단순한 유비로 이해될 수 없다. 다시 말해 여기서는 단순히 '당위'적 진술 또는 '강제'적 진술의 논리적 문법에 속하는 일반화의 특성이 중요할 뿐만 아니라, 그것을 넘어서 합리적 존재의 일반적인 의지가 중요하다(그래서 도덕적 판단의 상호주관적인 타당성이 중요하다). 정언명령은 모든 합리적 존재**에 대해** 타당할 뿐만 아니라 — 이른바 정언명령이 '목적공식'6)을 가장 분명하게 드러내는 것처럼 — 동시에 모든 합리적 존재**와** 관계하는 원리이다.

앞으로 대화적 윤리로의 이행을 위한 동기를 명백히 할 뿐만 아니라, 대화적 윤리에서 발생하는 증명 부담 역시 명백해지도록 정언명령의 의미를 재구성해보려고 한다. 이러한 재구성에서 정언명령에

---

6) **역주** — 인간을 항상 수단이 아닌 목적으로 대우하라는 칸트의 언급을 여기서는 '목적공식'이라고 표현하고 있다.

대한 다수의 가능한 해석들 중 실제로 가장 강력하게 보이는 해석을 지지함으로써 선택적으로 작업해갈 것이다. 그러한 해석에는 칸트의 텍스트 중 『도덕 형이상학 원론』이 가장 근접해 있다.

다음과 같은 칸트의 공식화에서 출발한다. "우리는 우리의 행위 준칙이 보편적 입법이 되는 것을 **바랄** 수 있어야만 한다. 이것은 일반적인 도덕적 판단 자체의 규준이다."[7] 단지 준칙에 의거해 행동해야만 하고, 그 준칙에 의거해 그 준칙이 보편적인 입법으로 타당하기를 바랄 수 있다는 요구는 단지 준칙에 따라서만 행동해야 하고 그 준칙에 의거해 다른 모든 사람들이(자신도 역시) 그 준칙에 따라 행위할 것을 바랄 수 있다는 요구와 동일한 의미를 지닌다. 그런데 칸트의 입장을 따르면, 만약 **내가** 그러한 준칙이 보편적 입법으로 타당하기를 바랄 수 없다면 다른 이성적 존재 역시 이를 바랄 수 없다는 결론이 나온다. 즉, 일반화 가능성에 대한 검증은 동시에 그러한 준칙들에 대한 일반적 찬성 능력에 대한 검증이다. 일반화할 수 없는 준칙들은 곧 내가 — 게르트의 표현을 따르자면[8] — "공적으로 지지"할 수 없는 것인데, 이것은 이중적 의미로 적용된다. 그것은 첫째, 다른 사람이 이러한 준칙을 자신의 것으로 삼기를 내가 바랄 수 없는 경우, 둘째, 다른 사람이 그러한 준칙들을 일반적 규칙으로

---

7) Immanuel Kant, "Grundlegung zur Metaphysik der Sitten(이하 GMS)," *Werke in sechs Bänden*(Hrsg. W. Weischedel), Band Ⅳ, Darmstadt, 1956, p. 54(BA 57).

8) Bernard Gert, *The Moral Rules*, New York, 1973(독일어판은 *Die moralischen Regeln*, Frankfurt, 1983).

— 다시 말해, 특히 이러한 준칙을 내가 준수해야 한다는 것으로 — 동의하기를 내가 기대할 수 없는 경우이다. 그러므로 일반화할 수 없는 준칙은 그것이 공통적인 실천의 규칙이라는 것에 대해 합리적인 존재들 간에 의견이 일치할 수 없는 준칙을 말한다.[9] 준칙의 일반화라는 경우에서 내가 '바랄 수 있음' 또는 '바랄 수 없음'이 다른 모든 합리적인 존재와 일치해야만 한다는 칸트의 가정에는 필연적으로 문제가 발생한다. 그 문제는 바로 칸트윤리학을 대화적으로 확장하려는 시도에서 발생한다. 그러나 이러한 문제를 일단 제쳐두고 정언명령 및 도덕적 규범과 도덕적 판단 사이에 있는 연관 관계에 대해 더 많이 이야기할 것이다.

우리가 말할 수 있는 정언명령의 고유한 입장은 다음과 같다. 즉, 정언명령을 통해 합리적으로 이해할 수 있는 것으로서의 도덕규범들 (즉, 다수의 '정언명령들')과 도덕 판단들의 정언적 '당위'나 '강제' 또는 '허용'은 유일한 메타적 원리인 정언적 '당위'로 소급된다. 이에 따라 정언적 '당위'는 설명을 필요로 한다. 칸트에게서 이러한 근본적인 정언적 '당위'가 명료화된다고 가정하는 한 이러한 당위로부터 우리의 관습적인 도덕적 판단과 규범들의 '당위'나 '강제' 또는 '허용'이 분명해질 수 있다. 칸트의 여러 표현들과는 반대로, 그리고 에빙하우스[10]와 싱어[11])의 견해에 동의해서, 나는 다음과 같은 것에서 출발한

---

9) Gert, *The Moral Rules*, p. 60 이하; Georg Henrik von Wright, *The Varieties of Goodness*, London, 1963, p. 197 이하를 참고하시오.

10) Julius Ebbinghaus, "Die Formeln des kategorischen Imperatives und die Ableitung

inhaltlich bestimmter Pflichten," *Gesammelte Aufsätze, Vorträge, Reden*, Hildesheim, 1968, I, Abt. 7, p. 140~160.

11) Singer, *Generalization in Ethics*, p. 240. "만약 행위의 준칙이 보편적 법칙이 되기를 바랄 수 없다면, 준칙에 의거해 행위하는 것은 잘못이다. 우리는 준칙에 의거해 행위하지 않을 의무나 책임이 있다. 그리고 그런 준칙에 따라 행위해서는 안 된다고 말할 수 있다. 그러나 만약 어떤 준칙이 보편적인 법칙(law)이 되기를 바랄 수 있다면, 그 법칙에 의거해 행위하는 것이 의무라는 것, 또는 그 법칙에 따라 행위하지 않는 것이 잘못임이 도출되지 않는다. 여기서 도출되는 것은 법칙에 따라 행위하는 것이 허용되거나 또는 잘못된 것은 아니라는 것이다(그래서 허용적 의미에서 정당하다). 그러므로 우리는 그 법칙에 의거해서 행위해서는 안 된다고 말할 수는 없다. 그렇게 행위해서는 안 된다고 말하는 것은 우리가 그렇게 행위해야만 한다고 말하는 것과 동일하지는 않다." 이러한 입장은 곧 아울과 연결된다(Joachim Aul, "Aspekte des Universalisierungspostulats in Kants Ethik," *Neue Hefte für Philosophie*, Heft 22, 1983, 특히 p. 85 이하). 칸트 자신이 그러한 해석을 전혀 생각하지 못한 것이 아니라는 사실은 그의 강연 노트에서 다음과 같은 입장으로 드러난다. "모든 도덕적 판단을 하면서 우리는 다음과 같은 생각을 한다. 만약 행위가 일반적인 것으로 수용된다면 그 행위는 어떤 상태인가? 만일 그 행위가 일반적인 규칙으로 수용되었을 경우, 행위의 의도가 그 자신과 일치되었다면 그 행위는 도덕적으로 가능하다. 그 행위가 일반적인 것으로 수용되었다 하더라도, 행위의 의도가 자신과 일치하지 않는다면 그 행위는 도덕적으로 불가능한 것이다." *Kants Gesammelte Schriften*(Hrsg. Akademie der Wissenschaften der DDR), Bd. XXVII(Kants Vorlesungen Bd. IV: Vorlesungen über Moralphilosophie), Berlin, 1979, p. 127 이하 참조. 나는 이러한 입장에 대해 게를라흐(Henry Gerlach)의 견해에 영향을 받았다.

다. 정언명령에서 내용적인 도덕규범 또는 판단들로 의무의 성격이 '이행'한다는 것은 일차적으로 일반화할 수 없는 행위 방식(또는 준칙)을 금지하는 형식으로 드러난다.[12] 예를 들어 필요하다면 거짓 약속을 함으로써 곤란한 상황에서 빠져나올 수 있다는 준칙[13]을 받아들인다고 치자. 나는 칸트와 마찬가지로 (합리적 존재로서) 우리가 이에 상응하는 실천이 일반적이기를 바랄 수 없다고 생각한다. 정언명령은 내가 (상황 X 또는 Z와 마찬가지로) 이러한 상황하에서 '부득이한 거짓 약속'이라는 준칙을 따라 행동해서는 안 된다는 것을 분명히 밝힌다. 만약 p하는 것이 부정직한 약속을 행하는 것을 의미하고, p하지 않는 것이 이러한 행위의 중단을 의미할 경우, 구체적 상황에서 그것은 다음과 같은 것을 의미한다. 나는 p를 해서는 안 된다, 또는 나는 p 아닌 것을 행해야만 한다(muß 또는 soll). 따라서 "내가(또는 우리가) p를 행해야만 한다"라고 할 때의 "해야만 한다(muß)"라는 것은 내가 특정한 준칙에 의거해 그 준칙이 일반적 원리로 타당하기를 바랄 수 없다는 것에서 생겨난다. 우리의 관습적인 도덕적 확신인 '강제(muß)' 또는 '당위(Soll)'는 오직 부정을 통해서만 정언명령에서 '파생'될 수 있다.

여기서 제안된 해석을 따르면, 일관되게 행동하는 것만이 도덕적으로 허용될 수 있다는 것에 대해서만 준칙들의 일반화 가능성은 의미가 있다. 그런데 물론 일반화할 수 있는 준칙이 곧 실천적 법칙이

---

12) William K. Frankena, *Analytische Ethik*, München 1972, p. 52 역시 비슷하다.
13) GMS 53(BA 54)을 참고하시오.

라고 말하는 칸트의 공식화가 모든 것을 다 해명할 수는 없다.[14) 이러한 모순을 설명하기 위해 우리는 '일반화 가능성'이라는 개념을 명확히 해야만 한다. 그것은 "준칙이 일반적 법칙으로서 타당하다는 것을 바랄 수 있어야 한다"라는 의미를 내포한다. 그런데 곧 보게 될 것처럼 칸트 자신이 **부정적인** 예를 제시한다는 것은 우연이 아니다. 다시 말해 칸트는 내가 특정한 준칙에 의거해 (이성적으로) 그 준칙이 일반 법칙으로 타당하기를 바랄 수 없다는 것을 드러낸다. 왜냐하면 내가 특정 준칙을 일반 법칙으로 생각할 수 없거나 또는 내게서 '갈등'이 생겨날 것이기 때문이다(이는 내가 사람들이 나를 도와주기를 바라면서도, 동시에 사람들이 나를 도와주지 않기를 바라기 때문이다).[15) 이러한 입장에서 볼 때, '검증 방법'을 포함하는 한, 정언명령이 임의의 명제가 아닌 바로 사람들(행위자)이 '가지고 있는' 준칙과 관련된다는 것을 생생하게 그려내는 것이 중요하다. 이를 통해 특징적인 비대칭성이 발생하는 것이다. 예컨대 진실을 말하는 것이 자신에게 불이익을 불러올 경우 거짓말을 하겠다는 준칙을 가진 사람은 이 준칙이 일반적 법칙으로 타당하기를 바랄 수 없다는 것을 쉽게 알 수 있을 것이다. 그와는 반대로 항상 진실을 말한다는 준칙을 지닌 사람은 설령 그에게 손해가 발생한다 하더라도 당연히 이 준칙이 일반적인 법칙으로 타당하기를 **바랄 것이다**(그러한 점에서 그는 또한

---

14) 예를 들어 Immanuel Kant, *Kritik der praktischen Vernunft*, in *Werke in sechs Bänden*(Hrsg. W. Weischedel), Bd. IV, p. 136(A 49)를 참조하시오.

15) GMS 54/55(BA 56/57)을 참고하시오.

일반적 법칙을 바랄 수 있을 것이다). 그러나 우리는 전자(나쁜 준칙을 가진 사람)에 대해 당장 다음과 같이 말할 수는 없다. 우리는 어떤 의미에서 그 사람이 진실성의 준칙을 일반적인 법칙으로 '바랄 수 있다'고 주장할 수 있어야만 하는가? 만약 진실성의 준칙이 **일반 법칙**과 대립해서 참일 경우, 자기 자신은 다른 규칙을 따르려 할 것이고, 아마도 다른 사람에 대해서는 그 준칙을 그대로 적용하려고 할 것이다. 한편 매우 곤란한 상태에 빠져 있다고 하더라도 어떠한 약점도 드러내지 않는다는 것을 자신의 준칙으로 삼고 있는 사람을 생각해보자. 만약 그것이 자신의 준칙이라면 그는 그것을 또한 일반적인 법칙으로 바랄 수 있을 것이다(더욱이 어쩌면 바랄 것이다). 그러나 강한 사람인 체하는 것보다는 오히려 자신의 결점을 드러내는 것을 자신의 준칙으로 삼은 사람 또한 어떤 약점도 드러내지 않는 것을 일반 법칙으로 바랄 수 있다. 그러나 이미 이러한 몇 가지 예를 통해, 어떤 사람이 특정한 준칙을 일반적인 법칙으로 바랄 수 있느냐 없느냐 하는 질문에 대한 대답은 그 사람이 실제로 어떤 준칙을 가지고 있는지에 의존하고 있다는 것을 알 수 있다. 따라서 어떤 사람이 준칙을 일반 법칙으로 바랄 수 있느냐 없느냐 하는 것으로는 긍정적인 의미로든 부정적인 의미로든 그 준칙이 '실천적인 법칙'인지 아닌지를 결정할 수는 없다. 이와는 반대로 만약 내가 나의 준칙을 일반적인 법칙으로 바랄 수 없다는 것을 알아낸다면, 오직 이를 통해 그러한 준칙에서 나온 행위가 — 내가 나 자신에 대해 하나의 '예외'를 형성하므로 — 도덕적으로 나쁘다는 결론이 나온다. 나는 방금 제시된 이러한

40

준칙에 따라서 행위'해서는' 안 된다. 만약 '일반화할 수 없는' 준칙이라는 의미를 지니고 있는 금지된 것, 그것을 내가 하지 **않겠다**고 준칙으로 설정했다면, 우리는 이 새로운 준칙을 첫 번째 준칙에 대한 '부정'이라고 명명할 수 있다(예컨대 '나에게 손해를 초래하는 것이라면 나는 진실을 말하지 않을 것이다'라는 준칙의 부정은 '설령 나에게 손해가 생긴다 하더라도 나는 항상 진실을 말할 것이다'이다).[16] 만약 이 새로운 준칙이 **실제로** 나의 행위 준칙이라면 나는 또한 그 준칙이 일반적으로 타당하기를 바랄 것이다. 그러나 그러한 경우에 내가 나의 준칙을 일반적인 것으로 바랄 수 있다는 사실은 특수한 의미를 지닌다. 이러한 특수한 의미는 나의 '바랄 수 있음'의 '논리적 발생'에서 생긴다. 다시 말해 나의 준칙은 일반화할 수 없는 준칙의 부정에서 형성되는 것이다. 이러한 의미에서 일반화할 수 있는 준칙은 결국 **나에게** 도덕적 의무를 나타낸다.

나의 제안은 준칙의 일반화 가능성에 대한 '약한' 개념과 '강한' 개념 사이를 구별하는 것이다. 일반화 가능성의 **약한** 개념은 일반화할 수 없는 준칙들의 제거에 관한 한 충분한 영향력이 있다. 그러나 반대로 약한 개념은 일반화 가능한 준칙이 실천 법칙(도덕규범)이라는 주제를 정당화하기에는 충분하지 못하다. 오히려 여기서는 일반화

---

16) **역주** – '일반화할 수 없는' 준칙이라는 의미에서 금지된 것이란 내가 사적으로 행위하는 것, 즉 예외적인 것을 인정하지 않겠다는 의미를 지닌다. 따라서 첫 번째 준칙은 사적인 예외를 허용하는 준칙을 의미하고, 새로운 준칙은 사적인 예외를 허용하지 않는 준칙을 말한다.

가능성이라는 **강한** 개념이 필요하다. 왜냐하면 강한 의미에서 준칙들의 일반화 가능성은 여기서 그 준칙들의 부정태인 일반화할 수 없음과의 부정적인 연관으로부터 이해될 수 있기 때문이다. 일반화할 수 없는 준칙들과 맺는 이러한 부정적 관계는 **모든** (약한 의미에서의) 일반화 가능한 준칙이 그 자신의 '부정'과 맺는 부정적 연관과 분명하게 구분될 수 있다. 만약 극단적인 상황이라고 할지라도 어떠한 약점도 드러내지 말라는 것이 나의 준칙이며, 이 준칙이 일반적인 법칙으로 타당하기를 바란다면, 그것은 당연히 항상 강한 모습을 드러내기보다는 오히려 약한 모습을 드러내라는 준칙이 일반적인 법칙으로 타당하기를 바랄 수 **없다**는 것을 의미한다. 그러나 **이러한** '바랄 수 없음'이라는 것은 그와 상반되는 준칙이 이미 나의 준칙이라는 것에 의존하고 있다(따라서 이러한 경우에 '바랄 수 없음'은 '바랄 수 있음'에 대해 부차적이다). 그 준칙이 **나의** 준칙일 경우에 '바랄 수 없음'은 전적으로 다르게 나타난다. 즉, 그러한 준칙을 일반화할 수 없다는 것은 내가 지금껏 지니고 있던 다른 준칙과 독립적이다.

따라서 그 준칙이 설사 나의 준칙일 수 있음을 가정하더라도, 그 준칙의 부정은 일반화될 수 없는 준칙만을 일반화할 수 있는 것으로서 이해하는 경우에만, 일반화할 수 있는 준칙이 그 자체로 실천적인 법칙이라고 주장할 수 있다. 여기서 준칙의 일반화 가능성에 대한 문제에서 부정의 우선권이 정당화된다. 물론 도덕적 규범의 상호주관적 **타당성**이라는 문제가 다음과 같은 방식으로 명확히 해결될 수는 없다. 즉, (칸트가 명백히 신뢰했던 것처럼) 나에게 인정된 도덕적 의무가 곧 다른 모든 합리적 존재에게도 인정되어야만 한다는 것은 결코 성립되지 않는다(그리고 그 반대도 마찬가지이다). 나는 이 문제로 되돌아갈 것이다. 이를 위해 나는 이후 연구에서 편의상 정언명령을 통해 드러난 도덕적 규범들이 상호주관적으로 타당하다는 것을 가정할 것이다.

3

이제 정언명령을 통해서 특징지어지는 규범들은 **보편타당하다는**, 즉 예외 없이 구속력이 있는 '실천 법칙'이라는 칸트의 논제에 관해 논의해보고자 한다. 이 논제를 매우 신중하게 공식화한다면, 이 논제는 — 칸트에 대항하는 칸트를 통해 — 정당화될 수도 있다. 만약 우리가 '나에게 합목적적인 것으로 보일 경우, 나는 거짓을 말할 것이다'라는 준칙을 취한다면, 나는 아마도 그 준칙이 일반화될 수 없다는 것에서 출발할 것이다. 그러한 준칙에 따른 행위가 정언명령을 통해 **계속해서 언제나** 배제된다는 것은, 이런 준칙의 의미에 근거한(또는 동기화된) 거짓말이 정언적으로 금지되고, 엄밀한 일반화의 의미(칸트의 '보편화'[17]라는 의미)에서도 금지된다는 것을 뜻한다. 그리고 이것은 '거짓말해서는 안 된다' 또는 '너는 거짓말하지 마라'와 같은 도덕규범으로 공식화될 수 있다. 이 규범의 보편타당성이 어떤 **특정한 종류의**

---

17) GMS 55(BA 58)를 참고하시오.

준칙이 보편화될 수 없다는 것에서 ― 또는 어떤 특정한 종류의 행위 근거를 허용하지 않는다는 것에서 ― 비롯된다는 사실을 ― 칸트 자신은 그것을 간과했었지만 ― 간과해서는 안 된다. 엄격한 금지는 일종의 어떤 행위 **근거**와 관계가 있다. 엄격한 금지는 엄격한 금지이기 때문에 그에 상응하는 **행위들**(여기서는 '거짓말하는 것')과 전혀 관계될 수가 없다. 예외의 가능성에 반대하는 칸트의 논박은 그것을 올바른 종류의 예외와 관계시킨다면 매우 옳다. 즉, '너는 거짓말하지 마라'라는 규범은 앞서 설명한 의미에서 이해한다면 결코 어떤 예외도 허용하지 않는다. 그러나 가능한 행위 근거, 즉 '그 행위 근거를 공식적으로 대체할 가능성'에 의거해서 (또는 ― 첫 번째 접근에서 ― 상응하는 준칙들의 보편화 가능성에 의거해서) **보편화 가능한** 예외를 특징짓는 행위 근거가 존재하는지 여부는 여전히 결정되지 않았다. 칸트는 '예외'에 관한 두 가지 상이한 범주들을 서로 정당화하고 있는 것처럼 보인다. 만약 우리가 여기에서 칸트를 따르지 않는다면, 파생된 도덕 규범을 엄격하게 보편타당한 것으로서, 그리고 가능한 예외를 '고려하는 것'으로서 **동시에** 이해하는 것은 그리 어렵지 않다.

게다가 여기서 문제가 되는 구분은 '이기적인' 동기와 '이타적인' 동기 사이의 구분과 일치하지 않는다. 나는 나 자신에게, 나의 아이 또는 친구에게 이익을 주기 위해서 거짓말을 해서는 안 된다. 위에서 언급한 규범이 금지하는 것은, **사적인** 목적(이 목적이 이기적이거나 이타적이거나에 상관없이)에 의거해 거짓말하는 것이다. 어떤 죄 없는 사람을 게슈타포에게서 구출하는 것은 이런 의미에서 사적인 목적은 아닐 것이다. 아니 오히려 그것은 **다른** 도덕적 규범, 즉 우리는 죄 없이 박해받는 사람들을 도와주어야 한다는 도덕규범에 근거할 수 있는 행위 목적일 것이다. 어떤 도덕적 규범('너는 거짓말해서는 안 된다')을 위반한 것은 — 비록 내가 그런 근거를 주어진 상황하에서 자연스럽게, 칸트의 표현을 빌리자면, '널리 알릴' 필요는 없을지라도 — 이 경우 '공식적으로 대체할 수 있는' 근거를 통해서 정당화될 수 있을 것이다. 그 대신에 '나는 필요하다면 거짓말을 해서라도 죄 없이 박해받는 사람을 구출하려고 할 것이다'라는, 그에 상응하는 준칙도 보편화할 수 있다고 말할 수 있을 것이다. 물론 여기에서는 칸트가 도덕규범을 엄숙주의적으로 해석함으로써 더 이상 이렇게 할 수 없는 어려움이 생긴다. '필요하다면(즉, 합목적적이라면), 나는 거짓말을 할 것이다'라는, 앞서 고찰된 명백히 일반화할 수 **없는** 준칙과는 반대로, 나중에 고찰된 준칙('나는 필요하다면 거짓말을 해서라도 죄 없이 박해받는 사람을 구하려고 할 것이다')의 일반화 가능성에 관한 문제는 결코 명백하게 결정될 수 없다. 그 준칙은 명백하게 대답하기에는 너무 **모호하다**. 만약 모든 인간들이 '필요하다면'의 경우가 실제로 언제인지를 올바로 결정할 수 있는 충분한 판단력과 선의지를 가지고 있다는 것을 확신할 수 있다면 나는 **이런** 준칙을 오직 보편 법칙으로서만 바랄 수 있다고 말하고 싶다. 그러나 만약 내가 **그것을** 확신할 수 있다면 그것에 상응하는 준칙은 더 이상 필요하지 않다. 왜냐하면 어느 누구도 죄 없이 박해받지 않을 것이기 때문이다. 따라서 만약 칸트가 그 준칙들을 가능한 목적의 왕국에서 입법에 적합하지 않은 것으로서 포기한다면, 우리는 칸트가 철저하게 일관성을 유지했다는 것을 인정해야만 한다. '너는 거짓말해서는 안 된다'는 규칙에 대한 예외를 실제로 정당화하기 위해 우리는 구체적인 상황의 특수한 상태와 마주해야만 한다. 여기에서 '공식적으로 대체 가능한' 근거는 — 이 근거로써 나는 예외를 정당화할 것인데 — 비록 원리적으로는 다시 보편화 가능한 준칙〔상황형(situationstypus)과 관계되는 준칙〕의 형식으로 표현될 수 있다. 그러나 다음과 같은 딜레마가 생긴다. 즉, 그러한 준칙의 **적용 영역**은 자신이 해당되는 상황형을 좀 더 **정확하게** 특징화하면 할수록 더욱더 **작아지고**, 이러한 특징화를 좀 더 **보편적**이게 하면 할수록 더욱더 **무규정적**으로 된다는 것이다. 그러나 그것은 도덕규범으로부터 정당화된 예외는 그러한 도덕규범에 의해서 금지된(또는 명령된) 행위와 동일한 의미에서는 규칙에 속할 수 없다는 것을 의미한다. 그러므로 도덕규범을 적용할 때 **판단력**은 칸트가 인정하고자 했던 것보다 훨씬 더 기초적인 역할을 수행한다. 그리고 여기서는 다음과 같은 사실이 정당화된다. 도덕적 논쟁에서는 항상 근본적인 도덕규범이 아닌 상황 또는 상황형에 관한 특징화가 논쟁거리가 된다. 일반적으로 우리가 그런 특징화에(그러므로 특징화라는 말의 가장 넓은 의미에서 그 '사태'에) 의견이 일치되면 곧 도덕적 논쟁은 해소된다. 이러한 의미에서 도덕이 사태 자체에 놓여 있다고 말할 수 있다.

방금 언급된 사례들의 분석을 끝내기 위해서 한 가지 중요한 쟁점과 관련해 가정된 도덕적 문제 상황과 도덕 판단의 상황에 대한 서술을 다시 한 번 변형하고자 한다. 그것은 문제를 두 가지 능력으로 '분해'하는 것과 같은 것이다. 만약 우리가 행위의 준칙들 대신 도덕 **규범들**에서 출발한다면 그러한 문제는 바로 두 가지 규범의 갈등 속에 존재한다. 첫 번째 규범은 죄 없이 박해받는 사람을 내가 돕기를 요구하는 것이고, 두 번째 규범은 내가 거짓말하지 않기를 요구하는 것이다. 그런데 이 두 가지 규범이 부정적으로 일반화할 수 없는 행위 준칙과 어떤 방식으로 관계하는지를 고찰해본다면, 구성된 행위 상황이 **첫 번째** 규범의 **직접적인** 적용 사례이며, 이에 반해 구성된 행위 상황이 **두 번째** 규범의 **간접적** 사용 사례라는 것이 곧 분명하게 드러날 것이다. 그것은 "나에게 어떠한 불이익도 발생하지 않는 경우에만 죄 없이 박해받는 사람을 도울 것이다"라는 준칙을 일반화할 수 없다는 사실로부터 도와주어야 한다는 사실이 발생한다. 이를 통해 — 죄 없이 박해받는 사람에게 도움을 준다는 — 행위의 **목적이** **요구**된다. 이에 반해 거짓말에 대한 금지는 — 여기서 형성된 전제하에서 — 주어진 상황에서 전혀 논의되지 않은 준칙, 즉 '나에게 이익이 된다면 거짓말을 할 것이다'라는 준칙을 일반화할 수 없다는 것에서 생겨난다. 이것은 여기서 거짓말이 단지 '사적인 목적'의 실현을 위한 수단으로서가 아니라 기껏해야 도덕적으로 **제공된** 행위 목표의 실현을 위한 수단으로서 논의된다는 것의 다른 표현일 뿐이다. 따라서 일반화할 수 없는 준칙들과 맺는 그 규범들의 내적 연관을 고려하고, 거기에 행위 상황의 특수한 성격까지 고려해서 본다면, 서로 대립하는 도덕적인 규범들은 전적으로 동등한 수준에 놓여 있는 것은 아니다. 이러한 경우들을 통해 우리는 상이한 도덕적 의무 사이의 갈등이 사실이 전혀 중요한 것이 아니라는 칸트의 논제에 — 물론 칸트적이지 않은 점들에도 — 동의할 수 있을 것이다.

사례로 든 도덕적 상황에 대한 나의 두 번째 특성화는 첫 번째 특성화에서 — 유사 보편화 가능한 행위 준칙의 도움을 통해 — 은폐된 채 남아 있는 상황에 대한 하나의 측면을 명백하게 드러낸다. 그러나 이제 반대로 두 번째 특성화가 첫 번째 특성화에서 전면에 등장한 하나의 측면을 은폐하고 있다는 사실 역시 언급할 수 있다. 나는 '구체화의 문제' 또는 적용의 문제에 대한 측면을 생각하고 있다. 거짓말이 언제나 죄 없이 박해받는 사람을 도와주기 위한 정당한 수단일 수만은 없다는 것을 보여주기 위해서는 우리가 든 사례에 내포된 극단적인 상황을 어느 정도 변형해야만 한다. 그러나 이 말은 앞서 제안된, 현실적으로 나타날 수 있는 규범적 갈등에 대한 해결이 구성의 보편성에도 불구하고 단지 극단적인 경우에만 타당할 수 있다는 것을 의미한다. 그런데도 이러한 문제들은 우리가 일반화 가능한 준칙하에서 진실을 말하라는 명령에 대해 예외를 허용하고자 할 경우에, 그래서 우리가 일종의 허용 법칙을 공식화하려고 할 경우에 비로소 명백해진다. 우리가 앞서 살펴본 것처럼 이러한 종류의 일반화 가능한 준칙은 엄밀히 말해 공식화될 수 없다. 왜냐하면 이러한 준칙은 결국 예외를 허용하는 부가적 요소를 포함해야만 하기 때문이다. 여기서 다음과 같은 하나의 '허용 법칙'만이 언급될 수 있다. **이러한** 상황에서는 거짓을 말하는 것이 허용될 수 있다. 도덕적 명령 자체의 보편적 타당성과는 달리 예외의 보편타당성은 결국 구체적인 상황에서 규정된 행위 방식을 정당화한다는 의미에서만 확증될 수 있다. 바로 여기에 '상황주의적' 또는 '실존주의적' 윤리의 진리 계기가 놓여 있다. 우리는 늙은 칸트의 엄청나게 예리한 감각에 감탄할 수밖에 없다. 그는 그러한 '상황주의적' 계기를 위해, 그리고 자신의 윤리학에서 판단력에 상응하는 역할을 위해 어떠한 공간도 미리 마련해두지 않았기 때문에 궁극적 결론에 이르기까지 엄숙주의적 의무윤리라는 유일하게 가능한 대안만을 주장했다.

다시 한 번 '파생된' 도덕적 규범(엄밀하게 보편적이면서도 가능한 예외를 '고려한' 규범)이 부정의 방법에 입각해 일반화할 수 없는 준칙들로부터 생겨난다는 논제로 되돌아간다. 이 논제는 정언명령의 입장에서 관찰한 바에 따라서 모든 것의 근본에 있는 도덕적 규범이 ― '너는 거짓말해서는 안 된다', '너는 살인해서는 안 된다' 또는 '누구에게도 고통을 주지 마라(Neminem laede)'[18]와 같은 의미에서 ― **금지규범**의

---

18) Aarthur Schopenhauer, "Grundsatz der Gerechtigkeit," *Die Beiden Grundprobleme der Ethik*, in *Sämtliche Werke*(Hrsg. W. Freiherr von Löhneysen), Bd. III, Darmstadt, 1968, p. 746을 참고하시오. 나는 여기서 쇼펜하우어의 칸트윤리학 비판을 언급하려는 것은 아니다. 단지 나는 "당위의 개념, 즉 윤리의 명령 형식이 단지 신학적 도덕 속에서만 타당하다. 그러나 그러한 도덕의 밖에서는 모든 뜻(Sinn)과 (모든) 의미(Bedeutung)를 상실한다"는 쇼펜하우어의 논제를 언급하고 싶을 뿐이다(같은 글, p. 726). 무조건적인 도덕적 당위 개념에 대한 유사한 '의미(Sinn) 비판'이 새로운 윤리학적 논의에서도 다시 한 번 전면에 부상한다. G. E. M. Anscombe, "Modern Moral

특성을 지닌다는 것을 의미하는 것은 아니다. 오히려 '도움이 필요한 곳에 (당신이 할 수 있는 한) 도움을 주라'와 같은 규범(칸트는 이러한 규범과 '넓은' 구속성을 지닌 윤리적 의무가 상응한다고 본다[19]) 역시 도덕적 금지규범이 부정적으로 일반화할 수 **없는** 준칙과 관계하는 것과 같은 방식으로, 아마 다음과 같은 준칙과도 관계될 수 있을 것이다. "만일 어떠한 이익도 생기지 않는다면 나는 어떤 사람도 돕지 않을 것이다." 게르트가 도덕적 '이상'이라고 명명한 것과 밀접한[20] 이러한 '긍정적인' 도덕적 규범을 도덕적 금지규범과 구분하는 것은 후자의 경우 행위가 금지되지만, 반대로 전자의 경우 행위의 금지(및 행위 시도의 금지)가 금지된다는 점 때문이다. 그러나 하나의 행위를 금지하는 것은 **이러한** 행위를 수행해서는 **안** 된다는 명령과 동일한 의미인 반면, (특정한 상황에서) '빈둥거리는 것'을 금지하는 것은 보통

Philosophy," in *Philosophy*, 33, 1958; A. MacIntyre, *After Virtue*, Notre Dame and Indiana, 1981, p. 57을 참고하시오. 도덕적 당위에 대한 의미비판 (Sinnkritik)에 대해서는 Philippa Foot, "Morality as a System of Hypothetical Imperatives," in *Virtues and Vices*, Berkeley and Los Angeles, 1978, p. 163 이하; U. Wolf, *Das Problem des moralischen Sollens*, Berlin and New York, 1984, p. 3 이하를 참고하시오. 나는 내가 '쇼펜하우어의 문제'라고 명명하는 것을 사람들이 무시할 수 없다고 생각한다. 비록 쇼펜하우어가 자신의 논제를 칸트 비판에서 공식화한다고 할 때 칸트 비판이 설득력이 없다고 하더라도 말이다. 나는 간접적으로 11절에서 이러한 문제로 되돌아갈 것이다.

19) Kant, *Metaphysik der Sitten*, p. 520(A 20)을 참고하시오.
20) Gert, *The Moral Rules*, p. 128 이하를 참고하시오.

특정한 행위를 하라는 명령과 동일한 의미를 갖지 않는다. 칸트가 밝히듯이 광범위한 구속성이 있는 윤리적 의무는 "그 윤리적 의무의 경계가 명백하게 주어질 수 없다 하더라도, 어느 정도 그 속에서 행위할 수 있는 여지(Spielraum)"[21]를 허용한다. 우리가 긍정적 규범이라 말할 수 있을지는 모르겠지만, 아무튼 긍정적 규범은 하나의 규정된 방향으로 행위해야 한다는 것을 명령(칸트적 언급으로 하면 '다른 사람의 행복을 나의 목표로 만들어라')하는 것이지, 이와 반대로 특정한 행위를 하라고 명령하는 것은 아니다.

보충 설명

헤어(R. M. Hare)는 내가 앞서 제안한 것과는 다소 다른 방식으로 도덕적 '직각적인 원리(prima-facie-Prinzipien)'[22]의 예외에 대한 문제를 해결하려고 했다. 헤어는 도덕적 고찰의 두 수준을 구분했다. 그는 이러한 수준을 '직관적인' 수준과 '비판적인' 수준이라고 일컫는다.[23] 직관적인 수준의 도덕적 고찰에서 우리는 **일반적**이면서 다소 **특수하지 않은**, 즉 예외를 고려하는 직각적인 원리들과 관계한다.

---

21) Kant, *Metaphysik der Sitten*, p. 524(A 27).
22) '직각적인 원리(Prima facie Principles)'라는 표현에 관해서는 Hare, *Moral thinking*, p. 38을 참고하시오.
23) 같은 책, p. 25 이하.

도덕적 갈등의 상황에서야 비로소 우리는 도덕적 고찰에 대한 **비판적** 수준으로 이행할 필요를 느낀다. 다시 말해 '비판적인 도덕원리'의 공식화로 이행하게 된다는 것이다. 이때 이러한 원리들은 '무제한적인 특수성'에 관한 것일 수 있다.[24] 헤어에게 직각적 원리들은 말하자면 도덕적인 일상 속에 있는 복잡성에서 벗어나기 위한 (또는 도덕적 '관습'을 완성하기 위한) 수단일 뿐이다. 만일 우리가 대천사와 같은 지적 능력을 지녔다면 우리는 도덕적 판단을 하면서 매번 비판적으로 처신할 수 있을 것이다. 그리고 거기서 우리의 행위는 그때그때의 도덕적 행위 상황, 즉 우리가 처해 있는 상황의 특수성에 적합한 도덕적 원리를 통해 규정될 수 있을 것이다.[25]

헤어의 '비판적 도덕원리'는 예외라는 부대조건을 통해서 변형된 다음과 같은 종류의 직각적 원리이다. 즉, "F 행위를 피하기 위해서 G 행위를 하는 것이 필요할 경우에만 G 행위를 해야 한다. 이 행위를 H라고 하자. 만약 어떤 행위가 H가 아니라면 G를 해서는 안 된다".[26] 그리고 이렇게 하는 것은 자연스럽게 직각적 원리를 비로소 비판적으로 상술하기 시작하는 것이다. '예외' 문제의 해결을 위한 이러한 방법은 이상하게 보인다. 왜냐하면 우리가 헤어의 방식에 입각해 있는 원리들의 보편성과 상황의 특수성을 함께 생각해보기 위해서는 실제로 대천사(또는 신)라는 허구를 필요로 하기 때문이다. 그것은

---

24) 같은 책, p. 41.
25) 같은 책, p. 46을 참고하시오.
26) 같은 책, p. 33.

특수자를 보편자 속으로 완전히 지양할 수 있는 능력을 지닌 무한한 지성이라는 허구이다. 오직 그러한 허구를 우리의 유한한 사고 활동의 목표로 전제할 때에만, 우리는 도덕적 예외 또는 갈등에 관한 — 즉, 도덕적 문제 상황에 관한 — 문제를 도덕규범에 대해서 무한하게 특수화할 수 있는 가능성을 언급함으로써 해결하려고 시도할 수 있다. 헤어가 이러한 허구를 사용하는 것은 자연과학(즉, 인과법칙의 무한한 특수화 가능성의 이념)에서 합법적인 사고형태를 역사적·실천적 현상의 영역으로 전용하는 것에 근거한다. 그러나 이러한 전용은 이미 적절한 것이 아니다. 왜냐하면 모든 행위들이 속해 있는 역사의 영역 속에는 '궁극' 언어가 있다는 이념, '완전한' 기술이 가능하다는 이념은 결코 규제적 이념으로서 의미를 지닐 수 없기 때문이다. 그런데 도덕적 원리들의 무한한 특수화 가능성을 주장하는 헤어의 이념에 대한 반론은 좀 더 특수하고 정확하게 공식화될 수 있다. 우리는 앞서 — 칸트에서 출발하면서 — (강한 의미에서) 일반화 가능한 준칙(이것에는 보편타당한 도덕 준칙이 상응할 것이다)들과 '유사 일반화 가능한' 준칙(이것에는 '허용 법칙'이 상응할 것이다) 사이를 아주 분명하게 구분할 수 있다는 것을 살펴보았다. 우리가 보았듯이, 그러한 허용 법칙은 그것의 무규정성 때문에 실제로는 법칙으로서 — 칸트적 의미에서 — 공식화될 수 없다. 그러나 그것은 그런 허용 법칙이 무규정적으로 많은 경우(여기서는 그 법칙이 허용하는 것처럼 보이는 것이 도덕적으로 금지될 경우)를 함께 고려한다는 것을 의미한다. 이러한 종류의 허용 법칙과 첫 번째 '예외'라는 부대조건('except'-Klausel)은 위에서 언급된 — 제한적으로 — 특수화된 규범에 대한 헤어의 예와 상응하고, 반면에 두 번째 '예외'라는 부대조건은 허용의 제한을 의미한다. 헤어는 우리가 유한한 이성적 존재로서 언제나 도덕원칙의 **유한한** 특수화 가능성을 가지고 그럭저럭 살아가야만 한다는 것에서 출발한다. 그러나 만약 우리가 의존하고 있는 칸트 도덕원리가 '허용 법칙'(원리의 제한된 특수화 때문에 오직 가장 필요한 제한만을 부여할 수 있는 허용 법칙)을 구성 요소로서 포함하고 있다면, 그 경우에 도덕원리 자체는 거의 **필연적으로** 그리고 확실히 **명백한 잘못**이다. 우리는 아마도 다음의 원리를 생각하고 있을 것이다. "고통에서 벗어나게 해달라고 애원하면서 죽어가는 환자에 대해 자비를 베푸는 행위를 하는 것이 필요한 경우를 제외하고 사람을 죽이는 것은 금지되어 있다." 이러한 원리에 대해 주장하는 사람은 특정한 상황(이 상황에서 적절하게 행위 하는 것이 주장 또는 명령될 수 있다)에 주목한 것이다. 만약 그 원리가 법규칙(Rechtsregel)의 형식을 획득한다면 그러한 원리가 무한히 오용될 수 있는 기회를 줄 수 있다는 것은 명백하며(이것은 그 문제의 평범한 측면이다), 그 원리가 이러한 보편성 속에서 **자발적인** 적용을 한다는 가정하에서는 분명히 도덕적으로 잘못이라는 것도 명백하다. 예외적 도덕법칙을 공식화(언제 한 행위가 필연적으로 자비로운 행위가 되는가)할 때 생기는 무규정성 속에는 1,000가지의 반대 이유가 내재해 있는데, 이러한 반대 이유는 구체적인 상황 속에서 — 그리고 심지어 내가 앉아 있는 이 책상에서도 — 떠오를 수 있다. 나는 그 원리를 보편적으로 공식화할 때 생기는, 원리 자체에 대한 반대 이유들을 생각하고 있다. 그러나 구체적인 상황에서 우리는 책임 있게 최대한 잘 행위해야만 한다. 우리가 이제 도덕 판단 또는 논증의 논리를 헤어의 견해를 통해 재구성하려 한다면, 문제 상황 속에서 우리의 도덕적 논증은 필연적으로 잘못이 될 것이다. 왜냐하면 그것은 잘못된 원리에 근거하고 있기 때문이다. 그러나 실제로 우리가 구체적인 상황에서 (언제나) '아직은 불충분하게 특수화된' 원리를 가지고 있다 하더라도, 우리는 이런 상황 **속에서도** 정당하게 올바른 것을 행할 수밖에 없다. 여기서 보았듯이, 그런 근거가 확실한지는 보편타당한 원리를 공식화할 수 있는지보다는 오히려 (이러한) 상황을 우리가 파악하고 있는지 여부에 달려 있다. 이를 다르게 표현하면, 근거와 상황에 대한 기술이 언제나 보편적인 성격을 지니고 있다고 하더라도, 여기에서 고찰된 경우에서는 우리가 공식화할 수 있는 논증이 색인(지표)의 역할(indexikalisch)을 하는 계기를 동시에 지니고 있다고 할 수 있다. 어쨌든 그 논증의 확실성은 이 계기에 근거하고 있다. 상황에 대한 우리의 이해는 어떤 식으로든 언제나 기술과 논증을 통해 명백하게 된 것보다 더 많은 것을 포함한다. 그러므로 **만약** 우리가 (비판적인) 원리들을 공식화한다면, 그 원리들을 **적용**할 수 있기 위해서 그 원리들은 또한 우리와 친숙할 수밖에 없는 모범적 상황들과 함축적인 연관을 맺게 된다. 원리 **자체**는 색인(지표)의 역할을 하는 계기를 포함한다. 그렇기 때문에 그 원리들은 충분히 '특수화'되지 않고서도 도덕적인 고려에서 하나의 역할을 수행할 수 있다. 이와 반대로 이와 같은 것이 직각적 원리에는 적용되지 않는다. 만약 우리가 직각적 원리를 도덕규범(그것의 보편타당성은 일반화될 수 없는 준칙과 부정적인 연관을 통해서 구성된다)으로서 이해한다면 말이다.

그러므로 나는 칸트윤리학이 — 우리가 평소에 그의 윤리학에 대해 평가할 수 있다고 하더라도 — 도덕적 규범들과 '허용 법칙' 사이의 범주적 구별을 공식화하도록 허용한다고 생각한다. 이때 이러한 구별은 도덕적 판단과 근거들의 '정교한 구조'를 어느 정도 분명하게 해준다. 다시 말해 이러한 범주적 구별은 헤어가 그렇게 하듯이 만약 우리가 한편으로는 도덕적 명령 또는 금지를, 다른 한편으로는 '허용 법칙'을 '비판적인' 도덕원리를 공식화하면서 '차곡차곡 정리해간다면', 그때까지 분명하지 않았던 정교한 구조를 어느 정도 분명하게 해준다. 이러한 근거를 비롯해 앞서 밝힌 헤어 논문의 합리주의적 함의 때문에 나는 도덕적 예외 문제에 대한 헤어의 해결을 '이상한' 것이라고 생각한다.

헤어가 앞서 비판된 이념과 더불어 우리가 칸트에 대해 생각하는 것과 동일한 합리주의적 전통에 속하는데도, 헤어에 비해 칸트 자신은 법칙 개념을 도덕철학으로 번역하는 과정에서 부분적으로 아리스토텔레스적인 신중함을 유지해야만 하는 것처럼 보인다. 바로 그 때문에 칸트에게서는 일반화 원리와 특수적 상황의 매개, 즉 헤어가 그러한 매개를 구성하는 것과 같은 매개는 불가능한 것으로 나타나야만 한다. 칸트의 도덕철학적 엄숙주의는 칸트가 매개 불가능성이라는 난점에서 이끌어낸 합리주의적 결과이다. 이러한 결과는 그가 이미 도덕적 행위를 일반적으로 합법칙성의 형식 아래로 끌어들이기 위해 치러야 했던 대가이다. 다른 한편으로 우리는 만약 도덕규범들을 일반화할 수 없는 행위 **준칙**과 부정적으로 관계시킨다면 그러한 근본적인 도덕규범(헤어가 이야기한 '직각적 원리')의 '보편성'이 철저히 구원될 수 있다는 것을 보았다. '예외'의 문제는 다른 영역에서 드러난다. 그것은 궁극적으로 오직 구체적인 행위 상황 속에서는 해결할 수 없는 문제, 즉 비록 **근거**는 있지만 **원리**에 관한 무한한 특수화를 통해서는 해결할 수 없는 문제로서 드러나는 것이다.

나는 헤어와의 차이점을 과장하지는 않을 것이다. 어떤 의미에서 우리는 헤어가 '직관적' 도덕원리와 '비판적' 도덕원리를 구분하는 것을, 또한 위에서 제안한 — 칸트적 관점의 영역 속에 있는 — '예외' 문제의 해결을 일종의 다른 말로 번역하는 것이라고 생각할 수 있다. 왜냐하면 구조적인 동질성이 명백하기 때문이다. 따라서 헤어는 칸트보다 아리스토텔레스적 전통에 더 가깝다고 이해할 수 있다. 엄밀히 말해 더 이상 공식화될 수 없기 때문에, 나는 '원리'에 대한 헤어의 언급이 적어도 오도된 것이라고 생각한다. 비록 우리가 구체적인 상황에서 도덕 판단을 위해 내세울 수 있는 근거가 언제나 일반성의 색인을 지닌다고 할지라도, 그러한 근거는 도덕적 갈등이 생길 경우에 규칙으로 변형될 수 있을 것이라는 방식(그러한 근거는 기껏해야 임시변통적 원리로 변형될 수 있을 것이다)으로 상황과 '연결'된다. 이 규칙의 정당한 적용은 판단력과 연결되는데, 판단력은 단지 그에 상응하는 실제 상황들과의 (도덕적) 교섭 속에만 형성될 수 있다. 유사한 어떤 것도 일반화할 수 없는 준칙에 '상응하는' 도덕원리는 적용되지 않는다. 왜냐하면 여기서 실제로 — 내가 그것을 앞서 설명했을 때의 의미로 — **보편적인** 원리가 중요하기 때문이다. 그렇기 때문에 적어도 칸트적 관점(좀 더 광범위한 의미에서 헤어 또한 공유하고 있는 관점)의 범위 내에서, 앞서 제안된 도덕적 예외의 문제에 대한 해결은 헤어의 해결책보다 더 설득력 있다고 생각된다.

4

칸트는 어떤 준칙을 일반 법칙으로서 바랄 수 있거나 바라지 않을 수 있는 인간의 의지 속에서 이성적인 존재인 인간에게 **공통된** 의지의 표현을 언제나 분명히 보았다. 칸트윤리학의 '인식주의'는 — 도덕판단을 상호주관적인 타당성이라는 의미에서 보편적 판단으로서 요구하는데 — 이러한 전제(우리가 당분간 '최후'정초 문제를 도외시한다면)와 더불어 존립하고 붕괴된다. 이러한 전제에 문제가 있다는 것은 분명하다. '바랄 수 있다'는 표현은 분명 '경험적인' 계기를 포함한다. 따라서 우리는 상이한 사람들이 **상이한** 행위 방식을 일반적인 것으로 바랄 수 있다는 가능성을 고려해야만 한다. 앞서 나는 만약 우리가 — 강한 의미에서 — 일반화 가능한 준칙이라는 개념에서 일반화할 **수 없음**이라는 개념의 논리적 우선성을 분명하게 한다면, 이 문제의 뇌관을 **어느** 정도는 제거할 수 있다고 지적했다. 즉, '바라지 않을 수 있다'에 관해서는 도덕적으로 판단하는 모든 사람들이 특권적인 지위에 있다. 즉, 만약 **내가** 어떤 것을 바랄 **수 없다면**, 우리 역시 어떤 것을 바랄 수 **없을** 것이다.

　물론 이를 통해서는 도덕 판단의 상호주관적인 타당성이 결코 보증되지 않는다. 왜냐하면 우리가 언제나 일반적인 행위 방식으로서 바랄 수 있거나 바라지 않을 수 있는 것은 의심할 바 없이 개념(이 개념을 통해 언제나 사회적인 현실과 우리의 욕망을 해석하게 된다)의 기원에 결정적으로 의존하기 때문이다. 내가 아마 권위 있는 준칙을 (학생, 신하, 부하들이) 반대하는 경우, (일반적인 것으로서) 더 이상 망설이지 않고, 곧바로 아주 단호하게 판정할 것인지 하는 문제는 권위 있는 교육자 또는 장관인 누군가가 사회 현실을 개념의 기원(여기서 복종과 저항은 마치 규범적 질서의 긍정적 극과 부정적 극을 나타낸다)에 의해서 해석할지 어떨지에, 또는 민주주의자라는 사회 현실을 개념(이러한 개념의 규범적 낙차는 자기결정성과 의존성이라는 극단적 양극을 통해서 나타날 수 있다)에 의해서 해석하는 것에 달려 있다. 정언명령과 같은 도덕원리는 결코 규범적인 '진공' 상태에서는 기능할 수 없다. 그러나 만약 사정이 그러하다면, 구체적인 행위 상황 속에서 정언명령을 준수하는 것**만으로는** 어떤 경우라도 그에 상응하는 도덕 판단의 상호주관적인 타당성을 보증할 수가 없다. 정언명령과 같은 도덕원리는 우선 정언명령을 통해 도덕적 합의가 어떻게 보증될 수 있는가 하는 것을 **결코** 보여줄 수 없다. 만약 우리가 여전히 앞서 논의한, 도덕 판단의 '예외' 및 상황적 측면의 문제성을 덧붙여서 생각해본다면, 칸트 자신이 정언명령의 '형식주의적' 해석에 의해서만 감출 수 있었던 일련의 어려움이 드러난다. 이러한 형식주의적 해석은 『실천이성

비판』에서 두드러진다. 이 책의 결정적인 구절에서 '바랄 수 있다'가 독특하게 '타당할 수 있다'로 대체되는데, 그 기준으로 '생각할 수 있다'가 진술되고 있다.[27] 다음과 같은 공식화가 특징적이다.

그러므로 이성적 존재는 자신의 주관적이고 실천적인 원리들을, 즉 준칙들을 동시에 전혀 보편적 법칙으로서 생각할 수 없거나 또는 준칙이 보편적 입법으로 적합하다는 단순한 형식이 그 준칙을 그 자체로 단지 실천 법칙으로 만든다는 것을 가정해야만 한다.[28]

칸트는 준칙에 관한 합법칙성의 형식을 도덕적으로 올바른 행위의 기준으로 삼기 때문에 ─ 겉으로는 ─ 도덕의 객관성을 구제한다. 그렇지만 이러한 사유를 일관되게 수행하는 것은 우리에게 관심거리도 되지 않는 형식적인 의무윤리학을 위해 칸트 도덕철학의 생산적인 이중성을 없애버리는 것을 의미한다.

이와는 반대로 나는 다음과 같은 것을 생각한다 ─ 그리고 이러한 내 입장은 칸트를 잇는 현재의 거의 모든 도덕철학과 일치한다. 『도덕형이상학 원론』에 있는 도덕원리에 대한 칸트의 공식화에서 산출된 것은 바로 행위하는 사람의 경험적 의지에 그러한 공식화를 적용하는 것이다. 물론 이때 의지란 개별적인 목표와 관계하는 의지가 아니라, 일반적인 행위 방식과 관계하는 의지이다. 이렇게 말할 수 있을지

---

27) Kant, *Kritik der praktischen Vernunft*, p. 140, 136(A 54, 49).

28) 같은 책, p. 136(A 49).

모르겠지만, **만약** 칸트가 사람들의 도덕적 직관 일반을 재구성하는 것이 어느 정도 옳다면, 그것은 도덕적 판단의 합리성이 (경험적) **의지**와 **당위** 사이의 특별한 연관에 닻을 내리고 있어야만 한다. 우리 시대에 도덕철학은 대부분 칸트윤리학을 형식주의적으로 축소하는 데 반대하여 이러한 칸트적 근본 직관을 어떻게 타당하게 만들까 하는 노력으로 이해될 수 있다. 더군다나 규칙공리주의와 의사소통적 윤리 사이의 공통점 역시 바로 여기에 놓여 있다. 만일 우리가 행위 능력을 지닌 존재의 합리성과 그러한 존재의 바랄 수 있음 사이의 연관에 대해서 칸트가 구성하는 것 이면에 숨어 있는 문제를 중요시한다면, 거칠게 말해 칸트와 연결된 윤리학에 대한 세 가지 가능한 해결 대안을 제시할 수 있을 듯 보인다. **첫 번째** 대안은 상이한 합리적 존재들이 가능한 한 상이한 행위 방식을 일반적인 행위 방식으로 바랄 수 있어야 함을 용인하는 데 있다. 이러한 경우에 행위 능력이 있는 모든 존재의 이성적 의지가 필연적으로 일치한다는 것은 부정된다. 도덕적 보편성은 적어도 초기의 헤어와 마찬가지로 — 잠재적으로 — 도덕적 세계의 다원성 속으로 해체된다.[29] 그 밖에도 헤어는 보편주의 윤리를 도덕적 근본 언어[‘당위(sollen)’, ‘강제(müssen)’ 등]의 논리적 문법에서 직접적으로 도출하면서, ‘최후정초의 문제’를 제거했다. 헤어는 **우리의** (근대적) 이성의 사실에 윤리를 어느 정도 정박시킨다. **두 번째** 대안은 최소 윤리를 정초하려는 노력에

---

29) Richard M. Hare, *The Lanjuage of Morals*, Oxford, 1952, p. 68 이하를 참고하시오.

있다. 이때 최소 윤리의 내용은 어느 정도 도덕적 규범에 상응한다. 우리가 일반화할 수 없는 준칙들의 사례에 관해 고찰했을 때, 우리는 또한 칸트를 통해 이러한 규범을 만날 수 있었다. 그리고 일반화할 수 없는 준칙들에 대한 도덕적 규범의 부정적 관계는 '칸트'윤리학의 이러한 두 번째 변종 속에서 변화된 형식으로 다시 나타난다. 도덕적 규범들은 어떤 행위 방식을 허용하는 것에 대해 합리적 존재들의 의견이 일치되지 않는 행위 방식에 대한 금지이다. '합리적'이라는 말은 여기서 **약한** 의미로 이해되어야 한다. '합리적' 의지는 고유한 관심을 지닌 의지이다. 다시 말해 ─ 정확히 칸트적 구성에 상응하는 입장에서와 마찬가지로 ─ 대안적 규칙들이 가능하다는 결과를 고려하는 의지이다. 나는 게르트[30])의 이론, 라이트(G. H. von Wright)[31]) 그리고 어느 정도 싱어와 롤스(John Rawls)[32])의 이론이 이러한 두 번째 대안에 상응한다고 생각한다. 이러한 두 번째 대안에서 도덕적 당위가 자신의 기본적 내용으로부터 재구성되기 때문에 어떤 의미에서 도덕적 보편주의의 통일성은 유지된다. 그러나 그 대신에 도덕적 구속성이라는 개념이 問題가 된다. 내가 ─ 지금 그리고 바로 여기서 ─ 일반화 가능한 준칙을 따라서, 또는 게르트의 용어를 빌리자면 '공적으로 대체할 수 있는' 근거들의 의미에서 **행위해야 한다**는 것은,

---

30) Gert, *The Moral Rules*, Kap. 2, 특히 p. 37 참조.

31) von Wright, *The Varieties of Goodness* 참조.

32) John Rawls, *A Theory of Justice*, Cambridge/Mass, 1971(독일어판은 *Theorie der Gerechtigkeit, Frankfurt*, 1975).

즉 내가 도덕적으로 행위해야 한다는 것은 도덕적 당위의 합리적 의미가 문제시되고 있기 때문에 더 이상 칸트적인 강압(Gewaltstreich)으로써 정초될 수 없다.[33] 칸트적 의미에서 상호주관적으로 타당한 도덕적 내용의 재구성은 이성적인 의지를 도덕적 의지와 직접적으로 동일화시키는 것이 파괴된다는 (역설적) 결과를 산출한다.[34] 그러한 재구성은 우리가 정언적 당위 자체를 다시 한 번 (경험적) '의지'와 결합할 경우에만 — 최후정초라는 방법에서가 아니라, 좀 더 약한 형식으로 — 재산출될 수 있다. 따라서 두 번째 대안은 칸트윤리학에 **정초가 결핍되어 있다**는 문제를 명확히 한다. 그러한 대안이 칸트윤리학의 근본적 사유를 재구성한 것으로서 이해되면 될수록, 그러한 대안 속에서는 정언명령이라는 무조건적인 도덕적 '당위'가 순수한 실천이성의 '당위'일 수 없다는 것이 더욱더 명백히 드러난다.

이러한 확장이 아펠과 하버마스에 의해서뿐만 아니라 '구성주의'의 에어랑엔 학파와 콘스탄츠 학파의 대표자들에 의해 다른 형식으로 제안되었던 것처럼[35] 세 **번째** 대안은 결국 칸트 도덕원리를 논변

---

33) 게르트의 해석은 Gert, *The Moral Rules*, Kap. 10: "Why should one be Moral?" 참조.

34) 같은 글, p. 204 이하 참조.

35) 대표적으로 다음과 같은 책을 들 수 있다. Friedrich Kambartel(Hrsg.), *Praktische Philosophie und konstruktive Wissenschaftstheorie*, Frankfurt, 1974. 그 외에도 Oswald Schwemmer, *Philosophie der Praxis*, Frankfurt, 1971; Paul Lorenzen and Oswald Schwemmer, *Konstruktive Logik, Ethik und Wissenschaftstheorie*, Mannheim-Wien-Zürich, 1973.

윤리적으로 확장하는 것에 있다. 앞서 말한 대안의 경우와 유사하게 여기에서 타당한 도덕적 규범과, 합리적 대화를 통해 일치시킬 수 있는 규칙은 동일시된다. 두 번째 대안과의 결정적인 **차이**는 내용적 도덕규범의 철학적 정초에 대한 요구가 포기되고, 그 대신에 대화적 일치의 원리가 칸트 도덕원리의 **자리**를 대신했다는 것이다. 이러한 전화는 최후정초의 문제에도 다시 한 번 새롭게 접근할 수 있게 해준다. 아펠과 하버마스는 구성주의적 원리로서의 규범적 타당성 요구의 강제 없는 대화적 해명의 원리가 의사소통적 행위의 조건들 속으로 '설치되어야' 한다는 것을 증명하려고 했다. 즉, 말할 수 있고 행위할 수 있는 존재는 그러한 원리를 — 적어도 함축적으로 — 언제나 인정해야만 한다는 것을 증명하려고 한 것이다. 칸트와 연결된 윤리학 또는 '칸트적인' 윤리학에 관해 여기서 구분된 세 가지 대안들 중 오직 세 번째 대안만이 칸트적인 의미에서 강조된 실천이성의 개념을 회복시키려고 시도하지만, 구체적으로 도덕규범의 정초 가능성**뿐만 아니라**, 무조건적인 도덕적 당위의 합리적 의미 **역시** 변호하려는 시도를 하고 있다. 이 세 번째 대안이 이르게 되는 어려움에 대해서는 나중에 다루겠다.

5

칸트 도덕원리에 관해서 지금까지 주장된 선택적인 독해 방식은 앞서 분류된 세 가지 대안 중 **두 번째** 대안과 구조적으로 다소 일치한다. 두 번째 대안은 내가 정언명령의 정초 가능성의 문제(그러나 이것은 정언명령을 바탕으로 해석된 도덕적 당위의 합리적 의미에 관한 문제를 의미한다)를 지금까지 등한시했다는 점에서 일치한다. 칸트 자신은 이 문제에 대해서 아무런 만족할 만한 답을 주지 않았다 — 나는 이 점에 대해 칸트를 비판하는 다른 이들의 생각에 동의한다. 그러나 우리가 보았듯이, 이것은 분명히 칸트 도덕철학의 유일한 약점은 아니다. 만약 내가 지금까지 칸트 도덕철학의 **강점**을 강조했다면, 이것은 다음의 관점에서 생긴 것이다. 나는 한편으로는 도덕 판단에 관해 칸트를 재구성해봄으로써 **제한된** 그러나 **기본적인** 수준의 도덕적 문제들이 아주 분명해질 수 있다는 것을 보여주고자 하며, 다른 한편으로는 칸트 도덕철학의 강점을 강조함으로써 동시에 칸트적인 구성의 **약점**을 좀 더 예리하게 드러내고자 하는 것이다. 이를 통해 칸트를 넘어서는 윤리학에 대한 요구에 관해 어떤 기준을 획득하는 것뿐만 아니라, 문제 영역(이 문제 영역으로부터 대화적 윤리학의 전개를 위한 동기가 추론될 수 있다)이 드러나기를 바란다. 앞서 언급한 부분에서 나타난 칸트윤리학의 문제 영역은 칸트가 추구했던 윤리학의 형식적 원리를 한 단계 더 깊이 평가하려는 생각에, 즉 (상호주관적인) **타당성**과 (합리적인) **정초** 사이의 관계 속에서 그 형식적 원리를 찾아내려는 생각에 다가간 것이다. 아펠과 하버마스는 칸트 형식주의 대신에 '절차적' 형식주의를 수용한다. 절차적·형식적 도덕원리의 공식화는 이 문제 영역(이 영역은 칸트윤리학의 지형도 속에서 맹점으로 남아 있다)을 도덕철학적으로 해명해야만 하며, — 그리고 동시에 —

형이상학으로 복귀하지 않고 '최후정초의 문제'를 해결할 수 있어야
만 한다. 우리가 나중에 살펴보게 될 것처럼, 대화적 윤리학의 두
가지 근본 의도는 체계적 방식으로 서로 관계된다. 이러한 의도들을
― 나아가 논변윤리학의 요구와 증명 부담을 ― 부분적으로 더 명백하게
하기 위해서, 나는 칸트윤리학을 대화적으로 확장하기 위한 연관점
이 발견될 수 있는지의 문제를 가장 우선적으로 추적해보고자 한다.

실버(John R. Silber)는 칸트윤리학 자체의 형식주의가 이미 '절차적'
형식주의로서 이해되어야만 한다는 것을 보여주려고 했다.36) 물론
여기서는 실제적인 대화의 '절차'가 아니라, 도덕적 판단 형성의 '절
차'가 중요하다. 실버는 칸트가 공식화한 '공통적인 인간 오성의 준칙
들'이라는 틀로 정언명령을 해석함으로써, 칸트윤리학의 '절차적
형식주의'를 해명하려고 했다.37) 우리가 지금 논하고 있는 연관에서
는 이러한 준칙들 중 특히 두 번째 준칙('다른 모든 사람들의 입장에서
생각하기')이 중요하다. 이러한 준칙의 틀 속에서 이해할 때, 행위
준칙의 도덕적 검증은 실버와 마찬가지로 하나의 가언적 관점 전환
을 요구한다. 우리가 준칙을 검증하면서 다른 사람의 처지, 무엇보다

---

36) John R. Silber, "Procedural Formalism in Kant's Ethics," in *Review of Metaphysics*
Vol. XXIII, Nr. 2(1974).

37) Immanuel Kant, *Kritik der Urteilskraft*, in *Werke in sechs Bänden*(Hrsg. W.
Weischedel), Bd. V, Darmstadt, 1957, p. 390(B 158). 그 준칙의 내용은 다음과
같다. "① 스스로 생각하기, ② 다른 모든 사람의 입장에서 생각하기,
③ 언제나 자기 자신과 일치하는 사유하기."

도 당연히 우리의 행위와 관계된 사람의 처지가 됨으로써만이, 하나의 준칙을 일반적 준칙(즉 합리적인 본질)으로서 이성적으로 바랄 수 있는지 여부에 대한 근거 있는 판단에 이를 수 있다. "모든 합리적인 존재의 인격성을 존중하기 위해 도덕적 행위자는 자신을 다른 사람의 처지와 관점에 위치시켜야만 한다. 이러한 방식에서 그는 다른 사람의 가치와 욕구를 이해할 것이며, 자신을 넘어섬으로써 자기 자신의 욕구 충족에 집중하려는 자신의 경향을 완화하도록 제한할 것이고, 결국 다른 사람의 욕망을 정당화할 것이다."[38]

판단력에 관한 칸트의 준칙이라는 틀 속에서 행해진 정언명령에 대한 실버의 해석은 칸트윤리학에서 대화윤리로의 내재적 이행을 쉽게 떠올리게 한다. 즉, 내가 다른 사람(아마도 실제적인 타인)의 욕구와 가치관을 내 생각으로 타당하게 함으로써, 따라서 내가 마치 다른 사람을 내 생각으로 표현함으로써 내가 하나의 준칙을 (이성적으로) 일반적 법칙으로서 바랄 수 있는지 없는지에 대한 질문에 적절히 대답할 수 있다면, 다음과 같은 두 종류의 결과가 나올 것이다. ① 도덕적 판단을 할 때, 하나의 가언적 계기가 포함되어 있다(다른 사람의 관점에 관해서 나는 **착각할 수도 있다**). ② 도덕적 고찰은 — 내가 실제적인 의사소통을 통해서만 다른 사람의 관점에 대한 나의 이해를 확증할 수 있을 것이기 때문에 — 그것의 고유한 의미에 따르면 실제적인 대화를 환기시킨다. 달리 말해서 도덕적 고찰을 할 경우에 '각각

---

38) Silber, "Procedural Formalism in Kant's Ethics," p. 216.

다른 생각을 하고 있다는 입장에서'라는 말이 다른 사람의 욕구와 가치관에 대한 이해를 전제한다면, 정언명령을 통해 도출된 도덕적 통찰이라는 이념은 **문제**를 드러낸다. 나는 이 문제를 항상 가언적이고 임시적인 의미에서만 독백적으로 해결할 수 있을 뿐이다. 준칙의 일반화 가능성에 대한 질문은 **우리**가 준칙을 일반적 법칙으로서 바랄 수 있는지 없는지에 대한 질문이 된다. 그러나 이러한 질문에 대한 대답은 **결국** 당사자들 사이의 실제적인 의사소통을 통해서만 가능할 뿐이다.

물론 실버 자신은 절차적·형식적 윤리학에서 대화윤리로 넘어가지 않았다. 칸트윤리학의 '형식주의적' 해석에 대한 자신의 반발을 통해, 실버는 오히려 준칙들을 점검하면서 바로 정언명령을 '독백적으로' 적용하는 것이 칸트가 믿었던 것처럼 개별의지와 일반의지의 일치를 산출하기에 충분하다는 것을 드러내고자 한다. 그렇게 독해할 수 있다면 공통적 이해의 준칙에 대한 실버의 지적은 정언명령이 준칙의 **특수화**를 서술한다는 것을 드러내려는 노력으로 이해될 수 있는데, 이때 이러한 특수화를 통해 이성이 실천적인 **것으로** 구성된다. 정확히 이러한 의미에서 실버는 다음과 같이 말한다. "도덕법칙 자체는 도덕적 도식을 따라 행위할 때, 판단의 절차를 특수화하는 원칙으로 이해되어야 한다."[39] 물론 실버가 명확하게 밝히지 않은 것은 도덕적으로 사고하는 사람이 다른 사람의 욕구와 가치관을

---

39) 같은 글, p. 199.

자신의 생각 속에서 정당화해야만 한다는 필수적 요구(Desiderat)와 정언명령의 독백적 적용이 어떻게 일치될 수 있는가 하는 질문이다. 왜냐하면 이러한 필수적 요구는 고독한 고찰에서 현실적인 대화로의 이행이 필수적이라는 것을 증명하는 것처럼 보이기 때문이다.

실버는 분명 도덕적 판단의 **오류 가능성**(Fallibilität) 역시 인정한다. 이와 관련해 그는 칸트가 동의하며 인용한 요구, 즉 인간은 "공포와 전율과 더불어 '자신의 지복'을 …… 창조해야만 한다"40)라는 말을 언급한다. 그런데 여기서는 본질적으로 자기기만의 무한한 가능성이 문제가 되고, 그러므로 우리가 스스로 우리 **심성**의 도덕적 선을 결코 확신할 수 없다는 것이 문제가 된다. 반대로 다른 사람의 욕구와 가치관의 올바른 이해에 대한 문제(실버의 고찰을 통해 도달된 것과 같은 문제)는 도덕적 자기기만의 문제가 아니라, 오히려 행위 상황들에 대한 ― 때때로 관련자들이 그러한 행위 상황들 속으로 휩쓸려 들어가는 종류와 방식을 포함해 ― 적절한 이해의 문제와 관련된다. 이 문제에 관해서 도덕적으로 판단하는 사람이 다른 사람들 각각의 처지를 대신해야만 한다는 실버의 요구는 **해결** 절차에 대한 제안으로서 나타나는 것이 아니라, 오히려 문제 자체의 ― 오히려 오도된 ― 재공식화로 나타난다. 그러나 만약 다른 한편으로 칸트 도덕원리의 절차적 형식주의가 최소한 바로 이러한 문제들의 해결을 **목표로 한**다는 것을 실버가 자신의 논제를 통해서 올바로 처리했다면, 우리는 다음을

---

40) 같은 글, p. 221; Kant, *Die Religion innerhalb der Grenzen der bolßen Vernunft*, p. 722.

고백하지 않을 수 없을 것이다. 정언명령은 그 고유한 의미에서 실제적 대화로의 이행을 요구한다. 오직 실제적 의사소통과 논변의 매개를 통해서만, 나는 **올바로** 다른 사람의 처지를 대신하고 있는지 어떤지를 밝힐 수 있다. 그러므로 실버의 견해는 칸트 도덕원리의 내적인 '대화성'에 대한 암시로 이해될 수 있을 것이다. 그 문제는 다음과 같다. 칸트가 윤리학을 '독백적인' 도덕원리 속에서 정당화하려는 것에 대해 문제 삼지 않고서도, 우리는 칸트윤리학의 그런 (내적인) 대화성을 인정할 수 있을 것인가?

실버의 생각을 통해 도달한 이러한 문제에 답하기 위해, 나는 '대화적 윤리'와 '대화의 윤리'를 구분하고자 한다. 나는 '대화적 윤리'를 그 속에서 대화원리가 도덕원리를 대신하는 윤리로 이해한다. 반면 '대화의 윤리'는 그 속에서 대화원리가 파생된 도덕원리 중에서 중심적인 위치로 등장한다. 대화적 윤리로의 이행이 비록 칸트에 내재적이지는 않지만, 대화적 윤리를 대화의 윤리로 확장하는 것은 가능하다. 정확히 그렇게 확장하는 것, 좀 더 좁은 의미에서 '대화적'이라고 불릴 수 있도록 칸트윤리학을 확장하는 것은 실버의 생각들을 통해서 도달된다. 그것은 칸트윤리학의 확장일 것이다. 즉, 그 확장은 욕구와 가치관에 관한 사실적인 다수성을 **문제**로 고려하는 것뿐만 아니라, — 칸트가 등한시한 — 그러한 다수성을 초주관적으로 매개해야 할 필연성을 **문제**로 고려하는 것이다. 상황의 해석 및 자신의 상황에 대한 대화적 해명이 **가능한** 한, 그리고 욕구와 가치관점에 대한 의사소통적 이해가 **가능한** 한, 그러한 해명과 이해는 칸트윤리학에 의해서도 역시 요구된다. 왜냐하면 상황들 속에서(여기서는 모순된 요구, 욕구 또는 상황 해석이 충돌한다) 대화 거절의 준칙은 — 칸트적의미에서 — 일반화될 수 없기 때문이다. 그러나 이러한 의미에서파생된 대화원리는 원초적으로 준칙들을 일반화할 수 있는가의 문제와 관계되는 것이 아니라, 오히려 무엇보다도 적합한 상황 이해와자기 이해의 문제와 관계된다. 특히 이 문제는 다른 사람의 욕구와가치관에 대한 올바른 이해가 문제가 되는 곳에서 효력을 발휘한다.마찬가지로 여기서는 칸트윤리학을 어떻게 '의사소통적으로 기초할것인가'(즉, 실천이성의 차원 — 이 속에서는 세계 연관의 공통성 그리고상황 해석들과 자기 이해에 관한 적절성이 중요하다)가 문제가 된다. 도덕적 판단을 형성하는 이런 차원은 칸트에게서 광범하게, 서서히 약화되어 사라진다. 적어도 실버의 견해는 그러한 차원을 지적하고는있다. 물론 실버는 어떻게 도덕 판단 형성의 이러한 차원이 칸트적관점의 영역에서 타당하게 될 수 있는가 하는 것에 대해서는 불분명하게 밝히고 있다. 실버는 칸트가 그 문제를 체계적으로 등한시했다고 오해한 것이다.

이미 언급했던 일반화할 수 없는 준칙들의 사례에서 실버의 오해를 이해할 수 있다. 일반화할 수 없다고 확정하는 것은 다음과 같은준칙의 경우에서도 일종의 가언적 관점 전환을 전제한다고 말할수 있다 — 나는 내가 도움의 거절이라는 준칙을 일반적 법칙으로서바랄 수 없다는 판단에 이르기 위해 도움을 받지 못하는 사람 일반의입장에 처할 수 있어야만 한다. 여기서 인류학적으로 기본적인 공통성이 중요하다. 이 공통성은 칸트에게 너무나 당연한 것이어서 실버가 말한 관점 전환이 — 특정한 상황에 처한 어떤 사람이 다른 사람의 처지를 도움을 요구하는 처지로 인식한다는 점에서 — 이미 이루어진 것이라고 보았을지도 모른다. 그러므로 칸트는 행위 준칙이 일반화될 수 있는지에 대한 질문이 제기되기 전에, 언제나 필수적인 관점 전환이 이루어진 것으로 가정한다. 이것은 도덕적 '기초론'의 영역에서 볼 때 의미심장하다. 이때 칸트윤리학은 이러한 기초론과 아주 잘 '어울린다'. 기초적이지 않은 도덕의 영역에서 그것은 전적으로 다른 상황에 놓이게 되는데, 그러한 영역에서는 복잡한 행위 상황에 대한 정당한 이해 또는 역사적으로 다양한 세계 이해와 자기 이해가 중요하다. 이러한 기초적이지 않은 도덕의 영역에서 다른 사람의 욕구와 가치관에 대한 **지식**뿐만 아니라, 동시에 이에 대한 적절한 이해, 그리고 나의 고유한 세계 이해와 자기 이해가 **문젯거리**가 된다. 게다가 그 문제를 해결하는 것도 정당한 도덕적 판단의 형성을 위한 전제라는 점에서 문젯거리가 된다.

실버는 칸트의 도덕원리가 도덕적 판단 형성의 **이러한** 차원을 여전히 포함하고 있다고 읽는다. 여기에는 명백히 그러한 사태로부터 정당화된 칸트윤리학의 '개방성'이 놓여 있다. 그러나 실버는 칸트적 관점에서 나온 윤리학의 그러한 '개방성'에 대립되는 난점들을 은폐하고 있다. 그렇기 때문에 칸트윤리학의 영역에서 가언적 관점 전환의 문제가 정확히 어느 위치에 서 있는가 하는 문제는 불명확하게 남아 있다.

실버의 고찰뿐만 아니라, 실버에 이은 우리의 고찰 역시 '독백적' 도덕원칙의 영향권 밖으로 우리를 이끌어낸 것은 아니다. 물론 앞서 언급된 칸트윤리학의 '문제 영역'이 동시에 적어도 실버의 고찰이 암시하는 도덕의 대화적 차원을 드러낸다는 것만은 좀 더 명백해진다. 그러나 우선 정언명령에 대한 실버의 해석과 관련하여 칸트에게서 대화적 윤리를 위한 연결점을 발견하려는 우리의 노력은 칸트적 보편주의를 재구성하기 위해 앞서 구별한 세 가지 대안 중 **두 번째** 대안 가까이로 우리를 되돌려놓았다.

다음 장에서는 — 다음 장의 요구에 의거해 — 하버마스와 아펠에 의해 정교화된 대안의 형식으로 좀 더 강한 세 번째 대안, 즉 대화의 원리가 도덕의 원리를 **대신하는** 대안에 대해 논의하고자 한다.

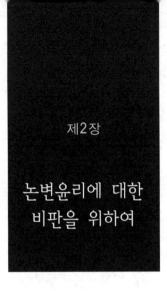

제2장

논변윤리에 대한
비판을 위하여

6

이제부터 하버마스가 전개한 논변윤리의 형식을 다룰 것이다. 나는 오직 논변윤리 및 최후정초 문제의 합의론적 전제들에 대한 나의 논의 속에서만 논변윤리에 대한 아펠적 방식과 분명하게 대면할 것이다. 그리고 쿨만(W. Kuhlmann)이 수행한 최후정초 논증에 대한 진술과 분명히 대면하게 될 것이다. 이러한 과정에서 확실히 하나의 제한이 생겨난다. 나는 그러한 제한을 공정한 것이라 생각한다. 나에게는 **모범적으로** 개관할 수 있는 하나의 텍스트, 그리고 특히 의미심장한 텍스트를 통해서 몇몇의 원칙적인 논증을 확실하게 할 수 있다는 것이 중요하기 때문이다. 게다가 나는 하버마스의 논변윤리에 대한 지금까지의 공식화들에 반대하는 이의 제기가 이에 상응하는 아펠의 새로운 고찰[1])들에 적합하다는 것에서 출발한다. 그러나 여기서 그것을 증명해야만 한다.

하버마스는 보편주의적 도덕의식을 향한 역사적인 (계통발생적) 전이를 어린아이가 탈관습적 도덕의식의 형성에 이르는 (개체발생적) 발전 단계와 비교했다. 계통발생적 전이와 개체발생적 발전의 두 경우에서, 탈관습적 도덕의식의 형성은 규범적 자기 이해성을 의문스러운 것으로서, 그리고 정당화가 **필요한** 것으로서 경험한다는 사실에 대한 대답이다. 이런 일이 어디서 발생하느냐 하는 — '의사소통적 행위의 반성적 형태'[2]로서의 — 논증은 규범적 타당성 요구를 해결하기 위해 유일하게 가능한 심급이다. 탈관습적 도덕의식으로 이행하는 것은 동시에 규범적 타당성 요구에 대한 새로운 **이해**로 이행하는 것을 의미한다. 그러한 규범적 타당성 요구가 상호주관적으로 타당하

---

1) 다음을 참고하시오. K.-O. Apel, D. Böhler and G. Kadelbach(Hrsg.), *Funkkolleg Praktische Philosophie/Ethik: Dialoge 2*, Frankfurt, 1984, 특히 p. 18~20. Studieneinheit; K.-O. Apel, "Ist die Ethik der idealen Kommunikationsgemeinschaft eine Utopie?" in W. Voßkamp(Hrsg.), *Utopieforschung*, Bd. I, Stuttgart, 1982; K.-O. Apel, "Kant, Hegel und das aktuelle Problem der normativen Grundlagen von Moral und Recht," in Arno Werner(Hrsg.), *Filosofi och Kultur*, Lund, 1982. 특히 최후정초의 문제에 대해서는 다음을 참조하시오. K.-O. Apel, "Das Problem der philosophischen Letztbegründung im Lichte diner transzendentalen Sprachpragmatik," in B. Kanitschneider(Hrsg.), *Sprachpragmatik und Philosophie*, Frankfurt, 1976; "Das Apriori der Kommunikationsgemeinschaft und die Grundlagen der Ethik," in K.-O. Apel, *Transformation der Philosophie*, Bd. II, Frankfurt, 1973.
2) Jürgen Habermas, "Moralbewußtsein und kommunikatives Handeln," in Jürgen Habermas, *Moralbewußtsein und kommunikatives Handeln*, Frankfurt, 1983, p. 136.

다는 것은 이제 규범과 관련한 모든 당사자들의 가능한 자유로운 표현, 즉 논증을 통해 초래된 이해 도달의 표현으로 이해될 수 있다. 하나의 절차적 기준(규범적 타당성 요구에 대한 논증적 해결 가능성)은 실질적인 기준을 대체하는데, 이때 실질적인 기준은 도덕의식의 관습적인 형태에서 특징적인 것을 나타내는 것이다. 다음에 인용된 하버마스의 언급은 탈관습적인 도덕의식의 개체 발생에 대해 시사한다.

우리가 청년기를 압축적으로 떠올린다면, 즉 청년들이 마치 최초로, 그리고 엄격하게 모든 것을 통찰하면서, 자기 생활 세계의 규범적 맥락에 대해 하나의 가설적 태도를 취하는 유일한 비판적 시점에 대한 사유 실험을 하면서 청년기를 떠올린다면, 도덕적 판단의 관습적 수준에서 탈관습적 수준으로 이행할 때에 각각의 수준에서 해결되어야 하는 **문제의 본성**이 드러나야만 한다. 합법적으로 규제된 상호 개인적 관계에서 순진하게 습관화되고 문제없는 것으로 인정된 사회적 세계가 단번에 뿌리 뽑히고, 그것의 자연스러웠던 타당성이 의문시된다.

만약 청년이 전통주의와 자신의 출신 세계에 대한 확고한 정체성으로 되돌아갈 수 없고 되돌아가려고 하지도 않는다면, 그는 가언적으로 폭로된 시선 앞에서 붕괴된 규범의 질서(완전한 방향 상실에 대해 처벌해야 할 경우)를 근본 개념적으로 재구성해야만 한다. 이것은 평가절하된, 즉 단순히 관습적인 것으로, 그리고 공정하게 될 필요가 있는 것으로서 이해된 전통의 폐허를 통해 구성되어야만 한다. 그래서 이러한 개축은 사회적으로 효력이 있고 타당한 규범, 실제적으로 인정된 규범과 인정받을 만한 가치가 있는 규범 사이를 지속적으로 구별하려는 각성된 사람의 비판적 시각을 견뎌낼 수 있어야 한다. 우선 원칙 (이 원칙들에 따라서 개축이 계획될 수 있고 타당한 규범들이 산출될 수 있다)이 존재한다. 그리고 결국 공정하게 될 필요가 있는 것으로서 인정된 원칙들 사이에서 합리적으로 동기화된 선택을 하기 위한 절차만이 남게 된다. 도덕적인 일상 행위에 적합하게 논변윤리학이 자신에 의해 드러난 절차, 즉 논증으로의 이행을 위해 요구해야만 하는 입장 전환은 어떠한 자연스럽지 않는 것(태도 변화는 거리낌 없이 제기된 타당성 요구의 부정을 통한 균열을 의미한다. 이때 의사소통적 일상 실천은 타당성 요구의 상호주관적인 인정에 의존한다는 것)을 담고 있다. 이러한 부자연스러움은 전통적 세계를 역사적으로 일회적인 것으로 평가절하하는 발전적 파국, 그리고 좀 더 높은 수준으로 재구성하려는 노력을 야기하는 발전적인 파국의 반향과 같다.[3]

따라서 탈관습적 도덕의식으로의 이행은 하버마스에게 합리적 논증의 저편에는 어떠한 가능한 규범적(또는 인지적) 타당성의 기초도 없다는 사실을 폭로하는 것과 같은 의미를 지닌다. 탈관습적 도덕의식은 규범적 타당성의 가능성 조건에 대한 반성적 통찰에 의존하고 있다. 이러한 논제는 칸트적 도덕원칙에 대한 하버마스적 재공식화를 위한 출발점, 즉 보편화원칙에 대한 하버마스의 논변윤리적 재공

---

3) 같은 책, p. 136 이하.

식화를 위한 출발점을 드러낸다.

이러한 보편화원칙 (U)에 대한 재공식화는 다음에 언급되는 내용과 같다.

따라서 타당한 각각의 규범은 다음과 같은 조건을 충족해야 한다. 모든 개별자의 이해를 만족시키기 위해 그러한 규범의 일반적인 준수로부터 (장차) 매번 발생하는 결과와 부작용은 당사자들 모두에게 수용될 수 있어야 한다(그리고 이미 알려진 가능한 대안적 규칙의 효과보다 선호될 수 있어야 한다)(DE 75 이하).

하버마스는 보편화원칙을 '논증 규칙'이라고도 부른다. 원칙 (U)는 논증 규칙으로서 확립되는데, 도덕적 논증에서는 **이 원칙에 근거해 논증이 진행되어야 한다.** 우리가 말할 수 있는 바와 같이 이 원칙은 도덕적 당위성의 타당성의 의미를 확립한다. 하버마스는 이러한 논증 규칙이 그 의미에 따르면 '독백적으로' 사용될 수는 없고 오히려 **현실적인 논변들로의 이행**을 요구한다고 주장한다.

사실상 앞서 제시된 보편화원칙의 공식화는 각 논증의 협동적 수행을 목표로 한다. 한편으로 각 당사자들이 실질적으로 참여할 때에만, 언제나 각자의 이해 관심에 대해 관점에 따라 왜곡된 해석을 하는 것을 다른 사람의 이해 관심을 통해서 예방할 수가 있는 것이다. 이러한 화용론적 의미에서 각 개인들은 현실적으로 각자가 무엇에 이해

관심을 가지고 있는지를 판단하기 위한 최종 심급이다. 그러나 다른 한편으로 각자가 자신의 이해 관심을 지각하는 가운데 행하는 서술은 다른 사람의 이해 관심을 통한 비판에도 접근할 수 있다. 욕구는 문화적 가치의 영역에서 해석된다. 그리고 그 가치가 언제나 상호주관적으로 공유된 전승의 구성 성분이기 때문에, 욕구를 해석하는 가치들을 개정하는 것은 개별자들이 독백적으로 처리할 수 있는 사태일 수는 없다(DE 77 이하).

하버마스의 이러한 설명은 칸트윤리학의 맹점을 상당히 정확하게 지적하고 있다. 이러한 맹점에 대해 이미 헤겔도 ― 물론 다른 방식으로 ― 지적했다. 그러나 그러한 해명 역시 직관적으로 너무 명백하기 때문에 보편화원칙 자체의 재공식화는 문제가 있다. 나는 그것을 다음에서 보여주고자 한다. 먼저 그 원칙 (U)에 대한 하버마스의 공식화를, 그리고 원칙 (U)의 전제인 진리합의론을 해명하고자 한다.

원칙 (U)가 도덕적으로 옳은 행위의 문제들과 규범정당성(Normen-gerechtigkeit)의 문제들을 직접적으로 결합시킨다는 것은 얼핏 보기에도 원칙 (U)의 특별한 강점으로서 나타난다. 이런 방식으로 처음부터 법과 도덕이라는 두 가지를 정당화하는 규범적 정당성(Richtigkeit)이라는 개념을 통해서 법과 도덕은 서로 관련된다. 물론 좀 더 자세하게 들여다보면 원칙 (U)의 이러한 강점은 오히려 약점으로 증명된다. 다시 말해 원칙 (U)에서 법을 도덕에 연결시키는 것은 도덕적 문제를 법의 문제로 개념적으로 동화시키는 희생을 치를 때에만 가능한 것이다. 원칙 (U)에서 보편주의적인 도덕원리는 민주주의적인 합법성 원칙과 불투명한 방식으로 '혼합되며', 더욱이 그 결과 원칙 (U)는 결국 도덕원리로서뿐만 아니라 합법성 원리로서도 받아들여질 수 없게 된다. 나는 이러한 논제를 네 가지 단계를 통해 해명하고자 한다.

① 우리가 그러한 공식화를 통해 무엇을 알게 되든지 간에 합법성 (정당성) 원칙으로서 원칙 (U)를 읽으려 한다면, 원칙 (U)는 어떤 사람이(내가) 모든 개별자들에게 하나의 규범을 일반적으로 준수할 것이라는 결론을 '강제 없이 받아들일 수 있을 것이다'라고 말하는 것이 무엇을 의미하는가 하는 문제를 미해결로 남겨둔다는 어려움이 발생한다. 따라서 원칙 (U)는 **모든 사람들이** 하나의 규범을 이런 의미에서 수용할 수 있다고 말하는 것이 무엇을 의미하는가 하는 문제도 미해결로 남겨둔다. 하버마스는 자신의 수많은 공식화로부터 '강제 없이 수용할 수 있다'라는 표현을 **공평하게** 판단한다는 의미로 이해하고 있다는 것이 드러난다. 이를 통해 하나의 규범은 — 하버마스가 다른 곳(DE 76 참조)에서 말했던 것처럼 — 이 규범과 관련된 모든 사람들이 이 규범을 일반적으로 준수한다는 것에 대해 곧 '모든 당사자들이 동등한 이해 관심에' 놓여 있다는 사실을 납득할 수 있는 경우에 한해 타당한 것으로 생각될 수 있을 것이다. 그러므로 **이것은** 만약 원칙 (U)가 논증 규칙으로서 사용될 경우, **이 원칙에 근거해서 논증이** 진행되어야 한다는 것을 의미할 것이다. 규범에 대한 논증에서 서로 다른 사람들은 모두 특정한 규범이 그 규범과 관련된 모든 사람들의 동등한 이해관계 속에 놓여 있다는 것을 제시하려고 할 것이다. 이에

따라 원칙 (U)는 (요약하면) 다음과 같이 공식화될 것이다.

(U₁) 하나의 규범은 그 규범을 일반적으로 준수하는 것이 규범과 관련
    된 모든 사람들에 의해서 모든 이들이 동등한 이해관계에 놓여
    있다고 평가될 수 있는 경우에만 타당하다.

그러나 이 공식화가 맞다면, 하버마스와 마찬가지로 우리도 실질
적인 논변을 통해서만 그 공식화가 맞아떨어진다는 사실을 알 수
있다.

우선 보편화원칙 (U)에서 생겨난 '타당한'이라는 말이 무엇을 의미
하는지 한번 생각해보자. 이러한 질문에는 두 가지 가능한 대답이
존재한다. 첫째로 우리는 원칙 (U)를 계속해서 규범정당성의 원칙으
로 읽으려고 노력할 수 있다. 그 다음에 우리의 질문에 대한 대답은
보편화원칙에 대한 하버마스의 추론과 관련한 자신의 논평에서 생겨
난다. 거기에는 다음과 같이 언급되어 있다. "우리는 정당화된 규범을
의미와, 즉 이러한 사회적 재료가 가능한 한 당사자의 공통적인 이해
관계 속에서 규제된다는 의미와 연결시킨다"(DE 103). '정당화된'이
라는 말을 '타당한'이라는 말과 동일한 의미로 이해하는 것은 당연하
다. 그러나 만약 — 사회적 재료를 당사자들의 가능한 공통적 이해관계로
규제한다는 것이 그러한 규범들에 의해 드러나게 되는 — 규범들이 '타당'
하다면, 그리고 보편화원칙 (U)를 통해 공식화된 규범타당성의 기준
을 부가한다면, 아래와 같은 원칙 (U)에 대한 유사 순환논증적 재공식

화가 떠오른다.

(U₂) 하나의 규범은 그 규범이 모든 당사자들의 이해 관심 속에서
모든 당사자들에 의해 동등한 것으로서 강제 **없이** 수용될 수 있는
경우에 한해서, 그 규범과 관련된 모든 당사자의 동등한 이해관계
에 놓이게 된다.

나는 정의의 원리에 대한 — 단순히 순환적인 공식화는 아닌 — 유사
순환적인 공식화에 대해 언급했다. 왜냐하면 (U₂)에서 상이한 수준들
이 구분될 수 있기 때문이다. 이 상이한 수준 속에 '모든 당사자들의
이해관계에 동등하게 놓여 있는'이라는 표현이 들어 있다. 다시 말해
하나의 규범이 정당하다는 것을 드러내기 위해서, 당사자들이 무엇
에 근거해 논증해야만 하는지를 자신들이 알고 있다는 것이 첫 번째
로 가정된다. 두 번째로 (U₂)는 모든 당사자들의 강제 없는 합의란
하나의 규범이 현실적으로 '모든 당사자들의 동등한 이해관계 속에'
놓여 있는지 아닌지를 드러낼 수 있다는 것을 의미한다. 물론 (U₂)는
고유하게 일반적 진리합의론을 정의 개념의 특수한 경우에 적용하는
것만을 포함하기 때문에 (U₂)를 통해 (U)를 해석하는 것은 적절하지
않다. 그런 점에서 (U₂)는 결코 특수한 **정의**의 원리일 수는 없을 것이다.
그리고 나중에 다시 언급할 진리합의론의 문제들과는 무관하게
여태까지 원칙 (U)에 대한 우리의 해석은 막다른 골목에 이르렀다.
원칙 (U)에서 '타당한'이라는 말의 의미가 무엇인가 하는 물음에

대한 우리의 첫 번째 대답은 분명 틀렸다. 물론 하버마스 자신은 다른 대답을 제시했다. 이 대답은 우리가 원칙 (U)를 **도덕원리**로 해석하게 할 것이다.

② 여태까지 고찰한 것의 결점은 다음과 같다. 즉, 우리가 원칙 (U)에 들어 있는 '규범'과 '규범의 준수'라는 표현들을, 말하자면 순진하게 읽었다는 것이다. 다시 말해 이것은 규범적 타당성 요구의 '문법'에 대한 하버마스 자신만의 해명과는 모순된다. 게다가 하버마스는 도덕적인 '당위(soll)' 또는 '강제(muß)'를 '고차원적인' 술어로 해석한다. 이때 이 술어는 '참'이라는 술어와 유사할 것이다(DE 63 참고).4) 이에 따라,

> 주어진 상황하에서 우리는 거짓말해야만 한다.

라는 명제의 '심층 문법'은 다음 명제를 통해 다시 서술된다.

> 주어진 상황하에서 거짓말하는 것은 옳다(거짓말해야 한다).

여기서 '옳다'는 말은 마치 '참이다'라는 표현과 규범적인 등가물인 것처럼 이해될 수 있을 것 같다. 이를 통해 하버마스는 다음의 두 명제 사이에는 구조적인 평형이 있다고 생각한다.

---

4) **역주**—하버마스는 자신의 여러 글에서 당위적 술어를 '유사 진리적' 술어라고 언급한다.

p라는 사태는 참이다(옳다).

그리고,

h라는 것은 옳다(명령된다)(DE 63).

이러한 의미에서 규범적 옳음(Richtigkeit)은 진리유사적인 타당성 요구로서 이해될 수 있다. 당위에 대한 진술의 의미에 대한 이러한 해석은 원칙 (U)에 들어 있는 '타당한'이라는 말을 진리유사적인 술어 '옳은(richtig)'이라는 말과 동일한 의미로 이해할 가능성을 열어 줄 것이다. 그렇다면 원칙 (U)를 다음과 같이 읽어볼 수 있다.

(U₃) 상황 S에서 h를 행하는 것은 (도덕적으로) 옳다(명령된다). 만일 이에 상응하는 행위 방식이 일반적인 것으로 생각된다면, 그리고 각각의 개별자들에 대해 그러한 행위 방식의 예측된 결과를 고려 할 때에 그것이 모든 당사자들의 이해 관심 속에서 동등하게 존재하는 것으로서 모든 당사자들에 의해 강제 없이 수용될 수 있다면 옳다는 것이다.

하나의 확장된 독해가 다음과 같이 나올 수 있을 것이다.

(U₄) 상황 S에서 h를 하는 것은 (도덕적으로) 옳다(명령된다). 만일

모든 사람이 — 모든 각각의 개별자들에 대한 그 행위 방식의 예측된 결과를 고려하는 가운데 — 이에 상응하는 행위 방식이 일반적이라는 것을 (강제 없이) 바랄 수 있다면 옳다는 것이다.

따라서 표면상의 규범적 술어인 '타당한(정당화된)'은 규범적 술어인 '옳은'을 통해 대체된다. 관습적인 표현 방식으로 변형한다면, (U_3)와 (U_4)는 다음과 같이 언급될 수 있을 것이다.

우리는 상황 S에서 h를 해야만 한다. 만일 ……라면 말이다.

이것 대신에 우리는 또한 더 이상의 오해를 두려워할 필요 없이 (U)에 대한 공식화로 되돌아갈 수 있을 것이다.

각각의 타당한 규범은 ……라는 조건을 충족시켜야만 한다.

원칙 (U)는 슬그머니 진정한 도덕원리로서 증명된다. 그러나 'p라는 것이 참이다'와 'h라는 것이 옳다(명령된다)'에 대한 전제된 평형화와 더불어 그러한 도덕원칙이 어떻게 성립될 수 있을까? 첫 번째 경우에는 다음과 같은 종류의 등가물이 적절하다.

정확히 p일 경우에만 p는 참이다.

반면 두 번째 경우에 등가물은 다음과 같은 것만을 의미할 수 있을 것이다.

정확히 X일 경우에만 h는 옳다(옳은 것으로 명령된다).

여기에서 X는 원칙 (U)를 통해서 공식화된 타당성 기준을 보증한다. 그러나 이것은 다음을 의미한다. 즉, '참'이라는 술어의 **형식적인** 해명에 '정당한'이라는 술어의 **실질적인** 해명이 대립될 것이다. 달리 말하면, 여기에서 진리 **기준**이 주어지지 않고서도, 정당하게 주장될 수 있는 것은 '참된' 것으로서 규정될 것이다. 이에 비해서 매우 특정한 정당성 **기준**이라는 의미에서 정당하게 요구될 수 있는 것은 '옳은' 것으로서 규정될 것이다. 그러므로 (도덕적인) 당위성의 타당성의 **의미**는 도덕적으로 선천적인(a priori) 당위성의 타당성의 **기준**을 통해서 확정될 수 있다.

칸트와 비교해볼 수 있다. 칸트 역시 아마도 어떤 의미에서는 도덕적인 당위성의 타당성의 **기준**을 통해 도덕적인(정언적인) 당위성의 타당성의 합리적인 **의미**를 (정언명령을) 규정하고자 했다. 칸트는 우리가 이성적 존재로서 그에 상응하는 정언적 당위를 언제나 이미 정당화된 것으로 인정하고 있다고 말한다. 이런 당위를 위반하는 것은 이성적 존재로서 우리의 가능한 자아존중의 조건들을 위반하는 것을 의미한다. 이런 의미에서 무조건적인 도덕적 당위는, 마치 그것이 정언명령을 통해서 표현되는 것처럼, 칸트에게 '이성의 사실'이다.

이와 매우 유사하게 하버마스가 도덕적 타당성의 기준을 통해서 도덕적 타당성의 의미를 해명하는 것은, 언어적으로 매개된 상호주 관성의 보편적 구조를 지시하는 것으로서 이해될 것이다. 도덕적 당위의 무제약성이라는 성격의 경우에는 다음과 같이 표현될 것이다. 말할 수 있는 존재로서 우리가 형성할 수 있는 정체성은 상호주관성의 보편적 구조와 결합된다. 나는 나중에 바로 이러한 견해를 언급할 것이다. 우선 나는 도덕원리로 이해된 원칙 (U)가 — (U₃) 또는 (U₄) 해석 중 하나에서 — 충분한지 어떤지 하는 물음에 대해 탐구하고자 한다.

③ 나는 원칙 (U)가 정언명령을 논변윤리적으로 재공식화한 것으로 이해되어야 한다고 생각한다. 이런 의미에서 하버마스는 매카시 (Thomas McCarthy)의 견해에 동의하면서 다음과 같이 인용한다.

> 나는 준칙이 일반적인 법칙이 되기를 바란다는 의미에서 하나의 준칙을 다른 모든 사람들에게 타당한 것으로 규정하는 대신에, 그 준칙의 보편성 주장에 대한 논증적인 검증을 목적으로 나의 준칙을 다른 사람들에게 제시해야 한다. 중심점은 각각의 (개별적) 개인들이 일반적인 법칙으로 바랄 수 있는 것에서 모든 사람들이 일치하여 보편적인 규범으로 인정할 수 있는 것으로 옮겨간다(DE 77 참고).⁵⁾

---

5) Thomas McCarthy, *Kritik der Verständigungsverhältnisse, Zur Theorie von Jürgen Habermas*, Frankfurt, 1980, p. 371.

그러므로 만약 칸트가 "누군가(즉 나, 알브레히트 벨머는)가 우리의 행위의 준칙이 일반 법칙이 되기를 — 이것은 도덕 판단 일반의 규준인데 — **바랄 수 있어야만 한다**"[6]라고 말한다면, 원칙 (U)는 '나는 바랄 수 있어야만 한다'에서 '**우리는** 바랄 수 있어야만 한다'로 중심을 옮겨야만 한다. 그리고 이보다 진전된 주장은 아마도 '하나의 준칙이 일반 법칙으로서 타당하기를 **우리가** 바랄 수 있는지 어떤지를 우리는 실제의 토론을 통해서만 발견할 수 있을 것이다'가 될 것이다. 물론 이제 준칙이 일반화 가능해야 한다는 칸트의 요청에서 규범정당성의 문제는 전혀 중요하지 않다. 오히려 그러한 요청은 모든 사람들이 — 특히 나에게 역시 대립해서 — 나의 준칙이 일반 법칙이 되는 것처럼 행위할 세계에서 내가 잘 살기를 바라는지 어떤지 내가 시험해보기를 요구한다. 곧 내가 나의 준칙을 통해 표현된 행위 방식이 일반적이기를 바랄 수 있는지 없는지 시험하기를 요구하는 것이다. 만약 내가 여기서 그리고 다음에서 '행위 방식'이라는 말을 사용한다면, 그것은 언제나 '특정 상황 속의 행위 방식'이라는 의미로 이해되어야 한다. 나는 — 이러한 의미에서 이해된 — '행위 방식'이라는 말을 다른 근거들에 의거해 '준칙'이라는 말보다 더 좋아한다. 이런 입장에 대한 결정적인 이유는 내가 여기에서 그 말이 이미 **규범들**에 관한 것이라는 외양을 — 그러므로 정확히 도덕적인 '강제(muß)'(칸트는 그 말의 의미와 가능성을 처음으로 설명하고자 했다)라는 말이 이미 전제되어 있다는 외양

---

6) GMS 54(BA 57).

을 — 피하고 싶기 때문이다〔우리는 준칙을, 다른 말로 하면 행위의 '주관적인' 원리로서의 준칙을 도덕적인 '강제(muß)' 없이도 공식화된다고 생각해야만 한다〕. 나는 이미 앞(2절)에서 도덕적으로 정당한 행위에 대한 칸트의 기준은 오직 우리가 그 기준을 **부정적인** 의미에서 이해할 때에만 의미를 지닌다는 논제를 정당화했다. 내가 일반적인 것으로서 바랄 수 있는 이 행위 방식은 — 칸트 자신의 논제에 반대해서 — 이미 도덕적으로 행해져야만 했던 행위 방식일 수는 없다. 즉, 무엇이 '행해져야(gesollt)' 하는가, 또는 무엇이 '행해져야만(gemußt)' 했던가 하는 것은 오히려 정언명령 자체를 말하는 것이다. 다시 말해 나는 어떤 상황 S에서 하나의 행위 p를 — 내가 그것에 상응하는 행위 방식을 일반적인 것으로서 바랄 수 없다면 — 해서는 안 된다는 정언명령 자체를 말하는 것이다. 그러므로 모든 사람들이 나에게 거짓말하기를 바랄 수 없고, 모든 사람들이 거짓말하지 않음으로써 얻어지는 장점을 기대한다면, 오직 **나는** 나에게 그것이 지니는 장점을 기대하기 때문에 거짓말해서는 안 된다. 이제 우리는 여기에서 하나의 도덕**규범**을 도출할 수 있다 — 사람들은 거짓말하지 말아야 한다. 그러나 여기서 우리는 이 규범들을, 하나의 행위 방식을 일반화할 수 없다는 것이 생겨나는 상황 규정들과 함께 생각해야만 한다.

우리가 정언명령을 이런 식으로 이해한다면, 칸트 도덕원리의 '독백적' 성격은 아펠과 하버마스에 의해 드러난 것보다 더 사소한 문제가 된다. 만약 **내가** 한 행위 방식을 일반적 규칙으로 바랄 수 없다면, 또한 **우리도** 그것을 바랄 수 없을 것이다(왜냐하면 다른 경우에서도

나 역시 그것을 바랄 수 있어야만 하기 때문이다). 도덕 판단 역시 그런 식으로 표현될 수 있는데, 도덕 판단의 경우에서 나는 우선 내 자신과 대면한다. 그러나 내가 이 경우에 언제나 대답해야만 하는 질문은 분명히 한 사회적 규범이 정당한가 아닌가 하는 질문과는 다른 종류의 질문이라는 것이다.

그럼에도 칸트가 부당하다고 받아들일 수 있는 다음과 같은 이의 제기는 옳다 ― 진정한 도덕적 판단은 그 자체로 상호주관적으로도 타당하다. 왜냐하면 칸트의 입장에서는 나의 '바랄 수 있음' 또는 '바랄 수 없음'이 다른 모든 합리적 존재들과 필연적으로 일치해야만 하기 때문이다. 칸트는 바로 이러한 가정만을 할 수 있을 뿐이다. 왜냐하면 그는 『도덕 형이상학 원론』의 풍성한 사유를 곧바로 형식주의적으로 완성했기 때문이다. 그러나 만약 정언명령의 독백적 적용이 도덕 판단의 상호주관적 타당성을 보장하지 않는다면, 칸트의 **전제**를 요청으로 공식화하는 것은 사실상 당연한 것이다. 그 전제는 아마도 다음을 의미할 것이다 ― 너의 행위 방식이 모든 사람들에게 보편적인 것으로서 바랄 수 있도록 행위하라. 하버마스가 인용한 매카시의 개정된 정언명령이 이러한 의미로 이해될 수 있을 것이다.

이제 원칙 (U)도 얼핏 동일한 것을 말하는 것처럼 보인다. 만일 일반적인 것으로 이해된 행위 방식이 모든 이(당사자)에게 수용될 수 있는 것이라면, 하나의 행위 방식은 옳다. (U4)가 이러한 독해에 가장 가까이 다가간다. 물론 우리는 (U4)에 담겨 있는 '옳은'이라는 말을 '도덕적으로 명령된'이라는 의미 대신에 '도덕적으로 허용된'

이라는 의미로 이해해야만 한다. 다시 말해 만일 칸트에 대한 나의 논평이 옳다면, 우리가 보편적인 것으로 바랄 수 있는 행위 방식이 또한 도덕적으로 **명령되었다**는 것을 가정하는 것은 아무런 의미가 없다. 그러나 우리는 우선 이러한 차이를 그대로 내버려둘 수 있을 것이다. 왜냐하면 원칙 (U)에 대한 우리의 현재의 독해는 다음에 언급되는 바와 같이 적어도 정언명령의 재공식화에 매우 가깝기 때문이다.

그 준칙이 일반적인 법칙으로 타당하기를 우리가 바랄 수 있는 그러한 준칙에 따라서만 행위하라.

나는 원칙 (U₄)가 적어도 합의론적 전제에 의존하고 있는 원칙 (U)에 대한 독해에서 생겨났다고 본다. 이후 이러한 독해에 대해 언급할 것이다.

④ 오히려 (U₄)가 아닌 (U₃)가 — 도덕규범들에 대한 논증에서 각각의 개별자들이 이러한 규범의 일반적인 준수가 모든 사람의 동등한 이해관계 속에 놓여 있는지 아닌지를 알기 위해 하나의 규범을 불편부당하게 평가해야만 한다는 — 하버마스의 이념과 일치한다. 따라서 지금 (U₃)의 입장에서 독해하고 있지만 다시 한 번 (U)로 되돌아가 보자. 만일 우리가 (U)를 도덕적 타당성에 대한 우리의 선이해를 해명하는 것으로 이해한다면, 이것은 우리의 도덕적 확신 속에, 그리고 우리의 도덕적 판단 속에, 특정한 규범에 대한 일반적인 준수가 각각의 개별자들에

게 가져올 결과와 부작용이 모든 사람에게 강제 없이 수용될 수 있다는 판단이 함축되어야만 한다는 것을 의미한다. 그러나 이것은 적어도 나에게 정당화된 도덕적 판단들을 불가능한 것으로 만들어버릴 수 있는 것처럼 보인다. '누구에게도 고통을 주지 마라' 또는 '너는 거짓말하지 마라'와 같은 규범을 사례로 한번 생각해보자. 정언명령의 의미에서 단순한 고찰이 내가 바랄 수 없는 결과, 즉 내가 살고 있는 세계에서 임의로 거짓이 발설되거나 살아 있는 존재가 상처받는 것으로 귀결되는 반면, 원칙 (U)에 상응하는 고찰은 우리에게 엄청난 문제를 야기한다. 편의상 나는 이상적 담화 조건하에 있는 모든 사람이 위에서 공식화된 두 가지 규범을 **일반적**으로 준수하는 것(이것은 이상적인 상호 이해의 조건을 전제한다)이 모든 사람들의 동등한 이해관계 속에 놓여 있을 것이라는 사실에 동의할 것이라는 것을 전제로 출발한다. 그러나 이를 통해 자연스럽게 다음과 같은 것이 거의 언급되지는 않았다. **실제적** 상호 이해 조건(역사적 현실에서 그러한 상호 이해가 존재하는 것처럼)하에서 우리가 어떻게 행위해야만 하는가? 그러나 만약 우리가 판단원리로서의 원칙 (U)를 이상적이지 않은 조건하에 있는 행위에 적용하려 할 경우 다음과 같은 어려움이 생긴다.

ⓐ 우리는 첫째로, 모든 개별적인 경우에, 만약 '너는 거짓말해서는 안 된다'라는 규범을 **일반적으로** — 그리고 그것을 '규범'이라는, 또한 '일반적으로'라는 말이 여기서 하나의 의미를 가져야만 하는 경우에조차도, 즉 **예외가 없어야 하는** 경우에만 — 따라야만 한다면, 어떤 결과와 부작용이 생겨나는지 분명하게 이해하고자 한다. 칸트는 거짓말을 **일반적**

으로 — 즉 예외 없이 — 금지할 수 있었다. 왜냐하면 그는 그 결과에 대해 신경을 쓰지 않았기 때문이다. 만약 우리가 결과에 대해 신경을 쓴다면, 그리고 현실 세계를 있는 그대로 인정한다고 가정한다면, 일반적으로 진실을 말한 결과로 희생자보다는 형 집행자를 만날 수밖에 없을 것이라고 추측할 수밖에 없다. 그러한 범위 내에서는 '너는 거짓말해서는 안 된다'〔사정 변경의 원칙(rebus sic stantibus)〕7)라는 규범이 타당할 수 없다. **주어진 상황**하에서 어떻게 올바로 행동하는지를 알기 위해, 우리는 제한과 예외 조항을 통해 복잡한 규범들을 공식화해야만 하는데, 아마도 헤어가 그러한 규범의 공식화를 — 물론 완결할 수 없는 과제로서 — 요청했던 의미에서 그 규범들을 공식화한다.8) 그러나 이것을 통해, **모든** 개별적인 경우에서 **일반적인** 규범 준수의 결과와 부작용들을 규정해야 한다는 과제가 지닌 어려움, 그리고 모든 개별적인 경우에 생겨날 이러한 **모든** 결과와 부작용

---

7) **역주** – 'rebus sic stantibus'는 '사정 변경의 원칙'이라고 한다. 사정 변경의 원칙이란 계약 체결 당시의 제반 사정이 계약 체결 후 현저히 변화될 경우, 그 계약은 계약으로서의 효력을 상실한다는 원칙이다. 왜냐하면 이미 계약 체결 시에 기초가 된 사정이 뚜렷하게 달라졌기 때문이다. 사정이 이렇게 변했는데도 당초에 정하였던 계약의 효과를 그대로 유지 또는 강제하는 것은 신의성실(信義誠實)에 반하는 부당한 결과를 발생시킬 수 있다. 따라서 이 원칙은 계약의 법률 효과를 새로운 사정에 맞게 변경하거나 폐기할 수 있다는 의미를 포함하고 있다. 이 원칙은 '계약은 지켜야 한다(pacta sunt servanda)'는 원칙과는 반대된다.

8) 3장(보충 설명)을 참고하시오.

이 강제 없이 수용될 수 있을 것인지에 대해 더 잘 인식해야 한다는 과제가 지닌 어려움이 엄청나게 커진다. 결국 여기서는 실제적 논변도 진행되지 못한다. 희생자들이 거짓말을 통해서 형리들로부터 보호받아야 한다는 조건하에서 논변을 수행해야만 하는 한, 강제 없는 합의는 생각될 수 없다. 그러나 일반적인 합의가 실제로 일어난다면 앞에서 언급한 예외와 제한이 필연적이었던 조건은 사라지게 된다. 각각의 경우에 이상적이지 않은 상호 이해 조건하에서 우리의 실질적인 도덕 문제를 실질적인 합의 도출을 통해서 해결할 수 있다고 가정하는 것은 아무런 의미도 없다. 상호 이해의 가능성이 중지된 곳에서, 우리는 이성적인 사람과 판단력이 있는 사람들 또는 우리의 행위와 관련된 사람들이 — 비록 그들이 충분히 이성적이고 선의지를 지니고 있으며 판단력이 있다고 하더라도 — 무엇을 말하고자 하는지를 좀 더 숙고할 수 있을 뿐이다. 그리고 **이러한** 의미에서 당연히 모든 도덕 판단에서는 가능한 합리적 합의가 예견된다. 그러나 만약 우리가 모든 — 결국은 독백적인 — 도덕적 숙고를 할 때 모든 개별적인 경우에 일반적 규범 준수(여기서 오히려 일반적 규범이 공식화되어야만 한다)로부터 생겨날 결과와 부작용이 모든 사람에게 수용될 수 있는가 하는 문제를 결정해야 한다면, 우리는 결코 근거 있는 도덕 판단에 이를 수 없을 것이다.

ⓑ 만약 '누구에게도 고통을 주지 마라'와 같은 규범에 대해 고찰해 본다면 여기에서 또 다른 어려움이 생겨난다. 이때 이러한 규범에서 우리는 규범의 일반적인 준수가 모든 사람의 동등한 이해관계에

놓여 있다는 것에 대해 강제 없는 합의가 가능해야만 한다는 것을 가정할 수 있다. 더욱이 우리가 살아가고 있는 이상적이지 않은 조건들에서 출발한다면 더욱더 그러한 이해관계 속에 놓이게 된다. 이러한 경우에 그런 합의의 가능성을 가정하는 것이 의미 있다는 것은 '누구에게도 고통을 주지 마라'는 것과 같은 규범을 **일반적으로** 준수하는 것이 현실적으로 예외와 제한을 — 아마도 합법적인 자기변호와 처벌 등의 경우에서 — 필요로 하는 그 이상적이지 않은 조건들이 정확히 무효로 된다는 것과 관계된다. 그러나 바로 그렇기 때문에 원칙 (U)는 여기에서 잘못된 결과, 즉 우리의 도덕적 직관들에 위반되는 결과로 이끌어가는 것임이 틀림없다. 일반적인 규범 준수의 — 반사실적인 — 가정은 이러한 경우에 도덕적 정당성의 문제가 **실제적인** 행위 조건이 아닌 **이상적인** 행위 조건들과의 관계 속에서 대답되어야 한다는 것을 의미할 것이다. 그러므로 (U)는 우리가 자유로이 언제나 오직 가언적인 판단에 따라, 그리고 이상적인 상호 이해 조건과 행위 조건하에서 실제로 행위하는 것과 같이 행위하기를 명령한다. 놀랍게도 이 구절에서 이미 칸트윤리학에서 중심적인 역할을 했던 문제, 즉 칸트의 '실천 법칙'이 오히려 고유하게 가능한 목적의 왕국의 구성원을 위한 행위 규범이라는 문제가 다시 떠오른다. 물론 칸트는 일관적이었으며 **예외**(아마도 거짓말 금지에 관한 예외)의 가능성을 정언적으로 반박한다. **이러한** 일관성은 논변윤리에서는 불가능하다. 왜냐하면 논변윤리는 칸트윤리학의 근본 특징과는 모순되기 때문이다.

여기에서 언급된 어려움에서 빠져나가는 출구로서 규범 개념의 '탈드라마화'의 가능성이 제안된다. 우리는 '규범'이라는 표현을 헤어의 '최우선 규범들'의 의미로 이해하게 될 것이다. 왜냐하면 원칙 (U)는 그 경우에 여전히 **그러한** 최우선 규범의 정당화와 관계되기 때문이다. 그러한 정당화에서 그 규범을 일반적으로 준수하는 것은 **이상적인** 상호 이해 조건과 행위 조건하에서 모든 사람의 동등한 이해관계 속에 놓여 있다는 것에 **관해** 강제 없는 합의가 이루어질 때만 가능하다. 그 밖에 다른 문제들은 그러한 규범들을 이상적이지 않은 현실에 올바로 **적용**하는 것에 대한 문제이다. 그러나 여기에서 전제된 이상화하는 개념 형성들 자체에 들어 있는 문제들(이것에 대해서는 다음 절에서 다시 언급할 것이다)을 완전히 도외시한다면, 방금 언급된 출구는 사실상 출구가 전혀 아니라는 것이 명확해진다. 나는 오직 다음과 같은 결정적인 근거만을 말한다. 원칙 (U)의 적용이 이미 우리가 칸트를 통해 웬만큼 성취한 도덕적 기초 영역으로 제한된다면 원칙 (U)는 그 의미를 상실한다. 그럼에도 원칙 (U)는 바로 칸트에게는 전혀 생겨날 수 없는 **그러한** 규범을 판정하는 원리로서 **생각된다.** **왜냐하면** 칸트는 도덕적으로 타당한 규범들을 목적의 왕국의 구성원을 위한 행위 규범으로 이해했기 때문이다. 그러나 만약 이것이 옳다면, 규범의 **정당화** 문제와 규범의 **적용** 문제 사이의 구별은 이 절에서는 파악되지 않는다.

원칙 (U)에 대해 우리가 논의하는 가운데 우리가 마주친 문제와 불명확성은 내가 생각하는 것처럼 하버마스가 제기한 **두 가지** 문제 있는 선결정으로 소급될 수 있다. 첫 번째 질문 ⓐ는 도덕적으로 옳은 행위에 대한 질문을 규범적 정당성에 대한 질문에 동화시키는 것과 관계된다. 그리고 두 번째 질문 ⓑ는 논변윤리의 합의론적 전제와 관계된다.

ⓐ 하버마스는 도덕원리를 다음과 같은 것으로 공식화한다. 우리가 도입할 수 있거나 도입할 수 없는, 즉 무효화할 수 있거나 유지할 수 있는 사회적 규범의 정당성에 대한 논의에서 행해지는 질문과 마찬가지로, 도덕적 고찰에서도 동일한 질문이 문제가 된다. **그러한 논의에서는 실제로, 하나의 규범과 관련된 모든 사람들이 일반적인 규범의 준수를 모든 개별적인 사람들에 대해 가질 수 있는 결과를 불편부당하게 평가한 것으로 수용할 수 있는지에 대한 질문이 중요하다. 나아가 하나의 규범을 도입하거나 유지하는 것이 '모든 사람의 동등한 이해관계에' 놓여 있는지에 대한 질문도 중요하다.** 이에 상응하는 규범 **도입**의 모범적인 경우는 규정된 규칙에 따른 공통의 이해관계라는 과제를 해결하기 위해 일군의 사람들이 만장일치에 이르는 것이다. 이러한 경우에 사람들은 일반적인 규범 준수에 대한 반사실적인 가정조차도 규범의 **정당성**을 평가하기 위한 하나의 역할을 수행한다는 것을 읽어낼 수 있을 것이다. 그러나 규범정당성에 대한 판단에서 이에 상응하는 행위 **의무**를 구성하기 위해 여전히 어떤 다른 것(이 경우에서는 **결정**을 의미한다)이 부가되어야만 한다. 우리는 이러한 의무, 즉 공통의 결정으로 도출된 의무를 **도덕적인 의무**로 이해할 수 있을 것이다. 그러나 그러한 의무는 명백히 우리가 결정을 통해

원칙적으로 도입할 수 있거나 무효화할 수 있는 규범정당성에 대한 판단과 동일한 방식으로 정당화될 수는 없다. 칸트는 여기에서 문제가 되고 있는 차이를 철저히 고찰했다. 따라서 이러한 차이는 그것이 하버마스와 칸트의 도덕원리에 대한 공식화에 함축되어 있는 것처럼 이성적 존재의 강제 없는 합의에 대한 다양한 종류의 연관을 통해서도 해명될 수 있다. 원칙 (U)의 의미에서 정당화된 합의의 내용은, 우리가 명확히 했던 것처럼, 특정한 규범을 일반적으로 준수하는 것이 (관련된) 모든 사람들의 동등한 이해관계 속에 놓여 있다는 판단일 것이다. 이와는 반대로 도덕적 규범의 경우에서 '칸트적' 합의의 내용은 (이성적인 존재인) **우리가** 특정한 행위 방식이 보편적이기를 바랄 수 없다는 판단일 것이다. 여기서 나는 하버마스와 더불어 칸트적 '나'가 '우리'로 대체된다는 것에서 출발할 것이다. 이를 통해 어떤 문제가 생겨날 수 있을지라도 말이다. 이러한 전제하에서 도덕적 판단에 대한 이성적 합의를 기대하는 것은 칸트적 관점에서 도덕적으로 판단하는 사람이 예컨대 "나는 이러한 방식으로 보편적으로 행위될 수 있다는 것을 바랄 수 없고, '우리' 중 어느 누구도 이성적인 방식으로 이것을 바랄 수 없다"라고 말할 수 있다는 것처럼 생각될 수 있을 것이다. 여기에서 '이성적인 방식으로'라는 말은 우리가 우리의 해석, 확신, 자기 이해에 의존하고 있는 어떤 것을 **실제로** 바랄 수 있고 없고 간에, 그리고 **이러한 해석, 확신, 자기 이해**가 다소 '이성적'일 수도, 즉 적절하게 될 수도, 옳거나 진실하게 정당화될 수도 있고 없고 간에 '바랄 수 있다'는 말과 관련된다. 따라서 '이성적인 방식으로'라는 말은 정확히 우리가 우리 자신을 그리고 다른 사람의 세계와 상황을 옳다고 보는 경우만을 의미한다. 그런데 여기에는 논증적 또는 의사소통적인 해명이 존재한다. 즉, 논증의 매개 속에 있는 학습 과정이 쉽게 사유될 수 있다는 것이다. 그러나 만약 우리가 도덕의 논증적 차원을 **이러한** 방식으로 이해한다면, 우리는 진리합의론 없이도 어느 정도 일을 추진해나갈 수 있다. 내가 나중에 밝히겠지만, 우리는 도덕적 판단에 대해 이성적인 합의를 기대할 수 있다는 것을 오히려 **오류 가능한** 것으로 이해할 수 있을 것이다. 이와는 반대로 만약 우리가 규범적 정당성에 대한 공통적인 판단을 도덕적 판단을 통해 '예측된' 이성적 합의의 내용으로 간주한다면, 그러한 생각이 어떻게 합의이론과는 다르게 공식화될 수 있을 것인지를 결코 생각할 수 없다. 이것은 위에서 문제 있는 것으로 언급된 하버마스의 선결정 중 두 번째 것으로 나를 이끌어간다.

ⓑ 진리합의론에 대해서는 다음 제7절에서 상세히 풀어 설명할 것이므로, 여기서는 단지 합의론적 선결정에서 발생한 결과의 문제만을 다시 한 번 지적할 것이다. 나는 앞서 **이상적이고 실재적인** 상호 이해 조건 또는 논변 조건의 대립에서 생겨난 역설에 대해 지적했다. 이때 이러한 대립은 마치 원칙 (U) 속에 설정되어 있는 듯하다. 이러한 대립은 합의론적 전제들에 대한 직접적인 표현이다. 그러므로 합의론에 대한 나의 비판은 동시에 합의론이 의존하고 있는 이상화에 대한 비판이다. 여태까지 드러난 것은 이러한 합의론적 이상화가 또한 논변윤리의 **내부적** 난점, 즉 논변윤리를 틀림없이

본의 아니게 칸트에 가까이 접근시킨다는 난점에 이른다는 것이다. 그러는 동안에도 논변윤리적 전제들 자체가 현실적이라는 것은 여전히 드러난다. 그리고 논변윤리의 난점들에서 기초가 되는, 하버마스가 원칙 (U)를 공식화하면서 생겨난 우연성은 현실적이지 않다는 것이 드러난다.

7

하버마스가 설명하고 있는 진리합의론 또는 논변이론의 기본 논제는 다음과 같다. 타당성 요구들은 정확히 '참된' 또는 '타당한'이라고 불릴 수 있는데, 이러한 타당성 요구들에 관한 논변적 합의는 이상적 담화 상황이라는 조건하에서 생길 수 있다. 하버마스는 상이한 종류의 언어 행위를 수행할 기회를 동일하게 분배함으로써, 마찬가지로 논변 영역의 변화와 관련해 기존 규범의 속박에서 자유로울 수 있다 (Freizügigkeit)는 특징을 통해 이상적 담화 상황의 구조(그는 또한 이러한 구조들이 모든 진지한 논증에서 현실적인 것으로 가정된다고 말했다)를 규정한다.[9] 합의론의 기본 논제를 통해서, 첫째로 합의에 관한 '합리

---

9) 우선 Jürgen Habermas, "Wahreitstheorien," in Helmut Fahernbach(Hrsg.), *Wirklichkeit und Refexion, Festschrift für Walter Schulz*, Pfullingen, 1973, 특히 p. 252 이하. 다음에 나오는 비판은 몇 가지 점에서 합의이론에 대한 R. Zimmermann의 자세하고 예리한 비판(R. Zimmermann, *Utopie-Rationaliät-Politik*, München, 1985, p. 303 이하)과 의견이 일치한다.

성'이 이상적 담화 상황의 형식적인 구조라는 특징을 통해 정의되고, 둘째로 '진리'는 이성적 합의의 내용으로서 정의된다. 나는 이에 대해 다음과 같은 사실을 보여주고자 한다. ① 합의에 관한 합리성은 형식적으로 특징지을 수 없다. ② 합의에 관한 합리성과 진리는 일치해서는 안 된다. 그렇기 때문에 ③ 이성적 합의는 결코 진리 **기준**일 수 없으며, 결국 ④ 합의이론이 진리의 기준일 수 없다는 해석은, 비록 내용이 있다고 하더라도, 논변윤리적인 보편화 문장을 지지하기 위해서는 이것(합의에 관한 합리성과 진리 – 역자)을 충족시키지 못한다.

① 내가 말하고자 하는 논제는 우리가 합의를 이성적인 것이라고 판단하는 것이 우리의 (고유한 또는 공통의) 근거를 유력하다고 판단하는 것에 의존한다는 것이다. 이러한 의존성은 **논리적인**(개념적인) 의존성이다. 즉, 근거를 통해 생겨난 합의의 개념은 근거를 통해 생겨난 확신을 전제한다. 우리는 당연히 다음과 같은 사실을 인정해야 한다. 참가자 중 몇몇이 오직 겉으로만, 또는 두려움이나 심리적인 장애 때문에 찬성했다는 근거가 있을 경우, 그러한 합의를 이성적이라고 간주할 수 **없다**. 이때는 약화된 의미에서의 하버마스의 기준은 정당할 것이다. 즉, 좋은 **근거**에 의거하고 두려움 등에 의거하지 않았다는 사실은 이성적 합의의 개념에 속하는 것이다. 그러나 이와 같은 것은 이미 개별자들의 확신에 대해서도 적용된다. 다시 말해 개별자들의 합리성은 그들의 확신이 좋은 근거에 의거하고 있다는 것을 증명한다.

우리가 공통적으로 획득한 확신을 우리 모두에게 분명한 근거나 논거를 통해 참이라고 여길 것이라는 점은 사소하지만 분명한 사실이다. 그리고 실제로 우리가 어떤 것에 대해 공통적으로 확신하고 있는 한, 우리는 **이성적인** 합의에 대해 말할 수 있을 것이다. 그래서 그것은 마치 **합리적인** 합의가 또한 필연적으로 **참된** 합의인 것처럼 보일 수도 있다. 그러나 이는 매번 참가자들의 내적 관점으로부터만 그렇게 보이는 것이다. 다시 말해 내가 만약 근거들에 동의한다면, 그것은 이제 내가 하나의 타당성 요구를 **참**으로 간주한다는 것을 **의미한다**. 그러나 여기에서 진리는 합의의 합리성으로부터 **나오는** 것이 아니라, 오히려 근거들의 유력함으로부터 **나오는** 것인데, 타당성 요구를 위해 그 근거들을 제시할 수 있고, 그 근거들에 관해서 확신하고 있어야만 한다. 물론 **그 이전에** 나는 합의의 합리성에 관해서 말할 수 있어야만 한다. 그러나 이제 그러한 근거들은 원리적으로 언제나 **사후**에 불충분한 것으로서 증명될 수도 있을 것이다. 그러나 만약 그러한 상황이 발생한다면, 그러한 상황은 이상적 언어 상황의 대칭 조건과 기존 규범의 속박에서 자유롭다는 조건(Freizügigkeitsbe-dingungen)이 실현되지 않았다는 의미에서 이전의 합의는 **합리적**이지 않았다고 고백하는 것과 동등한 의미를 지닐 수 없다. 만약 이런 사실이 오히려 형식적으로 특징지어질 수 있어야만 한다면, 그러한 조건들이 제시되었는지 아닌지에 대한 판단이 매번 어떤 근거들을 유력한 것으로 간주할 것인지에 직접적으로 의존해서는 안 된다. 다른 측면에서 합의론의 기준적 의미는 아무 쓸모없는 것으로 되어 버린다. 그러나 또한 이와는 독립적으로 합리성과 합의의 진리성을 동일시할 수 있는 것에 반대되는 강력한 근거들이 존재한다. (이상적 담화 상황의 조건이라는 의미에서) 무엇 때문에 뉴턴 이론의 진리에 관한 19세기의 유명한 물리학자의 합의가 더 이상 **합리적**이지 않게 되었는가? 이는 오늘날 물리학에서 더 많은 진보를 성취했기 때문이다.

② 합의된 것들이 진리가 아니라는 것에서 자동적으로 합의의 합리성 결핍이 산출될 수 없는 것과 마찬가지로 — 우리가 동어반복적 개념 해명으로 되돌아가지 않는 한 — 합의의 합리성에서 합의의 진리성이 산출될 수는 없다. 오직 그때그때마다 당사자들의 내적인 관점에 서만 이 두 가지, 즉 합의의 합리성과 진리가 서로 합치된다. 그러나 그것은 합의의 합리성이 부가적인 진리 **근거**라는 것을 의미할 수는 없다. 그러나 이러한 주장은 내가 하나의 확신에 대해 지닌 근거들 외에도 내가 나의 확신이 아주 잘 정당화되어 있다는 사실을 여전히 **부가적인** 진리 근거로서 제시하고자 할 것이라는 경우와 마찬가지로 오류이다. 내가 정당하게 참이라고 생각한 것은 **나에게** 참이라고 생각된 것이 언제나 진리라는 것에 대해 아무런 부가적인 근거가 될 수 없다. 마찬가지로 **우리가** 정당하게 참이라고 생각한 것은 **우리 에게는** 참이라고 생각된 것이 진리라는 것에 대해 결코 부가적인 근거가 될 수는 없다. 달리 말해, 비록 합의가 이상적 조건하에서 이루어졌다고 하더라도, 합의라는 사실은 결코 진리라고 간주된 것의 진리성을 보장하는 **근거**가 될 수는 없다는 것이다. 만일 우리가 타당성 요구의 의미를 이해한다면, 그 경우에 우리는 진리에 대한

다음과 같은 근거 또는 기준으로 되돌아가야만 한다. 우리는 이러한 기준 또는 근거를 언제나 그리고 이미 자의적으로 취급해왔다. 만일 우리가 이상적 담화 상황의 조건하에서의 모든 참여자들의 충분한 **판단 능력**을 인정한다면, 오직 **그 경우**에 우리는 합리성에서 합의의 진리성을 추론해낼 수 있을 것이다. 그러나 그렇다면, 첫째로 이상적 담화 상황의 조건은 더 이상 **형식적으로** 특성화될 수 없다. 그리고 둘째로 진리에 대한 합의론은 본질적으로 타당성 요구가 정확히 참이라는 논제로 환원될 것이다. 이때 충분한 판단 능력을 가지고서 이러한 타당성 요구에 관한 강제 없는 합의가 산출될 수 있다. 그러나 이러한 논제는 각각의 실체적인 내용 없이 존재할지도 모른다. 풍부한 내용을 가진 진리이론으로서의 합의론은 합의에 대한 합리성의 **형식적** 특성화와 더불어 생성·소멸된다. 그러나 바로 이러한 형식적 합리성의 조건이 합의론을 오류로 만든다. 앞에서 당연하게 생각했던 것과는 반대로 우리가 합리성 개념을 비형식적으로 파악하고자 한다면 합의론은 공허한 것이다.

③ 물론 그러는 사이에 하버마스는 합의론에 대한 기준적(kriterialen) 해석으로부터 거리를 두었다.[10] 그는 우리가 어느 정도 논증할 수 있기 위해서는 무엇이 좋은 근거들인지를 언제나 그리고 이미 알고

---

10) 예컨대 Jürgen Habermas, "Ein Interview mit der New Left Review," in *Die neue Unübersichtlichkeit*, Frankfurt, 1985, p. 228에서 하버마스는 진리에 대한 합의이론 및 논변이론이 "의미와 기준 사이에 있는 명확한 구별을 동시에 (없애버릴 것이다)"라는 것을 제한적으로 부가한다.

있어야만 한다는 것을 인정한다. 그러나 그러한 '좋은' 근거들이 결국 **충분히** 좋은 근거인지의 여부는 하버마스가 앞서 언급한 것처럼 이상적 담화 상황의 조건하에서 비로소 '드러'난다.[11] 나는 하버마스의 사유에 나타난 이러한 새로운 전환을 내가 합의론을 이해하는 것과 마찬가지로 합의론의 고유한 지점을 다시 한 번 명확하게 하기 위한 계기로 삼고자 한다. 만일 이상적 담화 상황의 조건하에서의 합의가 우리의 논거들이 현실적으로 충분하게 좋은 논거인지 아닌지를 비로소 '드러낼' 수 있다고 하버마스가 말한다면, 이를 통해 하버마스는 합의의 특수한 확증 기능을 노리고 있는 것이다. 즉, 우리는 합의의 도출을 통해서 우리가('우리' 중 각각이) 그 사태를 현실적으로 공적인 입장, 다시 말해 일반적인 입장에 의거해서 보고 있다는 것을 공통적으로 확증한다. 따라서 이것은 병적인 혐오, 장애, 감정, 희망으로 가득 찬 사유, 흐려진 판단 능력 등이 우리의 판단을 왜곡시키지 않는다는 것, 그리고 우리의 확신 또는 근거가 충분한 호의와 판단 능력을 지니고 새로운 논변에도 저항력을 발휘한다는 것 또한 확증한다. 그리고 우리는 합의를 할 때, 우리가 공통적인 세계나 언어의 토대를 벗어나지 못한다는 것을 확증하거나 만일 우리가 그러한 토대를 떠난다면 — 또 그런 일은 언제나 그리고 다시금 어느 정도 과학과 철학 속에서 생겨나는데 — 우리는 좋은 근거를 가지고 그렇게 했던 것을 확증한다. 이때 좋은 근거라는 것은 새로운, 즉 더 좋은 공통성을

---

11) 편지 글.

가능하게 한다는 것을 의미한다. 이제 우리는 진리 주장의 타당성과 세계의 공통성 사이에 있는 이러한 내적인 연관을 다르게 파악할 수 있다. 합의론은 그러한 연관을 **비상대주의적으로** 파악하려는 시도이다. 그것을 명확하게 하기 위해서 나는 공통성 또는 언어 속에 있는 찬동의 두 가지 형식 사이를 구분하고자 한다. 첫 번째 형식은 이미 그리고 언제나 **전제되어야만** 하는 언어의 공통성에 놓여 있다. 따라서 우리는 — 비트겐슈타인과 더불어 — 이러한 공통성에 관해, 언어를 사용할 때나 무언가에 대해 판단할 때 '옳은' 것과 '그른' 것이 무엇을 의미하는지는 결국 상호주관적인 실천을 통해 확정될 수 있다고 말할 수 있다. 그러므로 어떤 의미에서 동일 언어권에서 성인 화자의 동의는 단어 사용이나 주장의 적합성 판단에 기준이 된다. 비트겐슈타인이 말하는 바와 같이 "정의들에서의 일치뿐만 아니라, (매우 이상하게 들릴 수도 있겠지만) 판단들에서의 일치가 언어를 통한 상호 이해에 속한다".[12] 그러나 여기에서는 논증적으로 도출된 합의가 중요한 것이 아닌, 오히려 언어 **속에 있는** — 논증 일반을 비로소 가능하게 하는 — 찬동이 중요하다. 물론 언어 **속에서** '자연스럽게 생겨나는' 그러한 찬동의 배후가 또 언제나 당연히 의문시된다. 왜냐하면 학문은 아마도 특정한 관점에서 지속적인 언어비판, 즉 논증이라는 수단을 통해서 수행되는 언어비판의 과정으로 간주될 수 있기 때문이다. 이것은 원칙적으로 언어 **속에서** '자연스럽게 생겨

---

12) Ludwig Wittgenstein, *Philosophische Untersuchungen*, in *Schriften* Bd. I, p. 389(§242).

나는' 찬동을 언어 규칙과 근본 개념이 적절한지에 관해 논변적으로 산출된 찬동으로 대체할 수 있을 것이라는, 간단히 말해서 우리의 언어적 세계 해석의 적절성에 관해 논변적으로 산출된 찬동으로 대체할 수 있을 것이라는 생각을 암시한다. 하버마스는 ('진리이론'에서) 실제로 언어의 변화(Sprachveränderung)를, 그리고 언어의 비판에 대한 그러한 논증적 형식을 가능한 것으로, 더욱이 어떤 의미에서는 필연적인 것으로 주목했다. 그 언어(언어를 통해 우리는 그러한 진술을 공식화한다)가 '적절'한 곳에서[13] 우리는 하버마스와 마찬가지로 비로소 완전한 의미에서의 참된 진술에 대해 논의할 수 있을 것이다. 그러나 우리는 언어 발전이 논증을 매개로 하여 수행될 것이라는 지점, 즉 타당성 주장에 대한 합리적 합의가 언어의 적절성에 대한 합리적 합의를 내포하고 있는 곳에서[14] 비로소 '적절한' 언어에 대해 논의할 수 있을 것이다. 따라서 이러한 방식으로 비트겐슈타인이 분석한 찬동, 즉 언어를 통해 방금 전에 이루어진 찬동은 우리의 확신을 논변적으로 개정하는 소용돌이 속으로 끌고 들어갈지도 모른다. 그러한 가정을 통해 비로소 합의론의 논점이 상당히 명확해진다. 다시 말해 만일 우리가 첫 번째 단계에서 언어에 대한 화자의 찬동이 진술의 참 또는 거짓에 대한 일종의 잠정적으로 최종적인 척도라는 것을 인정한다면, 그리고 만일 우리가 그러한 찬동을 논변적으로 개정하는 것이 원리적으로 가능하다는 것을 인정한다면, 사실적 합

---

13) Habermas, "Wahrheitstheorien," p. 244.
14) 같은 글, p. 249.

의는 아닐지라도, 아마도 합리적인, 다시 말해 논변적으로 도출된 합의가 우리의 타당성 주장에 대한 진리를 확증하는 **최종**심급이라고 말하는 것은 당연하다. 동시에 어째서 그러한 합의의 합리성이 여전히 형식적으로만 특성화되어야 하는가에 대한 이야기가 명확해진다. 다시 말해 여기에 오직 다음과 같은 두 가지 가능성만이 제공되는 것처럼 보인다. **한편으로** 우리는 모든 언어, 모든 생활양식이 '참'과 '거짓'에 대한 자신의 고유한 척도를 그 자체로 포함하고 있다는 것, 그래서 이러한 척도에 대한 참 또는 거짓에 대한 질문이 더 이상 의미 있는 것으로 제기될 수 없다는 것(이는 문화비교의 영역에서 원치(Peter Winch) 그리고 이론비교의 영역에서 쿤(Thomas Kuhn)이 제공했던 대답이다)이라고 말한다. 그렇지 않다면 **다른 한편으로** 우리는 이처럼 매우 혼란스러운 상대주의적 논제에 반대하여 진리 주장들에 대한 무조건성을 고수하고, 그래서 모든 특수한 언어와 생활양식이 파급되어 있는 척도가 가능하다는 것을 고수한다. 따라서 상대주의적 입장에 대한 반대 논제는 다음과 같은 것이다. 즉, 언어에 대한 화자의 **실제적인** 일치는 진리와 거짓에 대한 최종적인 척도를 제공하는 것이 아니라, 오히려 합리적 합의로 해석될 수 있는 일치만을 제공한다는 것이다. 그리고 여기서 이제 '합리적'이라는 말이 무엇을 의미해야만 하는지는 분명 **하나의** 특정한 문화의 내용적인 합리성 척도를 통해 다시 해명될 수는 없다. 오히려 그것은 순수하게 형식적 특징을 통해 정의되어야만 한다. 따라서 — 만일 진리합의론이 이상적 담화 상황의 구조적 특징을 합의의 합리성에 대한 정의로 규정한다면 —

합리성이라는 말의 의미는 일치의 반상대주의적 단초의 귀결에 놓이게 된다.

④ 한편 내가 앞서 합의의 기준적 기능에 관해서 말했던 것과 같은 것이 하버마스에 의해서 새롭게 강조된 합리적 합의의 '지시' 기능 또는 확증 기능으로 간주된다. 즉, 우리는 합의를 논변적으로 도출함으로써 우리 자신을 확신시킬 수 있다는 사실, 그리고 우리가 제시하는 근거가 실제로 좋은 근거라는 사실은 모든 합의가 유보적으로 존재한다는 사실에 관해서 어떤 변화도 가져오지 못한다. 그러나 만약 유한한 합리적인 합의를 하는 경우에, 근거들이 우리에게 충분히 좋은 근거들로서 제시된다는 것으로부터 그 근거들이 **영구히** 충분히 좋은 근거들로서 증명된다는 사실이 필연적으로 도출되지 않는다면, 합의에 관한 논쟁의 여지가 없는 확증 기능도 진리합의론의 무거운 짐을 지탱할 수가 없다.

이러한 어려움에서 **빠져나올** 탈출구로서 합의의 기준적 기능 또는 확증 기능을 **무한한** 합리적인 합의에 위임하려는 시도가 고려되고 있다.[15] 무한한 합리적 합의란 아마도 **결코** 문제를 제기할 수 **없는**

15) 이것은 오히려 아펠의 특징에 대응될 것이다. 특히 중요한 공식화들에 관해서는 K.-O. Apel, "Szientismus oder transzendentale Hermeneutik," in *Tansformation der Philosophie*, Bd. II, Frankfurt, 1973, p. 192, 207 참조. 물론 아펠과 하버마스의 특징들은 부분적으로는 그들의 출발점과 강조점에서만 구별된다. 그 결과를 두고 볼 때, 그 차이가 아주 작다고 규정해서는 안 된다. 예컨대 아펠은 그가 논증할 수 있기 위한 조건으로서 '이상적 담화 상황'을 가정해야 할 필연성을 요청할 때는 하버마스의 견해를

따른다[K.-O. Apel, "Sprechakttheorie und transzendentale Sprachpragmatik zur Frage ehischer Normen," in K.-O. Apel(Hrsg), *Sprachpragmatik und Philosophie*, Frankfurt, 1976, p. 121 참고]. 역으로 하버마스에게 합리적 합의(즉, 이상적 담화 상황의 조건하에서 겨냥된 합의)는 곧 가능한 무한한 합의이다 (Habermas, "Wahrheitstheorien," p. 239 참조. "진리의 의미는 일반적으로 합의에 이르는 상황이 아니라 오히려 우리가 오직 논변을 하는 한에서 언제 어디서나 합의를 정당화된 합의라고 명명하게 만드는 조건하에 합의가 달성될 수 있다"). 내가 합리적 합의의 무한한 반복 가능성에 대한 — 하버마스에게는 자명한 — 조건을 처음부터 신중하게 고려하지 않았다는 것은 다음과 같은 단순한 근거를 가지고 있기 때문이다. 즉, 이상적 담화 상황의 형식적 조건을 제시하는 것이 합의에 관한 진리의 기준으로 이해되는 동안에는(같은 글, p. 239 이하 참조), 무한한 합의의 가능성은 단순히 — 형식적인 조건들을 통해서 정의된 — 합의의 합리성의 **귀결**일 뿐이다. 그러므로 진리 개념에 대한 고유한 설명은 무한한 합의가 아니라, 오히려 **합리적인** 합의이다. 우선 다음과 같은 나의 이의 제기는 이것과 반대된다. 즉, 나는 — 형식적으로 특징지어진 — 이상적 담화 상황의 구조 특징이 적절한 진리 기준을 제시할 수가 없다는 것을 보여주고자 했다. 그러므로 그 기준이 오류라거나 공허하다는 것은 결코 기준이 될 수 없다. 만약 우리가 합리성과 무한한 반복 가능성의 연관, 즉 하버마스가 가정한 연관을 고려한다면, 오히려 이상적 담화 상황이 처음부터 공허하게 작용하는 기준이라는 의미에서 구상되었다는 것이 분명해진다. 만약 합의의 합리성에서 순수하게 분석적으로 합의의 무한한 반복 가능성이 도출된다면, 똑같이 나중에는 오류로, 그리고 비판에도 끄떡없는 것으로 증명되는 합의가 이상적 담화 상황의 조건하에서는 성취될 수 없다는 것이 순수하게 분석적으로 드러난다(같은 글, p. 257 이하 참고). 그러나 그 경우에는 실제로 합의가 영속된다는 것이 합의의 합의일 것이다. 그래서 이 경우에 모든 **유한한** 합리적인 합의는 유보적으로 존재하며, 따라서 '진리'에 관한 설명(Explikat)일 수 없다는 것에서 비롯된 문제는 소멸된다. 이 문제는 합의론의 하버마스적 해석에서는 — 내가 앞서 제시했던 것처럼 — 모든 참여자들의 충분한 판단 능력이 이상적 담화 상황의 구조 특징하에서 수용된다는 사실을 통해서만 피할 수 있을 것이다. 그 경우에 이상적 담화 상황들은 그럼에도 더 이상 순수한 형식적인 구조 기술을 통해서는 특징지어질 수 없을 것이다. 그러나 바로 이러한 사실은 '이상적 담화 상황의 조건하에 있는 합의'라는 개념이 '진리'에 대한 내용 있는 설명이어야 한다면 필연적이 될 것이다. 만약 이에 반해 진리에 대한 합의라는 개념에서 **무한한** 합리적인 합의를 생각한다면, 무한한 합리적인 합의라는 이념이 합리성을 가정함과 동시에 어떤 새로운 논거가 더 이상 떠오르지 않는다(그리고 당연히 어떤 논거들도 억압되지는 않는다)는 것을 가정한다는 문제는 소멸된다.

그러나 이제 무한한 합리적 합의는 기준으로서의 역할을 할 수 없을 뿐만 아니라, 엄밀히 말해 진리를 확증하는 역할도 더 이상 할 수 없다. 이는 그러한 합의가 '가능한 경험의 대상'이 아니라, 오히려 가능한 경험의 경계 너머로 나아가는 이념이기 때문이다. 이와 더불어서 진리합의론의 가능한 **의미**도 변화한다. 즉, 만약 **모든** 합리적 합의가 아닌, 오직 **무한한** 합리적 합의만이 진리를 보증해야

합리성(진리성)의 기준이 될지도 모른다. 이것은 이미 아펠의 근본 직관에 대응되는 합의이론의 두 번째 변형이다.

한다면, 그 이론은 또 다시 하버마스가 그 이론에 부여하고자 했던 합의의 설명적 내용을 상실한다. 우리는 하버마스가 최근 합의론의 근본 사유에 대해 아래와 같이 설명할 수 있다.16) "진리 논변이론의 핵심은" 하버마스에게 이제 다음을 의미하는데, "세 가지 근본 개념들의 도움을 통해 공식화될 수 있습니다."

(하나의 진술이 타당할 때 충족될 수 있는) 타당성 조건, (화자가 진술을 할 때, 그 진술의 타당성에 대해 제기할 수 있는) 타당성 요구, (이상적 담화 상황의 조건에 충분히 근접함으로써 참여자들 간의 합의가 더 좋은 논거의 강제를 통해 도출될 수 있어야만 하며, 이러한 의미에서 '합리적으로 동기화'된 논변의 영역에서), 그리고 타당성 요구를 이행한다는 세 가지 근본 개념.17)

이제 합의론의 핵심은 다른 두 가지 근본 개념의 도움으로 '타당성 조건의 충족'이 의미하는 바를 해명하는 것에 놓이게 된다.

합의론의 타당성 요구가 충족된다면, 하나의 진술은 타당합니다. 타당성 조건이 충족되었는지 여부는 오직 그에 상응하는 타당성 요구의 논증적 이행을 통해서만 확인될 수 있습니다. 그렇기 때문에 타당성 조건의 충족이 무엇을 의미하는지는 이에 상응하는 타당성 요구의

---

16) Habermas, "Ein Interview mit der New Left Review," p. 227 이하.
17) 같은 글, p. 227.

이행을 위한 절차를 통해 해명되어야만 합니다. 진리의 논변윤리학은 그것이 합리적으로 동기화된 찬동을 논증적으로 산출하기 위한 일반적인 화용론적 전제라는 개념 속에서 타당성 요구를 이행하는 것이 무엇을 의미하는지를 해명함으로써 앞서 언급된 해명을 수행합니다. 이러한 진리이론은 오직 의미에 대해 해명할 뿐이며, 결코 어떠한 기준을 제시할 수는 없습니다. 동시에 그것은 분명 의미와 기준 간 명확한 구분을 없애버립니다.[18)]

만일 우리가 여기서 타당성 요구의 '이행'을 이상적 담화 상황의 조건하에서 논증적으로 합의를 도출한다는 의미로 이해한다면, 합의론에 반대하여 위에서 제기한 이의 제기는 여전히 유효하다. 이와는 반대로 우리가 진리 보증의 기능을 무한한 합리적 합의에 위임한다면, 엄밀히 말해 타당성 요구의 **이행**에 관한 언급은 더 이상 의미가 없다. 이를 통해서 하버마스가 그러한 연관을 구성한 것과 마찬가지로 세 가지 근본 개념의 설명적 연관은 동시에 해결될 것이다. 그러나 우리가 특수한(경험 가능한) 합의를 마치 무한한 합의와 '간단히 연결함'을 통해서는 이러한 합의를 피해갈 수 없다. 다시 말해 합리적 합의(합리적인 것으로서 **합리적 합의**)가 각각의 정의에서 무한하게 반복될 수 있는 합의라고 말한다면, 우리는 실제로 무한한 합의를 형성한 것이 아니라, 오히려 이상적 담화 상황이라는 조건하에 있는 합의

---

18) 같은 글, p. 228.

114

를 진리를 보증하는 심급으로 만드는 것이다. 그리고 내가 이러한 합의이론의 해석에 반대해서 내세웠던 모든 이의 제기는 여전히 유효하다. 다시 말해 무한한 합의의 가능성은 하나의 합의가 — 형식적으로 특성화된 — 이상적 담화 상황의 조건하에서 도출되었다는 것에서만 산출될 수는 없다. 이것이 정확히 내 이의 제기의 요점이다. 무한한 합의의 가능성을 가정하는 것은 실제로 이상적 담화 상황의 형식적 특성화라는 의미에서 특수한 합의의 합리성을 가정하는 것보다 더 많은 것(또는 다른 것)을 의미했다. 여기서 '더 많은'이라는 말은 논거를 통해 도출된 합의라는 개념이 어떠한 설득력 있는 논거라 하더라도, 장차 이의를 제기할 수 없을 합의라는 개념과 더 이상 의미 있게 동일시될 수 없다는 것을 뜻한다. 그렇지 않은 경우에 우리는 모든 가능한 논거들이 고려되었던 조건들을 유한한 합의의 합리적 조건 아래로 받아들여야만 할 것이다. 그러나 우리가 무한한 합의의 가능성을 유한한 합의의 합리성 조건을 충족시키기 위한 기준으로 만들지 않는다면, 그렇게 하는 것이 불가능하다. 그런데 더욱이 그 경우에 이것은 더 이상 형식적으로 특성화될 수도 없을 것이다. 다시 말해 논증의 절차를 통해, 그리고 이상적 담화 상황이라는 구조적 특징을 통해 특성화될 수 없을 것이다.

　이제까지 드러난 바를 통해 우리는 진리합의론의 좀 더 강한 해석과 좀 더 약한 해석을 구분할 수 있을 것이다. 좀 더 약한 해석은 무한한 합리적 합의를 진리를 보증하는 심급으로 만드는 것이다. 이상적 논변 조건의 형식적 특성화에서 겨냥된 합의가 무한한 논변적 검증을 견뎌낸다는 것과 관련해서는 어떠한 보증도 도출될 수 없기 때문에 합의이론의 두 가지 해석은 서로 일치될 수 없다. 그러나 앞에서 언급된 바와 같이 더 이상 기준적으로 이해될 수 없는 합의론의 좀 더 약한 해석을 통한 우회에서, 보편화 근본 원칙을 논변윤리적으로 재공식화한 것에 기초한 강한 배경적 가정들이 정당화되는 것은 불가능한 일일까? 이러한 질문에 대한 답을 나는 다음 절에서 찾아보려고 한다.

8

나는 지금까지 앞서 구분해본 두 가지 합의론의 해석을 하버마스 및 아펠의 이름과 명확하게 결합하는 것을 피했다. 이에 대한 근거는 다음과 같다. 첫째는 두 저자가 어느 정도까지는 합의론의 두 가지 해석을 요구한다는 것, 둘째는 합의론에 관한 아펠의 해석이 본질적인 점에서, 내가 여기서 합의론의 '좀 더 약한' 해석이라고 불렀던 것을 능가하고 있다는 것이다. 이러한 합의론의 좀 더 약한 해석은 진리의 이념과, 가능하고 일반적이며 정당화된 찬동의 이념 사이의 내적 연관을 해명하는 것으로 이해될 수 있다. 이러한 입장을 따른다면 우리는 이 두 가지 이념이 서로를 **상호적으로** 해명한다고 말할 수 있을 것이다. 현재는 참인 것으로 간주하는 것에 대립해 미래에 어떤 유력한 반대 논거가 존재하지 않을 것이라는 사실이 진리이념에 속한다. 그리고 이것은 세계에 관해 언급하고 문제를 공식화하는 우리의 방식 역시 미래에 좋은 근거들을 제시하면서 문제 제기를 할 수 없다는 사실을 함축한다. 다른 한편으로 **무한하게** 정당화된 합의가 어떤 의미에서 **참인** 것으로 불려서는 안 되는지 이해할 수가 없다. 우리가 만약 인식할 수 없는, 또는 언어적으로 파악할 수 없는 진리라는 문제적 개념을 도입한다고 하더라도, 우리는 이 개념을 단지 생각만 할 수 있을 뿐이라는 것을 논증할 수 있을 것이다.

합의론에 관한 아펠의 해석은 아펠이 무한하게 (정당화된) 합의의 이념을 무제한적인 **이상적 의사소통 공동체**라는 이념을 통해 해명한다는 점에서 합의론의 '좀 더 약한' 해석과 구별된다. 아펠에게 이상적 의사소통 공통체라는 이념은 — 하버마스에게 이상적 담화 상황이라는 이념과 비슷하게 — 논증 상황을 위한 구성적이고 필연적인 가정, 그리고 동시에 미래적인 것으로 생각된 이상 및 규제적인 이념을 나타낸다. 두 가지 경우에서 이상화된 가정(및 기대)은 동시에 가능한 합의의 합리성을 보증하는 조건이다. 그러나 우리는 **첫째로** 그 합의가 특수한(즉, 유한하고 경험 가능한) 것일 경우, 담화 조건을 이상화하는 것이 합의에 관한 진리성을 보증할 수 없다는 것을 밝혔다. 그리고 **둘째로** 우리는 언제나 **사실적으로** 합의가 기초하는 근거의 척도를 따라 합의의 합리성을 판정해야만 한다는 것을 해명했다. 그러나 이러한 사실에서 이상적 의사소통 공동체라는 개념에서의 이상화는 있으나 마나한 것이라는 사실이 도출된다. 이상화는 무엇이 정당화된 합의(무한하게 정당화된 합의)인지에 대한 우리의 이해에 아무런 기여도 하지 못한다. 그러나 다른 한편으로 이상적 의사소통 공동체라는 개념은 궁극적이고 절대적인 진리의 미래 장소를 암시한다. 그리고 그 개념은 궁극적 언어의 이념을 암시하는데, 이 언어 속에서는 학문이 그 목적을 실현시킬 뿐만 아니라, 인간성 자체가 완전히 투명하게 될 수 있을 것이다. 여기에서 아펠이 오직 규제적 이념만을 다룬다는 것은 분명하다. 그러나 그에게 이 규제적 이념은 이상적 극한치를 의미하며, 이 이념을 실현시키는 것은 — 비록 근사적일 뿐일지라도 — 인간성에 부과된 동시에 실현 가능한 일이다.19) 말하기와 논증하기의 전제로부터 현실성의 이상이 생겨나며, 우리는 화자이자 논증자로서 그 이상을 실현하는 것에 대한 의무를 항상 지고 있다. 이는 논변윤리의 핵심이다.

이러한 구조에서는 무엇인가 원만하지 않을 수 있다는 사실이 드러나는데, 지금까지 이것은 진리 문제의 관점에서 오직 이상화하는 개념형성물의 고유한 과잉에서만 드러났다. 우리는 이제 그러한 이상적인 개념형성물이 아펠과 하버마스가 주장한 것처럼 말하기와 논증하기의 피할 수 없는 이상적인 전제와 **연결된다**는 것을 인정할 수 있을 것이다. 그러나 나는 그러한 이상적 개념형성물이 잘못된 방식으로 이상적인 전제를 수용·해석한 것이라고 생각한다. 무한한

---

19) 물론 아펠은 결코 '완전하게 실현될' 수 없는 규제적 이념이 중요하다고 말했다. K.-O. Apel, D. Böhler and G. Kadelbach, *Funkkolleg Praktische Philosophie/Ethik: Dialoge 2*, Frankfurt, 1984, p. 136; K.-O. Apel, "Kant, Hegel und das aktuelle Prablem der normativen Grundlagen von Moral und Recht," in Arno Werner(Hrsg.), *Filosofi och Kultur*, Lund, 1982, p. 85 참조.

합의를 기대하는 것이 — '이상적 담화 상황'을 가정하는 것과도 같이 — 논증적으로 도출된 모든 합의에서 작용한다는 것은 쉽게 인정될 수 있다. 그러나 우리가 사용하는 단어와 문장에 일정한 상호주관적인 의미가 있다는 불가피한 가정이 형식적 의미론에 의해서 실체화되는 것과 유사한 방식으로, 무한한 합의를 불가피하게 가정하는 것은 진리합의론에 의해 실체화되는 것으로 보인다. 내가 생각한 것처럼 말하기와 논증하기의 그러한 필연적 가정은 유사선험적인 변증론적 가상을 지니고 있다. 그러한 가정 속에서 우리는 말하자면 언어적 의미와 언어적으로 공식화될 수 있는 통찰의 시간적 핵심 요소(Zeitkern)를 **망각하는데**, 우리는 그러한 시간적 핵심 요소를 **반성적으로** 확증할 수 있다. 오직 해석학적 문제와 언어적 표현의 문제가 주변적으로 되는 곳에서만 — 예컨대 마치 수학적 물리학에서처럼 — 우리는 아펠과 하버마스적인 의미에서 말하기와 논증하기의 불가피한 가정을 어느 정도 **실재적인 것으로** 이해할 수 있다. 이상적인 의사소통 공동체의 무한한 합의라는 이념에 포함되어 있는 '최종적인' 언어라는 이념은 오직 그곳에서만 적어도 **규제적 이념**[20]으로서

---

20) 이러한 연관 속에서 바이체커는 물리학의 실행 가능한 통일 에 관해 고려하고 있다. 그리고 이것은 동시에 물리학의 완성이 될 것이다(Carl Friedrich von Weizsäcker, *Die Einheit der Natur*, München, 1971, 특히 p. 207 이하 참고). 바이체커는 자신이 고려한 것들과 더불어, 물론 완성된 물리학의 모든 원칙이 결국 경험 가능성의 조건에 대한 분석에서 도출되어야만 한다는 좀 더 성가신 가정을 옹호한다(같은 책, p. 217 참고). 다른 형태로 '궁극적인' 언어의 이념, 즉 물리학의 적절한 언어의 이념은 오늘

의미를 지닌다. 퍼스(C. S. Peirce)가 그러한 이념에 상응하는 고려를
— 이 고려가 특히 합의론에 관한 아펠의 해석에 영향을 준 것처럼 —
무엇보다도 물리적 인식의 진보라는 측면에서 전개한 것은 우연한
일이 아니다. 최종적인 언어와 '올바른' 언어(또는 무한한 합의)라는
규제적 이념하에서 학술적 진보를 지속적인 언어비판 과정으로 해석
하는 것은 퍼스에 의해 자극받아 선험철학을 언어화용론적으로 재구
성한 것이다. 그러나 언어화용론적으로 해명된 선험철학은 아펠의
선험철학처럼 연구자 공동체의 무한한 합의라는 퍼스의 규제적 원리
를 이상적 의사소통 공동체의 이념으로 일반화하고자 시도하는데,
이러한 선험철학은 결국 객관주의적 인식 개념과 경험 개념에 머물
러 있어야만 하는 것처럼 보인다. 이는 특히 언어적인 상호 이해라는

날 미국 실용주의 전통에서 나타난다. 특히 '과학적 실재론'이라는 셀라
스(W. Sellars)의 철학에서 가장 섬세하게 정교화되었다. 이미 퍼스(C.
S. Peirce)와 유사하게 셀라스에게서도 학문의 진보는 지속적인 언어비판
으로 표현된다. '실재적인 것'은 이런 개념틀에 따르면 마지막에 발견된
참된 물리학적 이론의 상관물일 것이다. 다음을 참고하시오. Wilfred
Sellars, "The language of Theories," in *Science, Perception and Reality*, London,
1963, 특히 p. 119, 126; W. Sellars, "Scientific Realism or Irenic Instrumentalism.
Comments on J. J. C. Smart," in R. S. Cohen and M. W. Wartofsky(Hrsg.),
Boston Studies in the Philosophy of Science, Bd. II, New York, 1965, 특히 p. 204;
W. Sellars, "Counterfactural, Dispositions and the Causal Modalities," in H.
Feigl, M. Scriven and G. Maxwell(Hrsg.), *Minnesota Studies in the Philosophy of
Science*, Bd. II, Minneapolis, 1958, 특히 p. 263; W. Sellars, "Theoretical Expla-
nation," W. Sellars, *Philosophical Perspectives*, Springfield/Ill. 1967.

이상적인 가정에 붙어 있는 변증론적 가상을 통찰하지 못하기 때문에 그러한 것이다. 그 가상은 이러한 이상적 가정이 — 우리의 진술이 이해할 수 없는 것으로서, 또는 의사소통 상황이 왜곡된 것으로서 증명된다면 — 언제나 다시 오류로 증명된다는 것에 놓여 있는 것이 아니라, 오히려 이러한 이상적 가정이 우리에게 현실성의 이상으로서 생각되고 바로 여기에서 언어적 의미가 지니는 역사성과 불완전성을 은폐한다는 것에 놓여 있는 것이다. 언어화용론적으로 변형된 선험철학은 여전히 은밀하게 유럽 계몽주의의 과학주의적 전통과 소통하는데, 유럽 계몽주의는 분명 칸트의 선험철학에서 일찍이 자신의 고전적인 표현을 발견했다. 그리고 언어화용론적인 형태 속에서도 선험철학은 여전히 어떤 사유 형태의 올가미에 걸린 듯이 남아 있다. 이 사유 형태는 비록 물리학의 인식 진보를 읽어내지는 못하지만, 그러나 그럼에도 그러한 진보에 맞게 어느 정도 조정되기는 한다. 나는 분명히 설득력 있는 이 논제를 아펠의 오래된 글인 「과학주의 또는 선험적 해석학(Szientismus oder transzendentale Hermeneutik)」21)이라는 중요한 논문을 통해 밝혀보려고 한다.

이 논문에서 아펠은 퍼스가 진리를 '무제한적 연구자 공동체'22)의 '최종적 의견'으로 해석한 것이 **"결국 그 자신을 이론적·실천적으로 현실화시키는 무제한적인 해석 공동체"**23)라는 규제적 원리로 일반화

---

21) Apel, "Szientismus oder transzendentale Hermeneutik," p. 178 이하.

22) Apel, "Von Kant zu Peirce," p. 173 참조.

23) Apel, "Szientismus oder transzendentale Hermeneutik," p. 217.

될 수 있다는 것을 밝히고 있다. 아펠은 주지하는 바와 같이 퍼스의 의미에서 연구자들로 구성된 무제한적인 실험 공동체와 해석 공동체의 합의를 화용론적으로 변형된 선험철학의 '최고점'으로서 해석하는데, 이때의 최고점은 어느 정도 칸트적 선험철학의 최고점인 선험적 '의식 일반'의 자리를 받아들인다.[24] 의미비판적으로 정당화되고 연구 논리적으로 '활성화된' 퍼스의 보편적 실재론은 선험적 자아의 통일로 정당화된 범주적·종합적 아프리오리(a priori)에서 인식의 객관성이 보증된다는 사실을 말하는 것이 아니라, 오히려 연구 과정의 논리 속에서 객관성이 보증된다는 것을 말하는 것이다. 이때 이 연구 과정이라는 것은 가추(假推, Abduktion), 귀납, 연역의 상호작용에서 창의적이고 자기관계적으로(selbstkorrektiv) 모든 오류를 시간의 흐름에 따라 제거해야만 하는 과정이다. 자기관계적 과정에서 **영구히 상호주관적으로 비판을 견뎌내는(kritikfest)** 것으로서 스스로를 정립하는 확신은 **참**이다. 그리고 그러한 참된 확신과 관계하는 대상은 **현실적인 것**이다.

실재하는 것은 …… 언젠가 정보와 추리가 최종적으로 귀결되는 것이다. 그래서 자타의 예측 불가능한 변화와는 독립적인 것이다. 그러므로 실재라는 구상의 진정한 기원은 이러한 구상이 무제한적인 **공동체**라는 개념을 본질적으로 포함한다는 것, 그리고 한정된 지식

---

24) 예컨대 Apel, "Von Kant zu Peirce," p. 163 이하, p. 173 참고.

증대의 가능성을 포함하고 있다는 것을 보여준다.[25]

퍼스에 대한 이러한 초기 공식화의 연장선상에서 아펠은 선험적인 논리의 퍼스적 변형이라는 재치 있는 견해를 다음과 같이 요약한다.

달리 말해 '무제한적 연구자 공동체'의 '궁극적 견해'는 칸트적 '선험논리'를 퍼스적으로 변형한 '최고점'이다. 그 지점에서 초개인적인 해석의 통일이라는 의미론적 요청과 실험적 검증이라는 연구 논리적 요청은 궁극적으로는 서로 일치한다. 이렇게 요청된 통일의 유사선험적 주체는 무제한적인 실험 공동체인데, 이 공동체는 동시에 무제한적인 해석 공동체이기도 하다.[26]

종합적인 기본 명제를 선천적으로 정당화하는 대신에, 이처럼 활성화된 선험철학의 해석에서는 궁극적으로 종합적 추론 형식, 즉 가추와 귀납의 필연적인 타당성을 증명하는 것이 등장한다.

여기서는 칸트의 경험에 대한 '구성적 원리' 대신에 어느 정도 '규제적 원칙'이 정립된다. 그러나 여기서는 규제적 원칙이 결국 구성적인 것으로 증명되어야만 한다는 것이 증명된다. 퍼스가 과학적 명제가 타당해야 한다는 필연성과 보편성을 연구 과정의 목적으로 변경함으

---

25) Charles Sanders Peirce, *Collected Papers*, 5·311. Apel, 같은 글, p. 173에서 재인용.
26) 같은 글.

로써, 그는 칸트에 입각하여 현재 타당한 과학적 명제의 필연성과 보편성을 고집하지 않고서도 흄의 회의주의를 피할 수 있었다.[27)]

「과학주의 또는 선험적 해석학」이라는 글에서 아펠은 그 자신이 생각하는 바와 같이 퍼스가 문제 제기를 하는, 과학주의적으로 축소된 지평으로부터 이처럼 미래적으로 생각된 진리 개념을 분리하고자한다. 아펠은 무제한적인 연구자 공동체에서 도출된 합의라는 이념을 '무제한적인 해석 공동체와 상호작용 공동체 속에 있는 소통의절대 진리'라는 이념으로 확장하려 한다.[28)] 아펠은 우선 로이스(J. Royce)를 통해 퍼스적 의미론을 신관념론적으로 재해석함으로써 이러한 생각을 전개한다. 그러나 그 후 그러한 생각을 관념론적 연관체계에 의거해 해결하려고 시도하고, 해석학적 철학의 측면에서 나오는 이의 제기에 반대해 그러한 생각을 옹호하고자 한다. 아펠은 가다머의 견해에 반대하여 의미 이해의 영역에서도 — 따라서 텍스트,표현, 행위, 삶의 양식에 대한 해석에서도 — **절대적** 진리라는 규제적이념이 근저에 놓여 있다는 것을 정당화한다.[29)] 해석의 영역 속에있는 이러한 절대적 진리라는 이념은 물론 이제 연구자 공동체의궁극적인 이론적 확신(연구 논리적 원리의 방법론적 분야에 종속되는확신)으로서 더 이상 인식론적으로는 해명될 수 없고, 오히려 절대적

---

27) 같은 글, p. 174.
28) 같은 글, p. 217 이하.
29) 같은 글, p. 215 참조.

진리라는 이념은 이해 작용 속에서 해석학에 의해 타당하게 된 **적용**의 계기를 고려해야만 한다. 그러나 이 말은 이해의 구조에 관한 것인데, 이 구조에서는 객관화할 수 있는 사실의 세계 내부에 있는 현상으로 과학주의적으로 환원하려는 모든 시도가 실패할 수밖에 없다. 게다가 의미를 이해하는 작용이 '객관적인 사실에 대한 과학주의적 인식'을 위해 **보완 현상**으로서 등장한다는 사실은 선험철학을 언어화용론적으론 변형한 아펠의 재치이다.[30] 그래서 퍼스의 미래적 진리 개념이 의미를 이해하는 작용의 영역으로 옮겨가야 한다면, 이는 오직 무한한 이론적 합의라는 규제적 이념 대신에 **이상적 의사소통 공동체**라는 규제적 이념이 등장하는 경우, 즉 '무제한적 해석 공동체 그리고 무제한적 상호작용 공동체'일 때 가능하다. 이때 이러한 공동체는 동시에 의미를 이해하는 작용의 이념적 극한값을 의미하는데, 이러한 극한값이 현실화되는 것은 아마 '상호 이해의 모든 장애물을 제거하는 것'과 동일한 의미를 지닐 것이다.[31] 이상적 의사소통 공동체라는 이념 속에서 이론적 이성과 실천적인 이성은 이상적 상호 이해의 상황이라는 극한값에서 서로 일치한다. 해석의 '절대적 진리'는 단지 그러한 이상적 상호 이해 상황의 **실천적** 산출과 관련해서만 생각될 수 있다. 그래서 실천적 계기와 이해할 때 생기는 적용의 계기는 해석의 진리를 강제 없는, 그리고 투명하게 된 삶과 연관시키는 것을 요구한다.

---

30) 같은 글, p. 201.
31) 같은 글, p. 217.

하버마스에게서도 유사한 방식으로 드러나는 이러한 사유의 매력에서 벗어나기란 어렵다. 선험철학을 언어화용론적으로 재해석하는 것은 여기서 아도르노의 화해철학을 언어화용론적으로 재해석한 것과 일치한다. 그러나 이상적 의사소통 공동체 개념에서의 이상화는 **의미 있는** 이상화인가? 아펠은 비록 간접적인 방식이기는 하지만 스스로 결정적인 이의 제기를 한다. 그는 퍼스에게서 나타난 연구자 공동체의 무한한 합의가 상호 이해 문제의 중립화를 **전제**한다는 것을 지적한다. 즉, **궁극적 의견**의 상관물인 물리학의 '최종적' 언어는 단지 해석학적 의미 매개의 조건에서 해방될 수 있었던 언어로만 간주될 수 있는 것이다. 의미를 해명하기 위한 퍼스의 화용론적인 준칙은 극단적인 상황을 염두에 두고 있다. 그러한 준칙은 다음과 같은 시도를 의미한다.

이는 모든 의미를 다음과 같은 조작, 그리고 잘 분류된 경험과 연결시키려는 시도이다. 이때 그것들은 모든 고독한 주체가 언제나 다른 사람과 자신의 역사적인 상호작용과 독립해서 만들어낼 수 있는 조작과 경험이며, 이런 점에서 그 경험은 선천적으로 상호주관적이고, 동시에 객관적이다. 여기에 모든 진보적이고 경험적인 분석적 과학 (science)을 위한 기초를 만들어주는 노력이 존재한다. 이때 그러한 노력은 최종적인 상호 이해를 통해 상호주관적인 상호 이해를 미래에 충분히 만들려는 것이며, 이를 통해 논리적·경험적으로 검증 가능한 이론들의 가능성과 타당성의 조건을 최종적으로 산출하려는 것이다

(이러한 최종적인 메타과학주의적인 상호 이해라는 이념은 역사적으로 형성된 일상 언어와 그 언어에서 성장하고 실험적으로 평가되는 과학 언어를 보편적인 계산 언어로 일회적으로 대체하는 것일지도 모른다. 이때 보편적 계산 언어는 모순적이지 않음을 보장하면서도 실험적·화용론적으로 적용될 수 있는 것이다. 이는 논리경험주의의 근원적 꿈이기도 하다).

여기서 아펠은 분명 다음과 같은 의견을 진술하는데, 그것은 과학의 '제한 없이 가능한 진보'[32]라는 이념이 퍼스에게는 연구자 공동체의 최종적인 합의라는 규제적 이념, 즉 물리학의 궁극적인 언어라는 규제적 관념 아래에서, 마치 다수성 속에 있는 단수성으로서의 연구자 공동체라는 구상과 **내적으로** 관계한다는 것이다. 그래서 **궁극적인 의견**은 다음과 같은 말로 공식화된다. 그 궁극적인 의견 속에서 모든 의미가 조작과 경험(모든 고독한 주체가 항상 그의 역사적 상호작용과 상관없이 이러한 조작 및 경험을 할 수 있다)과 관계된다는 **이유 때문에,** 의미 해명이나 상호 이해에 관한 어떠한 문제도 더 이상 의문시되지 않는다. 오직 이러한 이유에서 무제한적인 연구자 공동체는 선험적 주체의 역할을 위임받을 수 있다. 그래서 과학의 진보는 이러한 선험적 주체가 **생성되는** 것으로 이해될 수 있다.

이성의 언어성이 칸트와 대립하는 선험적 해석학을 통해 타당성을

---

32) 같은 글, p. 215 참조.

얻게 되듯이, 그것이 선험철학의 '정점'에서 충실하게 완성되므로 나는 퍼스에게 선험철학의 변형이 중요하다고 말하고자 한다. 오해가 덜 생기도록 표현하자면 선험철학의 정점에서 과학의 언어는 아펠이 그것을 공식화한 것처럼 '논리경험주의의 근원적인 꿈'이었던 탈(post)해석학적인 상태에 도달했을 것이다. 여기에서 작용하고 있는 이상화는 의사소통의 (화용론적) 구조와 관계되는 것이 아니라, 오히려 언어적 의미의 (무시간적인) 상호주관성과 관계된다. 그러므로 결정적인 문제는 연구자들의 무한한 합의라는 이념에서 해석에 대한 절대적 진리의 장소로서의 이상적 의사소통 공동체라는 이념으로 은밀히 이행하는 것에 존재한다. 우리는 여기서 또한 '궁극적인' 언어(이 언어에서 분명히 현존하는 모든 철학적 텍스트의 진리 내용이 자유롭게 다루어질 수 있다)를 생각해야만 하는가? 이것은 **상호 이해적 존재**라는 의미에서의 이상적 상호 이해의 이념일 것이다. 인간은 그러한 상호 이해적 존재를 통해 철학적 또는 실천적 진리를 언제나 다시 새롭게 습득해야 하는 수고에서 마침내 해방되었다. 우리는 상호 이해를 위한 이상적 **조건**〔비록 그러한 조건하에서 상호 이해와 자기 이해(Selbstverständigung)가 언제나 필연적으로 진행되지만 그럼에도 순조롭게 진행되는 조건〕을 생각해야만 하는가? 이것은 언제나 다시 상호 이해에 이르게 되는 능력과 의지라는 의미에서 이상적 상호 이해라는 이념일 것이며, 동시에 이것이 무한한 합의를 포함하고 있어야 하는 한에서는 언제나 다시 스스로 **새롭게 하는** 합리적 합의라는 이념일 것이다. 이상적 의사소통 공동체라는 아펠의 개념에서는 여기서 구별되

128

는 두 가지 해석이 필연적으로 서로 교차하고 있기 때문에, 이상적 상호 이해의 상황으로 **생각되는** 것은 언어적 상호 이해의 필연성(그리고 문제)을 넘어서 있는 상황이라는 것이 드러난다. 그러나 그렇게 함으로써 이상적 의사소통 공동체의 개념에서 기호 사용자들의 구성적 다수성은 새롭게 실천적·해석학적으로 상호 이해하는 선험적 주체(형성된 주체로서 마치 **진리성** 속에 존재하는 주체)의 단수성을 위해서 포기될 것이다.

나의 주장을 설명하기 위해 나는 '무제한적인 상호 이해' 또는 '이상적 의사소통'이라는 말의 의미를 좀 더 정확하게 파악하고자 한다. 아펠은 또한 '상호 이해에 방해되는 모든 것을 제거'하는 것에 관해 말하고 있다.[33] 우리는 먼저 아펠 자신이 가끔 생각하는 것처럼 하버마스가 말하는 이상적 담화 상황의 조건이라는 의미에서 의사소통 상황의 이상성을 이해하려고 할 수 있을 것이다. 그러나 우리는 이상적 담화 상황의 개념이 우리가 그것을 지금까지 이해했던 것처럼 성공적인 상호 이해와 상호주관적인 타당성 사이의 일치(이러한 일치를 아펠은 이상적 의사소통 공동체의 개념 속에서 탐구하려고 한다)를 파악하는 데 충분하지 않다는 것을 알고 있다. 만약 이상적 의사소통 공동체가 현실적으로 — 비록 예측에 불과하지만 — 절대적 진리의 장소여야만 한다면, 이러한 일은 오직 이상적 의사소통 공동체 속에서 타당성 요구(모든 화자가 자기 진술을 통해 만들어내는 요구)에 관한

---

33) 같은 글, p. 217.

이해 가능성과 합의 능력을 가정하는 것이 **충족된** 예측으로서 변함없이 증명되는 경우에만 가능하다. **의미 이해**에 관한 한 이런 일은 상호 이해 상황 자체의 이상성에서 직접적으로 도출된다. 그리고 **타당성 요구에 대한 합의 능력**과 관련하여 그 능력은 이상적 상호 이해의 극단적인 경우에서 텍스트 및 진술을 해석할 때 '완전성을 선취하는 것'이 더 이상 이상적이지 않은 상호 이해 상황에서 생기는 사실적 제한성 때문에 실패할 수는 없다는 것에서 생겨난다. 타당성 요구에 대한 합의 능력에 관한 것은 아펠이 가능한 **모든 합의**(consensus omnium)[34]라는 의미에서 '진리'를 예견하는 것에 실패하는 것을 이상적이지 않은(Nicht-Idealität) 사실적 상호 이해관계의 텍스트에 관한 해석 때문이라고 전가할 때[35] 간접적으로 명백해진다. 그러므로 해석학적으로 말하면 비진리는 이해되지 않는 것이다.

규범적 의미에서 **이상적 의사소통 공동체**의 **이상적 언어놀이**라는 것은 아펠이 다른 곳에서 말한 것처럼,[36]

하나의 규칙을 따르는 모든 사람(예컨대 암시적으로는 요구에 따라 의미 있게 행동하는 사람, 분명하게는 **논증을 하는 사람**)에 의해서 그가 관계하는 언어놀이의 **실재적 가능성**으로 예견되고, 그리고 곧 의미 있는 행위로서의 자신의 행위 **가능성과 타당성의 조건**으로 전제

---

34) 같은 글, p. 216.
35) 같은 글, p. 216 이하.
36) Apel, "Der transzendentalhermeneutische Begriff der Sprache," p. 348.

된다. 그러므로 그러한 이상적 언어놀이는 상호 이해의 이상적 조건을 역사적인 상호 이해 과정의 이상적 **결과물**로 간주할 뿐만 아니라, 이상적이고 무제한적인 **이성적 존재**를 그들의 실제적인 상호 이해를 위한 **노력**의 목표점으로 간주한다. 그러나 이것이 옳다면 — 우리는 어떻게 이러한 결과를 피할 수 있는지 알 수 없는데 — 이상적 **의사소통** 공동체라는 이념은 동시에 이상적·궁극적인 **언어**라는 이념을 의미해야만 한다. 그리고 이러한 언어를 통해 우리가 모든 언어적 진술에서 목표로 하는 상호주관적 이해성을 가정하는 것은 언제나 충족된 예견이 될 것이다. 그러나 이것은 다름 아니라 바로 '논리경험주의의 근원적인 꿈'이다. 그런데 그 꿈은 언어화용론적인 철학의 좌표계에 투사되어 있다. 이상적 의사소통 공동체는 오류, 불일치, 불가해와 갈등을 넘어서 있을 것이지만, 생산적 에너지가 사멸되는 언어의 정지 상태, 즉 인간의 언어적·역사적인 삶의 형태의 폐기라는 희생을 치를 것이다.

이러한 입장에서 이상적 의사소통 공동체라는 이념 속에 들어 있는 심오한 양의성이 드러난다. 이러한 양의성은 그것이 절대적인 것의 이념을 세계 내의 '최고 정점'이라는 이념으로서 한 번 더 철저히 판독하기 위한 하나의 시도를 제시하기 때문에, '논리경험주의의 근원적인 꿈'과 동일한 의미를 지닌 것으로서 폭로된다. 아펠이 절대적인 것을 이론적이고 실천적이며 해석학적인 이성의 무한하게 가능한 진보의 극한값으로서 파악하고자 하기 때문에, 절대적인 것은 이성 자체의 언어성이라는 제약에서 해방될 수 있을 이성의 이미지

로 전도된다. 아도르노는 신학으로 충분했다. 왜냐하면 그러한 절대
성(또한 아도르노에게 진리의 가능 조건을 의미하는 절대성)이 우리가
이성 역사의 지평 속에서 역사적 연속성과의 근본적인 **단절**을 동시에
숙고할 수 있는 한에서만 이성 역사의 지평으로 생각될 수 있기
때문이다. 즉, 화해는 실존하는 이성의 완전한 타자이다. 반대로 아펠
이 당연히 실존하는 이성의 (부분적인) 이성성과 도덕적 진보의 가능
성을 아도르노에 반대해서 이의를 제기한 이후에, 그는 첫 번째 단계
에서 두 번째 단계로 이끌려 가는데, 그 두 번째 단계는 실제로 아펠
자신을 아도르노(그리고 벤야민)에 의해 성취된 지점 뒤로 데려간다.
다시 말해 아펠은 아도르노에게 '검은 베일'인 절대적인 것을, 신학적
으로 말하자면, 신의 왕국을 역사의 연속성 속으로 귀환시키려고
한다. 메시아적 관점은 절대적인 것을 향한 가능하고 무한한 진보의
관점으로 다시 변모한다. 게다가 이러한 관점은 비록 퍼스가 말한
의미에서 과학이론적 관점으로서 자신의 부분적인 권리를 지니지만,
우리가 이러한 관점을 전적으로 역사적·도덕적 세계로 양도한다면,
역사적·도덕적 세계에 메시아적 관점이 요구하는 화해 능력이 결여
된다는 사실이 드러난다. 완전한 물리학이라는 관점하에서 역사가
선사로, 개별성은 우연성으로, 생생한 언어가 과도기로 평가절하된
것은 우연한 일이 아니다 그러나 여하튼 완성된 물리학은 여전히
유한한 인간의 지식으로 **생각**될 수 있다. 이와는 반대로 미래에 생각
된 절대 진리에 대한 개념을 **일반화하는 것**은 절대적인 것의 극한점
에서도 그 본성상 여전히 역사적 **시간**을 제거해야만 할 것이다. 즉,

모든 사람의 눈앞에 놓여 있는 진리에도 가장 오랫동안 죽어 있는 것들이 계속 참여하고 있어야만 할 것이며, 인간 상호 간의 화해도 죽은 자들을 여전히 포함시켜야만 할 것이다. 그러나 아도르노가 아주 잘 알고 있었던 것처럼[37] 이것은 단지 신학적으로만 생각될

---

37) 아도르노의 *Negativen Dialektik*(부정변증법)의 3부에 나오는 "Meditationen zur Metaphysik(형이상학에 대한 명상)"이라는 절은 신학적 동기를 지켜내려는 유일한 시도인데, 이 신학적 동기는 칸트에게 있어서 예지적인 것(des Intelligiblen)의 개념과 순수 실천이성의 요청 사이의 관계를 구성하는 과정에서 개입되었다. 게다가 아도르노는 내재성과 초월성의 엄격한 대립으로부터 이러한 신학적 동기를 — 유물론적으로 — 융합하고자 했다. 그러나 그가 그러한 신학적 계기를 문자 그대로 — 즉 육체의 부활에 대한 희망으로 — 받아들임으로써, 아도르노 자신은 동시에 차이를 단순하게 동질화하는 것을 금지했다. 아도르노는 칸트적 구성의 양의성과 난점을 결국에는 다음에서 정당화될 수 있는 것으로 간주했다. 다른 곳에서 언급한 것과 마찬가지로 우리에게 절대적인 것은 '검은 베일'이다. "어떠한 세계 내적 개선도 죽은 자들을 공평하게 대우하는 데에는 충분할 수 없으며, 게다가 어떠한 세계 내적 개선도 죽은 사람들을 불공평하게 대우할 수 없다는 점에서, 칸트적 이성은 이성에 반대하기를 바라는 식으로 움직인다. 칸트 철학의 비밀은 절망에 대해 완전히 사유할 수 없다는 점이다. 모든 사상을 하나의 절대적인 것 속에서 일치시켜야 한다는 강제 때문에, 그는 절대적인 것을 절대적인 것과 존재자 사이에 있는 절대적 경계선에 그냥 놔두지 않았다. 그럼에도 칸트는 마찬가지로 이러한 절대적 선 긋기를 필요로 했다. 칸트는 형이상학적 이념을 고수하면서도, 영구 평화와 마찬가지로 언젠가는 실현될 수 있다는 의미에서의 절대적인 것에 대한 사유로부터, 그렇기 때문에 절대적인

수 있을 뿐이다. 인간과 그들의 역사와 관련해 완성된 진리라는 이념
은 완성된 물리학이라는 이념에서가 아니라, 오히려 최후의 심판이
라는 이미지에서 사전에 형성되어 있는데, 이러한 진리는 공공연히
모든 **사람**의 눈앞에 놓여 있다. 그러나 부활과 속죄에 대한 희망이
최후의 심판이라는 이미지에 속한다. 심판, 속죄, 부활은 역사적 세계
와 근본적으로 단절되는 범주이다. 그래서 이것은 바로 그러한 개념
을 신학적 범주로 만들어버린다. 비록 이러한 신학적 범주에서 나타
난 이미지의 폭력은 철학적으로 해결될 수도 있을 것이지만, 이러한
해결은 아도르노의 화해철학에서처럼 '이상적 의사소통 공동체'의
철학 속에서 결코 더 설득력 있게 수행되지는 않았다.[38] 즉, 절대적인

것이 존재할 수 있다는 명제로 비약하는 것을 금지했다. 칸트의 철학은
여느 철학과 마찬가지로 신 존재 증명의 주위를 맴돈다. 훌륭한 양의성
속에서 칸트는 자신의 고유한 입장을 개방했다. 그래서 칸트에 대한
찬양인 환희라는 베토벤의 곡이 '……임이 틀림없다(Muß)'에 입각한
칸트적 정신에 의거해 강조했던 '영원한 아버지(불멸의 신)가 있음이
틀림없다(Muß)'는 동기에, 칸트가 형이상학의 이념, 특히 불멸성의 이념
이 시공간의 표상 속에 걸려든 것이며, 그러한 측면에서 볼 때 제한적인
것이라고 하여 배척했던 구절이 대립된다. 이러한 '……임이 틀림없다
(Muß)'라는 개념에 위와 같은 개념을 똑같이 대립시켰다는 점에서, 쇼펜
하우어가 나중에 이 문제에 대해 이의를 제기한 것처럼 그 자신도 칸트에
근접해 있다. 칸트는 긍정으로의 이행을 경멸했다"(Theodor W. Adorno,
Negative Dialektik, Gesammelte Schriften 6, Frankfurt, 1973, p. 378).

38) Albrecht Wellmer, "Adorno, Anwalt des Nicht-Identischen," in *Zur Dialektik
von Moderne und Postmoderne,* Frankfurt, 1985, p. 160 이하 참고.

것이 실존하는 이성과의 **단절**이라는 양식(아도르노) 속에서 이성 역사
의 지평으로서 생각되는지, 아니면 절대적인 것이 실존하는 이성의
내재적 **목적**(아펠)으로서 생각되는지, 이 두 경우는 절대적인 것을
역사적 세계의 경계 내부로 받아들일 수 없는 것으로 나타낸다.39)

---

39) 또한 칸트에게 도덕적 완전성이라는 상태에 무한히 접근한다는, 그래서
  궁극적으로 신의 왕국에 무한히 접근한다는 이념은 실천적으로 필연적
  인 이념이다(Kant, *Die Religion innerhalb der Grenzen der bloßen Vernunft*, p.
  682 이하, 697, 713, 720 이하, 786 이하 참고). 그러나 바로 실천적으로
  필연적인 이념, 즉 이 이념은 본래 "불충분한 선들에서 더 나은 선들로
  나아가는" 무한히 가능한 진보의 이념이다(같은 책, p. 720). 따라서 도덕
  적 완전성의 혹은 '윤리적 국가(덕의 왕국)'의 '극한값'(같은 책, p. 753)과
  관련해서 칸트의 고찰은 유달리 양의적이다. 다시 말해 칸트의 다음과
  같은 지적은 지나칠 수 없다. 유한한 이성에 의해서 그리고 유한한 이성
  의 조건 아래에서 이러한 극한값을 실현한다는 것은 결코 적절한 것으로
  생각될 수 없다(예컨대 같은 책, p. 718 각주, 720, 802 참고). 칸트가
  도덕적 진보에 대한 의무를 넘어서 그것의 극한값(도덕적 완전성 또는
  신의 왕국)을 유한한 이성적 존재에 의해 실현된 어떤 것으로 생각하는
  곳에서 내가 앞서 언급한 신학적 계기는 타당성을 획득한다. 어쨌든
  칸트는 스스로 예지계 속에 정주하고 있는 목적의 왕국을 경험적으로
  실현시킬 수 있는 것으로서 생각할 때 생기는 난점을 의식한다. 아펠은
  퍼스와 더불어 가상체(Noumena)와 현상체(Phainomena) 사이의 칸트적
  구분, 그리고 동시에 규제적 원칙과 도덕적 요청 사이의 구분을 의문시함
  으로써 스스로 이러한 난점에서 빠져나오려고 한다(Apel, "Von Kant zu
  Peirce," p. 176 참고). 그러나 이런 까닭으로 이제 이상적 의사소통 공동체
  라는 이념은 경험적 인식뿐만 아니라, 도덕적 판단에 대해서도 자신의

나는 이상적 의사소통 공동체에 대한 아펠의 철학을 아무런 의도 없이 아도르노의 화해의 철학과 비교한 것은 아니다. 두 입장에서 공통적인 것은 다음과 같다. 즉, 아펠과 아도르노 두 사람은 진리의 이념이 화해된 인간성과 — '이상적 의사소통 공동체'와 — 연관되어 있다고 생각될 때에만, 그 이념이 구원될 수 있다는 것을 믿고 있다는 것이다. 두 경우에서 절대적인 것이라는 이념은 진리 가능성의 조건을 의미한다. 아펠에게 이것은 — '절대적 진리'의 장소로서 — 이상적 의사소통 공동체를 향한 무제한적인 진보라는 이념이 진리 개념을 상대주의적·역사주의적으로 해결하기 위한 유일하게 가능한 대안을 열어준다[40]는 것을 의미한다. 나는 이러한 아펠의 생각이 적절하지 않다고 생각한다. 오히려 아펠이 이러한 일을 수행한 것처럼, 다시

규제적 기능과 함께 구성적인 기능도 유지하고 있다. 그러나 이것은 모든 양의성이 해소되는 예지계의 영역과 더불어서 칸트의 난점이 인식론과 도덕철학의 중심으로 들어오게 된다는 것을 의미한다. 이러한 난점의 핵심은 단수인 주체가 (칸트적) 선험철학의 '최고점'이라는 점에서 정당화된다. 아펠에 대한 나의 이의 제기는 다음과 같은데, 그것은 이상적 의사소통 공동체 역시 여전히 단수로서의 주체의 자리를 차지하고 있다는 것이다. — 물론 이제 세계 내에서 최초로 생성된 것으로서 표상되는 그러한 주체의 자리를 차지하고 있다는 말이다(아펠은 명시적으로 하나의 선험적 주체에 대해 말하고 있는데, 이 주체는 "비록 늘 예측되어야 하지만, 다른 한편으로는 변함없이 비로소 실현되어야만 하는 주체이다")(Apel, "Sprechakttheorie und transzendentale Sprachpragmatik zur Frage ethischer Normen," p. 127 참고).

40) Apel, "Szientismus oder transzendentale Hermeneutik," 같은 책, p. 216 참조.

말해 만약 우리가 무한한 합리적 합의를 예견한 것을 처음부터 이상적인 의사소통 공동체를 선취한 것과 동일시하지 않는다면, 모든 문제가 새롭게 제시된다는 것을 보여주고 싶다.[41]

아펠은 분명하게 철학적 명제의 예를 언급하는데, 아펠이 생각한 것처럼 이 명제의 보편타당성 요구는 오직 이상적 의사소통 공동체에 대한 선취를 전제했을 경우에만 이해될 수 있고 유의미하게 타당할 수 있다.[42] 그러나 이제 타당성 요구(이것은 철학적 명제를 통해 표현되는 것과 같은 방식의 타당성 요구이다)는 일상 언어라는 매개와 일상 언어의 고유한 설명 연관이라는 맥락과 연결된다. 철학함의 논증적 운동(마치 그 운동이 철학적 명제가 수행될 때 그 명제가 보정되는 것과 같은, 그리고 그 운동이 철학적 논제에다가 비로소 그 논제의 내용과 중요성을 부여하는 것과 같은 운동)은 그렇기 때문에 철학적 명제들

---

41) 우리는 당연히 무한한 합의를 예견하는 것을 이상적 의사소통 공동체를 선취하는 것과 동일시할 수 있을 것이다. 나는 바로 여기에 이상적 의사소통 공동체라는 개념의 **한 가지** 의심할 여지가 없는 가능한 의미가 놓여 있다고 본다. 예를 들어 하버마스가 때때로 이런 의미에서 그 개념을 사용하고 있다고 믿기 때문이다(Habermas, "Maral und Sittlichkeit. Treffen Hegels Einwände gegen Kant auch auf die Diskursethik zu?," p. 13 참조). 이 경우에 이상적 의사소통 공동체는 단순히 말할 수 있는 능력을 지닌 **모든** 존재의 공동체를 의미하는데, 우리는 이러한 존재가 이상적인 동시성 속에서 총괄되어 있다고 생각한다. 그러나 그 개념이 지닌 이러한 의미의 측면에서는 그 이념을 현실화하는 것에 관한 언급은 — 비록 근사적인 현실화이기는 하지만 — 전혀 의미가 없다.

42) Apel, "Szientismus oder transzendentale Hermeneutik," p. 218.

또는 명제체계들 속에서 결코 '동결'될 수가 없다. 이런 의미에서, 만약 아도르노가 철학은 논제화(Thesen)될 수 없다고 주장했다면 그는 확실히 옳았다.[43] 그러나 만약 이것이 옳다면 철학적 진리들은 언제나 다시 **새롭게** 드러나고, **새롭게** 습득되고, **새롭게** 생각되고, **새롭게** 공식화될 수 있는 것에 의지하는 것이다. 심지어 우리가 언제나 다시 문자적으로 객관화된 철학적 진리의 패러다임들로서 연관시키는 위대한 철학적 텍스트들조차도 오직 암호화된 방식으로만 진리를 포함하고 있다. 이러한 진리는 오직 우리가 진리를 번역하면서 새롭게 생각하기 때문에 포기되고, 우리가 진리의 생성과정을 말하자면 우리의 고유한 수단들을 통해서 다시 한 번 반복하기 때문에 포기된다. 이러한 근거로부터 철학적 텍스트의 해석은 철학에서 매우 큰 역할을 한다. 더욱이 이것은 다음과는 완전히 독립적으로 타당하다. 즉, 철학적 텍스트의 해석은 언제나 또한 텍스트에서 참된 것과 거짓된 것의 구분을 의미한다는 사실과 상관없이 타당하며, 그러므로 철학에서 **진보** 역시 존재한다는 사실과는 독립적으로 타당하다. 모든 철학적 진리라는 것이 일단 한 번 말해지면 갱신된 습득과 번역을 하고자 하는 지속적인 노력 없이는 상실될 것이라는 사실은 결정적

43) "······ 그 속(철학-필자)에서 생겨난 것, 결정된 것은 논제화(These)나 입장이 아니다. 조직된 것은 연역적인 또는 귀납적인 단선적인 사유과정이 아니다. 따라서 철학은 본질적으로 언급될(referierbar) 수 없다. 그렇지 않다면 철학은 과잉될 것이다. 철학이 대체로 언급될 수 있다는 것은 철학을 부정하는 말이다"(Adorno, *Negative Dialektik*, p. 44).

이다. 철학적 진리들의 보전은 생산적인 과정이다. 비록 철학의 **전적인 진리**가 하나의 유일한 텍스트에서 총괄될 수 있다고 하더라도, 우리는 오직 이 텍스트를 무한한 주석들과 화해시킴으로써만 그러한 진리를 보전할 수 있다. 그래서 단순히 진리의 담지자로서의 이 텍스트는 우리가 그것을 새롭게 서술하기를 중지하는 순간에 죽음에 이르게 될 것이다.

그러나 만약 상황이 그러하다면, 이러한 특수한 경우에서 무제한적인 합의에 대한 예견은 아펠이 그 예견에 부여했던 그러한 의미를 지닐 수 없다. 아펠은 무제한적 합의에 대한 예견을 결국 물리학의 모델에 기반을 두어 생각했는데, 이러한 물리학적 모델에 따르면 연구자의 **최종적 견해**는 최종적인 언어, 그리고 명제의 견고한 체계 속에서 표현될 것이다. 그러나 만약 각각의 철학적 명제가 역사적 시간과 장소의 지표(Index, 그 명제가 언급되고 있는 지표)를 담고 있다면, 그리고 철학적 명제들의 의미가 — 그 명제가 기반을 두고 있는 — 설명 연관의 기능이라면, 무제한적인 합의 가능성은 이 경우에 본래 재습득이라는 의미, 즉 철학적 통찰의 재공식화 또는 해석학적 재구성이라는 의미에서 무한한 반복의 가능성만을 뜻할 수 있다. 그러나 여기서 이상적 상호 이해 일반의 극한값이라는 이념은 더 이상 어떠한 의미도 형성하지 않는다. 다시 말해 '상호 이해의 방해물'은 여기서 상호 이해 가능성의 조건과 동근원적인 것이다. 즉, 이 두 가지는 철학적 사유의 언어성에 근거한다. 따라서 아펠의 의미에서 '이상'은 오직 언어적 기호가 의미를 나타내고자 하는 의도에

관한 의사소통을 완전히 투명하게 전달하는 매체가 될 수 있는 경우
에만 상호 이해 상황을 의미할 수 있을 것이다. 그러므로 상호 이해
자체는 직접성이라는 성격을 가정할 수 있다. 그러나 이것은 언어를
넘어선 상황일지도 모른다.

그러므로 가능한 '무한한 합의'는 철학적 명제의 경우에 최종적인
그리고 말하자면 '견고한' 합의로 생각될 수 없다. 이러한 경우에
궁극적으로 진리를 보증하는 연구 논리의 규칙이 곧바로 결여되기
때문에, 진리의 장소를 역사의 끝 지점으로 이동시키는 것은 아무
의미도 없다. 과거, 현재, 미래는 오히려 모두 동일하게 철학적 진리의
가능한 '장소'이다. 철학적 진리에 대한 합의는 당연히 충분한 판단
능력을 통해 갱신될 수 있어야만 할 것이다. 물론 이러한 합의는
철학적 텍스트에 대한 생산적이고 새로운 이해를 통해 매개된다.
그러나 이러한 사유를 고려하기 위해 이상적 의사소통 공동체의
이념이 필요한 것은 아니다. 또 규제적 원칙으로서의 이념도 필요하
지 않다. 철학적 통찰에 대한 '최종적인' 확증은 철학적 진리의 '최종
적인' 정초와 마찬가지로 존재할 수 없다. 이것은 상대주의와 전혀
관계가 없다. 상대주의의 문제는 오히려 다음과 같은 시선을 통해서
만 생산되는데, 절대적인 것의 철학은 이 시선에서 진리 정당성의
문제를 인정한다. 상대주의의 문제를 소멸시키기 위해서는 시선을
바꾸는 것이 중요하다.[44]

---

44) 내가 이것을 제대로 보았다면, 이것은 또한 번스타인(Richard Bernstein)의
    다음 책에 나와 있는 근본적인 생각이다. Richard Bernstein, *Beyond Objectivism*

물론 지금까지 나는 아펠이 제기한 문제, 즉 철학적 명제의 가능한 진리성 요구의 문제만을 다루었다. 그동안 나는 우리가 진리의 이념을 아펠의 의미에서 이상적 의사소통 공동체의 이념과 연관시킬 필요가 없다는 사실을 하나의 입장에서 충분히 제시했다고 본다. 다시 말해 만약 아펠적 선험화용론의 이상화하는 개념형성물에 대한 내재적 비판이 아펠이 두려워했던 진리 개념에 대한 '상대주의적·역사주의적' 해소로 이끌어져서는 안 된다는 것을 하나의 입장에서 보여줄 수 있다면, 여기서 우리는 상대주의의 문제가 오류로 판명되었음을 추론할 수 있다. 이에 더해 상대주의의 문제가 단순히 절대주의의 영원한 그늘일 것이라는 추측도 당연한 것이다. 이때 절대주의는 진리를 우리의 현실적 담화의 바깥에 놓여 있는 아르키메데스적 지점에 정박할 수 있다는 입장이다. 반면 상대주의는 그러한 아르키메데스적 지점이 존재할 수 없다는 것을 견지하고 있을 것이다. 그러나 만일 우리가 진리의 이념을 고수하기 위해 일체의 아르키메데스적 지점도 요구할 필요가 없다는 것에 동의한다면, 우리는 절대주의와 더불어 절대주의의 그늘, 즉 상대주의도 소멸시킬 수 있어야만 할 것이다.

이제 내가 앞서(7절 참고) 좀 더 강한 하버마스적 해석과 구분했던 '좀 더 약한' 진리이론의 해석이 엄격한 배경적 가정을 정당화하기에는 불충분하다는 사실을 제시해볼 수 있을 것이다. 이때 배경적 가정

and Relativism, Oxford, 1983.

은 보편화원칙을 논변윤리적으로 재공식화하는 것에 기반을 둔다. 다시 말해서 만일 무한한 합리적 합의의 이념이 이상적 의사소통 공동체라는 이념과 독립적으로 해명될 수 있다면, 이것은 하버마스 그리고 아펠에게 합의이론적 전제에 기초한 이상화하는 개념형성물이 말하기와 논증하기의 필수불가결한 전제를 강제적·개념적으로 재구성한다는 사실을 제시할 수 없다는 것을 보여준다.

　동시에 이러한 입장에서 논변윤리가 어느 정도까지 **칸트적인** 것에 머물고 있는지 드러난다. 칸트가 실천이성의 이념을 해명하기 위해 목적의 왕국이라는 이념으로 도피해야 했던 것처럼 아펠과 하버마스는 합리성과 진리 사이의 연관(그래서 또한 실천이성의 개념)을 이상적 상호 이해 상황으로의 회귀를 통해서만 해명할 수 있었다. 이 두 경우에서는 이상화하는 개념형성물 자체에서 또는 그 개념이 '현실의 이상'으로 간주될 때 문제가 생긴다. 다시 말해 만일 우리가 이상화하는 개념형성물을 그렇게 이해한다면, 현실적인 것(Scheinhafte)은 그 개념형성물이 진동하기 시작하고 파악할 수 없는 것이 될 때에 그러한 개념형성물에 복수를 감행한다. 즉, 목적의 왕국이 더 이상 어떠한 도덕적 갈등도 존재할 수 없을 뿐더러 주체들 사이의 균열 없는 통일과 상호 이해가 실현될 수 있다는 하나의 상태(실제로 주체의 다수성이 더 이상 생각될 수 없는 상태)를 의미하는 것과 마찬가지로, 이상적 담화 상황의 형식적 구조 또는 이상적 의사소통 공동체의 조건은 — 만일 우리가 그러한 공동체의 개념을 언어적 현실성의 이상적 목표점으로 간주한다면 — 합리적 상호 이해의 이상적 조건뿐만 아니라, 사실상 이상적 상호 이해가 **존재할 수 있다는** 조건 또한 의미한다. 따라서 이상적 담화 상황의 형식적 구조 또는 이상적 의사소통 공동체의 조건은 다시금 하나의 상태를 의미하는데, 그 상태 속에서는 주체 간 그리고 주체 속에 존재하는 어둠이 최종적으로 밝혀질 수 있다. 그러나 이러한 어둠이 없다면 어떠한 언어도 더 이상 존재할 수 없을 것이다. 물론 밤을 낮으로 만드는 구성적 의미론자의 이상적 언어가 아닌 한에서 말이다.

9

나는 앞의 두 절에서 암시적으로 이미 논변윤리의 최후정초에 대한 요구에 반론을 제기했다. 물론 이러한 모순은 그것이 아펠과 하버마스의 최후정초에 대한 논증과 대립하는 한, 그 자체로 여전히 하나의 정당화를 필요로 한다. 나의 논제는 다음과 같다. 보편주의적인 도덕원리는, 하버마스가 그렇게 말하듯이, 논증의 '규범적으로 내용 있는 전제'에서 도출될 수가 없다. 나는 여기서 (아펠 대 하버마스의[45]) 최후정초에 대한 논증의 '강한' 해석과 '약한' 해석 사이의 구별을 무시할 것이다. 왜냐하면 나에게는 그 구별이 오직 이차적인 의미에 관한 내 자신의 생각에 불과한 것처럼 보이기 때문이다. 나는 논증의 전제들로부터 보편화원칙을 도출하는 하버마스의 구상에

---

45) 이 책 2장 각주 1에 언급된 문헌들도 참조.

직접적으로 동의하지는 않는다. 왜냐하면 내가 생각하기에 그렇게 간략하게 도출하는 것은 분명히 잘못이기 때문이다. 그래서 하버마스는 결정적인 곳에서 보충적인 '의미론적' 전제를 하나 도입한다〔즉, 우리는 의미를 '정당화된 규범'과 결합시키고, 이 사회적인 재료(규범)는 가능한 한 당사자들의 공동적 이해관계 속에서 결정된다(수행된다)는 전제를 도입한다(DE 103 참조)〕. 이러한 전제를 통해 보편화원칙의 중심적 내용이 이른바 금지된 샛길로 슬그머니 도입된다. 그 문제는 차후 **직접** 다뤄볼 것이다. 즉, 논증의 전제가 어떤 의미에서 보편주의적으로 이해된 도덕적 내용을 지닐 수 있는가 하는 문제를 제기해볼 것이다. 이에 대해 나는 다음과 같이 대답할 것이다 — 이것은 아마도 진리의 (강한) 합의이론의 전제 아래서 참일 수가 있을 것이다. 그러나 이런 전제에 관해 나는 그 전제가 잘못되었다는 것을 보여주었다.

나는 아펠과 하버마스가 논증의 불가피한 전제에 관해 세운 근거가 정당하며, 그러므로 이 전제의 타당성을 논증적으로 반박하려는 사람은 스스로 수행적 모순에 빠진다는 사실에서 출발할 것이다.[46]

---

46) 아펠은 논증의 규범적 토대에 대한 최후정초의 원리를 다음과 같이 공식화했다. "만약 내가 실제적인 자기모순 없이는 무엇인가를 논박할 수 없고, 동시에 형식논리적인 선결 문제의 오류(petitio principii) 없이는 무엇인가를 연역적으로 정당화할 수 없다면, 그 원칙은 논증의 선험화용론적 전제에 …… 속한다. 그리고 만약 논증의 언어놀이가 그 의미를 지니고 있어야만 한다고 할 경우, 우리는 언제나 이 전제를 인정하지 않으면 안 된다. 따라서 우리는 이 선험화용론적 논증 방식을 또한 최후정초의 의미비판적 형식이라고 부를 수 있다"(K.-O. Apel, "Das Problem

der philosophischen Letztbefründung in Licht einer transzendentalen Sprachprag-
matik," in B. Kanitschneider(Hrsg.), *Sprache und Erkenntnis*, Insbruck, 1976, p.
72 이하). 비록 계속해서 내가 아펠과 하버마스의 의미에서 논증하기의
최종적인 전제들이 존재한다는 것으로부터 출발한다고 하더라도, 나는
아펠과 하버마스의 최후정초 논증이 엄격하게 실행된 것을 지금까지
발견하지 못했다. 내가 믿고 있는 것처럼 이러한 사실은 정확하게 어떤
것이 실제로 논증하기의 최종적인 전제들인가 하는 문제가 지금까지
명백하게 되지 못했다는 것과 연관된다. 여기에서 이른바 '수행적' 또는
'화용론적' 자기모순 — 이것은 전혀 모순이 아니지만 — 에 대한 두
가지 예가 있다. ① 아펠은 다음의 주장이 화용론적 자기모순을 포함하고
있다고 주장한다. "이와 더불어서 나는 다음과 같이 주장한다(나는 이상
적 의사소통 공동체에서 보편적으로 합의할 수 있는 능력으로서 다음을
제의한다). 화용론적으로 합목적적인 논변에 대한 제한을 비롯해 논증적
으로 정당화될 수 있는 규범이 모두 다 보편적으로 합의할 수 있는
능력이어야만 하는 것은 아니다"(K.-O. Apel, "Läßt sich ethische Vernunft
von strategischer Zweckrationaltität unterscheiden?" in *Archivo di Filosifia*, 1983,
Nr. 1-3, p. 424). 문제가 되고 있는 주장은 논변적으로 정당화할 수 있는
(그러므로 또한 합의할 수 있는) 규범이 모두 다 합의될 수 있어야만
하는 것은 아니라는 주장이다. 나에게 이것은 모든 흰 코끼리가 다 흰색
이어야 하는 것은 아니라는 것과 비슷한 주장처럼 보인다. 따라서 하나의
모순이 문제가 되기는 하지만, 그런데도 오히려 단순한 논리적·의미론
적 모순이 문제가 되는 것이다. ② 두 번째 예는 논변윤리에 관한 하버마
스의 저작에서 유래한다. 이것은 그 책에서 다음을 의미한다. "유사한
방식으로 어떤 제안자(그는 다음 ③의 명제를 정초하고자 한다)의 진술
에 대한 수행적 모순이 증명될 수 있어야만 한다. ③ 우리가 토론에
A, B, C, ……를 배제(침묵하게 하거나 그들에게 우리 해석을 강요)한

그리고 논증을 진행하면서 나는 나의 논증 파트너에 대해 정직해야 할 의무를 지고 있으며, 오직 더 좋은 논증만이 중요하며, 또는 참가자 중 어느 누구도 논증 수행을 방해받아서는 안 된다는 것에 대해

후에야 우리는 결국 다음을 확신할 수 있을지 모른다. 즉, N(규범)은 당연히, A, B, C, ……에 적용되어야만 하는 곳에서 존립한다는 것을 확신할 수 있었으며, 그리고 그들은(A, B, C,……) ⓐ 규범 N의 효력이 발생되어 만나게 될 것의 범위에 속하고, ⓑ 그들은 논증 참여자로서 그와 관련된 어떤 관점에서도 나머지 사람들과는 구분되지 않는다(DE 101).

도대체 어떤 의미에서 주장 ③은 ⓐ와 ⓑ의 전제하에서 모순을 포함할 수 있을까? 나는 그 대답 역시 단순하다고 생각한다. 만약 토론에서 배제된 사람이 그와 관련된 어떠한 관점에서도 논증하는 사람들과 구분되지 않는다면, 이것은 단지 배제된 사람의 논거가 토론하는 것이 허용된 사람의 논거와 마찬가지로 중요하거나 진지하게 수용될 수 있다는 것을 의미할 뿐이다. 그러므로 그러한 논거를 억압하는 것은 진리 발견에 중요한 것일 수 있는 논거를 억압하는 것과 같은 의미이다. 주장 ③은 그러므로 '우리'는 무엇인가에 대해 확신하고 있다는 것을 의미한다. 왜냐하면 우리는 가능한 방식으로 연관된 논거의 한 부분을 인식하지 못했기 때문이다. 그러므로 그것은 우리의 확신에 대립되는 좋은 논거가 있을 수 있다는 것을 의미한다. 그러나 우리는 그 논거를 알지 못한다. 그것은 우리의 확신이 잘 정당화되어 있지만, 아마도 잘 정당화되지 않았다는 것을 의미한다. 그리고 이것은 나에게 역시 수행적 모순이 아니라, 오히려 논리적 모순으로 보인다.

나는 모든 것들이 최후정초가 실제로 어디에서 파악되는지 정확하게 보여주는 사실에 의존한다는 것을 명확히 하기 위해 이 두 가지 예를 언급했다.

이의를 제기할 수 없다. 그러나 우리가 여기서 마주친 일반적인 논증 규범은 일체의 보편주의적 도덕규범이나 도덕의 메타 규범도 아니다. 이 논제를 나는 두 단계를 통해서 정당화하고자 한다.

① 우리가 언급하는 논증 규범은 확실히 논증을 받아들이거나 거부하기 위한 일체의 규범일 수는 없다. 그러나 만일 이러한 규범이 내가 논증에 관여하거나 대화를 중지하는 것의 여부를 나에게 위임한다면, 그러한 논증을 일반적으로 도덕적 내용이 풍부한 것으로 이해할 수 있다고 주장하는 것은 직각적으로 그럴듯하지 않다. 아펠과 하버마스는 발언의 일반적인 타당성 지향 또는 특히 아펠과 마찬가지로 고독한 사유의 일반적 타당성 지향을 제시함으로써 이러한 난점을 우회할 수 있을 것이라 믿는다. 내가 이러한 언어적 발언의 타당성 지향과 사유의 타당성 지향을 실제로 이해했다고 한다면, 나는 또한 논거(무엇보다도 나에 대해 이의를 제기하는 논거)를 억압해서는 안 된다는 것을 이해했고, 게다가 누가 그러한 논거를 진술하느냐 하는 문제와도 상관이 없다는 것을 이해했다. 어떤 의미에서 볼 때 이것은 확실히 옳다. 비합리적인 사람이라고 불리는 이가 있다고 하자. 그는 자신의 확신을 뒤흔들 수밖에 없는 논거나 경험을 배척하려고 한다. 그러므로 그는 그 논거와 경험을 '억누르는데', 이는 현실적으로 그 논거가 나쁘거나 그 경험이 무관한 것이기 때문이 아니라, 오히려 단지 **방어**하려는 의도로 그렇게 하려는 것이다. 그러나 우리가 매번 좋은 논거를 진술한 사람에게 보고 배운다는 사실은 좋은 논거의 개념에 속한다. 아무튼 이제 이러한 고찰은 타당성 요구가

대립하는 경우에 발언, 행위, 사유에서 논증으로의 **이행**이 필요함을 증명하는 것이라 할 수 있다. 게다가 만약 우리가 말할 수 있고 행위할 수 있는 능력이 있는 모든 사람과 함께 논변하려는 일에 참여하지 않는다면, 기본적인 의미에서 이러한 고찰은 더욱 **비합리적인** 것이라고 할 수 있다. 어떤 점에서 볼 때 이것은 근본 직관이다. 이때 근본 직관은 아펠과 하버마스 식으로 말하자면 논증의 전제에서부터 보편주의적인 도덕을 향해 다리를 놓는 것이다. 그러나 이러한 다리는 설치되지 않는다. 다시 말해 우리가 고유한 확신과 합리적으로 교섭하기 위한 근본적 요구로서 인정했던 논거를 억압해서는 안 된다는 요구는 우리에게 다른 사람과의 논증을 — 그들이 누구이든 간에 — 거부해서는 안 된다고 요구하는 것과 결코 같은 의미가 아니다. 예컨대 우리가 다른 이의 논거에 대해 불안감을 느껴 그 논증을 거부할 경우, 그러한 거부는 비로소 비합리적인 것이 된다. 그 밖의 점에서 그러한 거부는 **비도덕적**일 수도 있다. 왜냐하면 우리는 다른 사정이 같다면 우리 자신에게 요구하게 될 하나의 권리를 다른 사람에 대해서는 부인하기 때문이다. 그러나 이러한 논증의 도덕적 차원은 논증의 전제와 아울러 발언의 타당성 지향을 통해 설명될 수 없고, 오히려 칸트적 의미에서 보편화원칙을 통해 아주 잘 설명된다. 그래서 나는 다음과 같이 주장한다. 발언의 타당성 지향에서 정당화된 일체의 논거를 억압해서는 안 된다는 의무는 언제, 누구와 함께, 무엇에 관해 논증할 의무가 있는가 하는 의문에 대해 결코 **직접적인** 결론을 가지고 있지 않다.[47] 오직 진리합의론의 전제하에서만 그러한 직접적인 결과를 얻을 수 있을 것이다. 더욱이 이러한 전제하에서 합의의 논증적 도출이 그때그때마다 고유한 타당성 요구와의 합리적인 교섭이라는 근본 형식으로서 **정의되기** 때문에, 그러한 직접적인 결과를 얻을 수 있는 것처럼 보인다.

② 여태까지의 고찰은 논증의 불가피한 전제에서 전적으로 **도덕적** 의무가 쟁점이 되는 것이 아니라는 추측을 하게 한다. 도덕적 의무가 흡사 논증하기라는 실천을 관철시키는 것처럼 보인다는 사실을 내가 부인하지 않았다는 점에 주의하자. 그러나 이것은 대화 거부의 준칙이 일반화될 수 없다는 것을 통해 설명될 수 있을 것이다. 그러나 우리가 수행적 모순 없이는 반박할 수 없는 논증 규범이 도덕적 종류의 의무를 의미하는 것인지에 대해서는 의문이 있다. 달리 표현하

---

47) 이것은 〔알렉시(R. Alexy)를 이어서〕 하버마스가 도입한 논변규칙에서도 드러나는데, 그것에서 원칙 (U)가 도출되어야만 한다. 규칙(3.1)(DE 99 참고)은 다음과 같은 내용이다. "말하고 행위할 수 있는 모든 주체는 논변에 참여할 수 있다." 내가 이러한 규칙에서 표현되는 보편주의적 직관을 공유하고 있다는 사실을 강조할 필요는 없다. 그러나 그 규칙이 공식화되었던 것처럼, 그 규칙이 오류인지 아니면 (상대적으로) 허약한 것인지 하는 사실은 간과되어서는 안 된다. 다시 말해 그 규칙은 내가 말하고 행위할 수 있는 모든 존재와 더불어 언제라도 그의 소원을 무시할 수 있고 모든 대상에 관한 하나의 논변에 뛰어들어야 할 책무가 있다는 것을 말한다. 그리고 그 경우에 그 규칙은 명백하게 **오류**이다. 아니면 그 규칙은 말하고 행위할 수 있는 어떠한 존재도 논변에서 **원칙적으로** 배제되어서는 안 된다는 것을 말한다. 그리고 이 경우에 그 규칙은 아주 **허약할 것**이다.

면, 논증 규범의 '강제(müssen)'가 의미심장하게 **도덕적** '강제'로서 이해될 수 있는지 아닌지가 의문스럽다는 말이다. 그러한 '강제'는 확실히 논증의 '가장자리(대화의 시작 또는 대화의 지속이나 거부가 중요한 지점)'에서 작동한다. 그러나 만약 논증 규범이 내가 논증의 파트너로서 동일한 발언권을 인정해야만 하는 타인에게 이러한 권리의 **행사**를 바로 다음에 허용할 것인지 아닌지에 관해 어떠한 것도 말하지 않는다면, 논증 규범의 '강제'는 아마도 도덕적으로 의미심장한 '강제'로 해석될 수는 없을 것이다. 여기서는 오히려 **구성적인** 규칙과 연결되는 것과 같은 의미에서의 '강제'가 중요할 것이다. 즉, 논증자로서 나는 그러한 당위가 논증하기의 실천에 대해 구성적이라는 이유 때문에 이러한 '강제'를 부인할 수 없다.

물론 논증 규범은 우리가 임의대로 우리에게 허용하거나 할 수 없는 놀이의 규칙이 아니다. 논증 규범은 오히려 다음과 같은 논증 규범과 마찬가지로 합리성 규범과 **내적으로** 관계되어 있다. 이때 논증 규범이라는 것은 우리가 우리의 타당성 주장과 관련된 어떠한 논거도 억압해서는 안 된다는 것을 의미하며, 우리가 말하고 논증하는 존재로서 그러한 규범을 벗어날 수 없다는 것을 의미한다 ― 그것은 아펠과 하버마스의 직관에서는 옳은 것이다. 그러나 바로 합리성의 의무의 불가피성이 '회피해야 하는 수행적 모순의 원칙'을 통해 표현될 수 있다는 사실에서 가장 일반적인 합리성 규범들이 직접적으로 도덕적 내용을 가질 수 없다는 사실이 드러난다. 합리성의 의무는 논거의 인정과 관계되고, 도덕적 의무는 타인의 인정과 관계된다.

만일 논거가 좋다면 자기 상대방의 논거 역시 인정해야 한다는 것은 합리성의 요구이다. 반면 비록 좋은 논증을 할 수 없는 사람이라 하더라도 그에게 발언을 허용하는 것은 도덕적 요구이다. 극단적으로 말하자면, 합리성의 의무는 그 사람이 어떠한 사람이냐에 상관없이 오직 논거와 관계될 뿐이다. 반면 도덕적 의무는 그 사람이 주장한 논거의 좋고 나쁨과 무관하게 오직 그 사람과 관계된다. 합리성 요구와 도덕적 의무가 다양하고 복잡한 방식으로 서로를 제한한다는 사실은 물론 전적으로 부인될 수는 없다. 그러나 그러한 사실은 오직 이상적 의사소통 공동체의 상상의 '정점'에 의거해서만 마치 두 가지가 결국 일치될 것처럼 보일 수도 있다.

나는 논변윤리의 최후정초를 위한 시도에 반대하는 원칙적인 논거를 볼프강 쿨만이 최후정초 논거를 분명하고 세밀하게 정교화한 예[48]를 통해 명백하게 하고자 한다. 최후정초는 쿨만의 경우에는 우선 — 아펠과 하버마스의 견해와 같이 — 의미 있는 논증 행위의 규칙 및 전제와 관계된다.[49] 그리고 이 규칙과 전제는 두 번째 단계에서 나중에 협력을 위한 (논변의 내적인) 규범으로서 간주된다.[50] 이러한 협동을 위한 규범은 하버마스가 인용한 '논변규범'(DE 99와 비교)에 대응하는 짝이다. 이 규범은 쿨만이 그랬던 것처럼 우리에게 똑같이 정당화된 파트너로서 협력을 하고, 논증 속에서 상호적으로 똑같이

---

48) Wolfgang Kuhlmann, *Reflexive Letztbegründung*, München, 1985.

49) 같은 책, p. 22 이하.

50) 같은 책, p. 196 이하.

정당화된 것으로서 인정하고 취급하라는 의무를 부여한다. 이 규범은 "논증을 통해 모든 참가자에게 반대할 권리, 중단할 권리, 새롭게 시작할 권리, 논증을 계속하라고 요구할 권리, 질문을 할 권리, 정당화에 근거할 권리, 새로운 관점을 끌어들일 권리 등을 동등하게 인정하라고 요구한다".51) 그러한 논증의 전제 속에 함축된 협력을 위한 이 규범으로 가는 우회로에서 이제 쿨만은 의사소통 윤리의 근본 규범을 도출하려고 한다. 그는 그 근본 규범에 대해 "너의 이해관계가 다른 사람의 이해관계와 충돌할 수 있는 모든 경우에서 다른 사람과 이성적이고 실천적인 합의를 얻을 수 있도록 노력하라"52)라고 언급한다. 그러나 이제 쿨만은 논변 내적인 의무로부터 논변을 넘어서는 도덕원리로 다리를 놓을 수 있는데, 이는 오직 쿨만이 고독한 숙고와 실재적인 논변 사이의 차이를 처음부터 도입함으로써만 가능하다. 쿨만은 '논증'이라는 단어를 사용하는데, 그는 이 단어를 타당성을 향한 고독한 숙고도 포함한다는 식으로 사용한다.53) 왜냐하면 쿨만은 실재적인 논증에서 고독한 숙고를 해석하기 때문에, 그는 그 단어가 파생된 결정적인 장소에서 합의 능력이 있는(즉, 참된) 해결을 위한 노력을 이성적인 합의를 도출하기 위한 노력과 **동일시하는 것을** 정당하다고 느낀다. 이성적 합의를 위한 의지의 궁극성을 표현해야만 하는 근본 규범 N2에서도 아마 그렇게 느끼고 있을 것이다. 그 근본

---

51) 같은 책, p. 198.

52) 같은 책, p. 208.

53) "zweiten Einwandes"의 논의에 관해서는 같은 책, p. 227 이하 참조.

규범은 다음과 같이 표현된다. "만약 우리가 한 문제의 해결에 진지하게 관심을 갖는다면, 우리는 모든 사람들이 일치할 수 있는 해결을 위한, 즉 이성적 합의를 위한 노력을 해야만 한다."[54] 이에 관해 설명하면서 쿨만은 다음과 같이 언급하고 있다. "만약 우리가 실제로 무엇인가를 알고자 한다면, 그리고 우리가 실제로 어떤 문제의 해결책을 지니기 원한다면, 우리가 진실로 원하는 것은 하나의 해결책이다. 그것은 수용할 경우 모든 좋은 근거들을 제시할 수 있고, 반대할 경우 어떤 정당한 모순도 제기하지 못하거나 제기할 수 없는 해결책이다. 그러므로 모든 사람들이 당연히 **일치할** 수 있는 해결책인 것이다. 우리가 바라는 것은 이성적인 합의이다."[55] 만약 진리를 향한 의지가 이성적 합의를 도출하기 위한 의지와 같은 의미라고 한다면, 사실상 보편적으로 이해될 수 있어야만 하는 규범, 즉 **모든** 다른 사람과의 실재적이고 동일하게 정당화된 협력이라는 규범은 처음부터 진술의 타당성을 지향하는 쪽으로 융합된다. 이 경우에 의사소통윤리의 근본 규범은 다름 아닌 바로 이해 갈등의 특수한 경우에 대한 가장 일반적인 합리성 의무를 상술(Spezifikation)한 것이다.

나의 이의 제기는 가상적(virtuell) 대화로서 고독한 숙고를 해석하는 것과는 본질적으로 연관되지 않는다. 반대로 만약 우리가 숙고할 때 상이한 관점을 고려한다면, 즉 우리 자신에게 이의를 제기하는 것과 같은 경우, 이것은 다름 아닌 내면화된 대화의 모형에 따른

---

54) 같은 책, p. 189.
55) 같은 책, p. 190.

것으로 이해될 수 있다. 그것에 대응해서 우리는 '올바른' 해결을 위한 노력을, 우리 자신에 대해 찬동(Einverständnis)하고자 하는 노력으로서 이해할 수 있을 것인데, 이 찬동은 공개적인 대화 속에서 목표로 삼을 수 있는 찬동을 대표하는 것으로 성립한다. 개별적인 주체의 내적인 영역에 근거해서 동시에 다른 사람과의 일치가 드러나게 되는 것이다. 이러한 근거에서 실재적인 '공개적' 대화는 언제나 점검의 기능도 맡게 되는데, 이러한 대화를 통해 우리가 고독하게 숙고할 때에 실제로 다른 사람들이 제시할 수 있는 논거나 관점 또는 반론과 올바로 관계하는지 여부가 증명되어야 한다. 그러나 우리가 고독하게 숙고하는 가운데 우리와 대화하는 타자는 언제나 '재현적인' 타자에 불과할 뿐이며, 대화에 소속되어야 한다는 타자의 요구는 그들 자신의 논거가 고려되어야 한다는 것에 근거한 것이다. 그러나 그렇기 때문에 또한 실제 논변으로 들어가야 한다는 의무는 연관된 논거를 억압하거나 가능한 반론을 회피해서는 안 된다는 의무가 있을 때에만 성취될 수 있다. 그러나 이러한 의무는 실재적이고 일반적인 이성적 합의를 도출해야 한다는 의무와 **같은 의미가** 아니다. 그러므로 그러한 의무는 보편주의적으로 이해된 협력의 의무와도 같은 의미가 아니다. 어떠한 논거도 억압해서는 안 된다는 요구는 오히려 내가 어떤 실재적인 사람들과 함께, 무엇에 대해서, 언제 논쟁을 해야 할 의무를 지니는가 하는 문제를 미해결로 남긴다. 따라서 그러한 요구는 어느 경우에 내가 실재적인 합의에 도달하기 위한 의무를 지니는가 하는 문제도 미해결로 남긴다. 오직 강하고 비판을 견뎌낼 수 있는 합의이론의 해석을 **전제**로 할 때에만, 기초적인 합리성의 의무가 **직접적으로** 논쟁적인 문제에서 이성적인 합의의 도출을 위해 노력해야 하는 의무로서 해석될 수 있다. 이와는 반대로 만약 우리가 이러한 전제를 **빠뜨린다면**, 논증하기의 일반적인 합리성의 의무 또는 일반적인 전제 역시 보편주의적인 도덕원리만을 지니기 어려울 것이라는 사실이 드러난다.[56]

마지막 고찰은 그 밖에도 '이상적 의사소통 공동체'라는 개념의 새로운 해석을 시사한다. 고독하게 숙고하는 가운데 우리가 이렇게 말할 수 있다면, 실제적 의사소통 공동체는 이상적인 공동체로 현존한다. 그러나 그것은 그 공동체가 모든 가능한 논거들의 형식으로 현존한다는 것을 의미한다. 이때 이 논거는 무제한적인 의사소통 공동체의 구성원에 의해 표현될 수 있다. 그러나 이처럼 가상적으로 존재하는 의사소통 공동체는 이중적인 의미에서 '이상적'이다. **첫째,** 이상적인 의사소통 공동체는 그것이 단지 가능한 **논거,** 즉 현실적인 인간에 의해, 그리고 관점의 다양성으로부터 **표현될 수 있는 논거**의 형식으로만 현존하기 때문에 이상적이다. 따라서 그 공동체는 논증하는 사람들의 공동체로서 현존하는데, 이 공동체 속에서 오직 더 좋은 논거에 대한 강제 없는 강제만이 중시된다. 그리고 **둘째,** 이러한 공동체는 마치 그것이 이상적인 동시성 속으로 모일 수 있는 것과 같은 방식으로 우리가 무제한적 의사소통 공동체와 관계하기 때문에

---

56) 자세한 내용은 11절 이하를 참고하시오.

이상적이다. 이러한 의미에서 이제 이상적 의사소통 공동체를 가정하는 것은 실제 논증 상황을 위해서도 구성적이라는 사실이 쉽게 인정될 수 있다. 이상화는 여기서 실제로 우리가 '합리적인 논증' 또는 '합리적인 고찰'이라고 부르는 것의 의미 조건을 해명한다. 논거를 표현하는 경험적 인간을 이상적으로 사상해버리는 것이 중요하다. 우리가 논거를 논거로서 관찰한다는 사실은 그 논거를 마치 그 논거를 언급하거나 언급할 수 있는 사람들과 분리된 것으로 생각한다는 것을 포함한다. 그렇게 이해한다면 이상적 의사소통 공동체를 가정하는 것은 **필연적**이지만, 만일 우리가 그러한 가정을 실제적인 의사소통 공동체에 의해 실현될 수 있는 **이상적인 상태**에 대한 예견으로 이해할 경우, 이러한 가정의 **가능한 의미**에 대해서 기만당할 것이다. 게다가 우리가 그러한 가정을 궁극적인, 즉 이상적인 언어에 대한 예견으로서 이해한다면, 우리가 상호주관적으로 공유된 의미의 필연적인 가정이라는 의미에 대해 기만당하는 것처럼 될 것이다. 내가 앞서 암시했던 것처럼, 비록 언어 자체에 기만적인 가상이 뿌리내리고 있다고 할지라도, 우리가 그러한 가정을 현실적인 것을 이상화한 것이라고 실체화하는 경우, 이 가정이 **필연적이라는 의미**에 대해 우리는 아마도 기만당할 것이다. 이상적 의사소통 공동체가 실제적인 의사소통 공동체 속에 현존한다는 것은, 아펠이 하고자 했던 것과 마찬가지로, 인간적인 진술의 궁극적인 타당성 지향이라는 표현으로 이해될 수는 있지만, 이러한 이상적인 것이 형성되는 재료는 이상적 삶의 방식에 대한 설계에 적합하지 않다. 논증을 이상

화하는 가정은 도덕의 궁극적인 토대도, 궁극적인 화해의 출현도
포함하지 않는다.[57]

---

57) 이러한 고찰에 따르면 아펠의 최후정초 이념의 결점은 그가 최근에
낸 책에 나오는 단 하나의 짧은 문장에서 확실히 드러난다[K.-O. Apel,
"Läßt sich ethische Vernunft von strategischer Zweckrationalität unterscheiden?
(윤리적 이성을 전략적 목적합리성으로부터 구별해낼 수 있는가?)," p.
375 이하)]. 그 구절은 칸트의 선험적 유아론에 대한 비판과 관련된다.
이 유아론은 칸트에게, 아펠이 생각하는 것처럼, 도덕법칙을 **정당화하는**
대신에 도덕법칙을 '이성의 사실'로 언급하도록 요구한다. 따라서 아펠
은 다음과 같이 말한다. "만일 이미 언어적으로 결합된 사유로서의 상호
주관적으로 타당한 사유가 논의의 구조를 지니고 있다면, 이러한 상황은
결정적으로 변화된다. 이제 '나는 생각한다'라는 선험적 자기반성을 통
해서, 다음과 같은 것이 증명될 수 있다. 논변 구조와 함께 동시적으로
유한한 이성 존재의 — 원칙적으로 무제한적인 — **공동체**가 그리고 마찬
가지로 한계 없이 일반화되어야만 하는 **요구**(즉, 논증적으로 대표할
수 있는 관심 및 욕구)의 **상호성**이, 논거에 대한 **검증 능력의 상호성**이,
간단히 말해 실재적인 의사소통 공동체 속에서 반사실적으로 예견되는
이상적 의사소통 공동체가 전제된다는 것이 증명될 수 있다. 이를 통해
이상적, 즉 무제한적인 논증 공동체에 있는 **합의 가능성**은 실천적으로
관련된 논거와 마찬가지로 이론적으로 관련된 논거에 의해서 상호주관
적 타당성이라는 규제적 이념으로 인정된다"(같은 글, p. 421). 이러한
점에서 볼 때 윤리의 불가피한 최후정초가 직접적으로 필연적인 가정을
필연적인 예견(필연적인 규제적 이념)으로 변형시키는 것과 관계한다는
사실은 명백하다. 여기서 그러한 가정 자체의 의미가 왜곡되었다는 것은
당연히 결정적인 문제이다.

10

    나는 앞서(6절) 보편화원칙에 대한 하버마스의 공식화에서 보편주
의적 도덕원리가 불행하게도 절차적인(자연법적인) 합법성 원리와
뒤섞였다는 것을 보여주고자 했다. 이 둘을 뒤섞은 것은 진리의 합의
론(하버마스와 아펠의 의미에서 볼 때 이것을 내용이 풍부한 이론이라고
할 수는 없다)을 통해 정당화된다. 물론 하버마스가 도덕원리를 합법
성 원리와 뒤섞은 것에 관해, 도덕적 올바름에 대한 물음과 규범의
정의(正義)에 관한 물음 사이의 구별을 나는 지금껏 해명하기보다는
오히려 전제로 삼았다. 단순화하기 위해서 나는 그러한 구별을 우선
도덕규범과 법규범 사이의 구별로 설명할 것이다. 이른바 도덕적
규범에 관해서는 언제나 그 규범이 마치 도덕규범 자체('인간의 존엄성
은 불가침이다')처럼, 또는 '광범위한' 구속(책임)에 관한 윤리적 의무

('곤궁한 사람을 도와라')처럼 막연하거나, **아니면** 예외의 가능성을 '노리고' 있다는 두 가지 사실 중 하나라는 것을 생각해야 한다.

후자(예외의 가능성)는 도덕적 판단의 경우 일차적으로 상황에 따른 행동 방식(칸트식으로 말하면 준칙)이 중요하며, 그리고 비록 도덕심리학적으로는 중요하나 파생된 의미에 이르러서야 비로소 일반적 **규범**이 중요해진다는 사실과 관계된다. 이러한 유보 조건을 전제했기 때문에, 나는 도덕**규범**과 법규범 사이의 세 가지 특징적인 차이를 언급하고자 한다.

① 도덕규범과 반대로 법규범은 효력이 있거나 효력이 없거나이다. 그리고 **만약** 법규범이 효력이 있다면, 법규범은 언제나 특정한 영역의 당사자들에게는 타당하다. 법적인 의무는 효력 있는 법규범에 관한 하나의 기능이다. 그것에 대해 도덕적 규범과 도덕적 의무는 만약 그것이 타당하다면 효력이 있다는 작용과는 무관하게 타당한 것이다. 여기서 우리는 문제가 되는 차이를 우리(독일 – 역자) 헌법의 1조 1항을 통해 쉽게 이해할 수 있다. 인간의 존엄성이 불가침이라는 것은 — 도덕적 명령으로서 — 타당하며, 그 명령이 우리 헌법에 존재한다는 사실과도 상관없이 타당하다. 이러한 도덕적 명령이 하나의 법규범으로서 우리의 헌법에 수용되어 있다는 것은 당연히 독일 역사의 경험을 따라 입법자와 판결 또한 그것에 상응하는 **법적** 의무를 통해 결합한다는 의미를 지닐 수 있었다. 당연히 도덕규범과 법규범들 사이의 분석적 구분은 전통 사회의 구체적 인륜성에 적합하지 않다. 그러나 탈관습적 도덕으로의 이행은 동시에 법의 **관습화**를 의미

한다. 법의 타당성은 비록 도덕적 제한에 종속되지만, 어느 정도는 자유로울 수 있다. 이러한 몇 가지 도덕적 제한은 법규범으로서 — 더욱이 좋은 근거를 지닌 채로 — 독일 공화국의 헌법으로 수용되었다.

도덕적 의무라는 개념은 규범적 타당성 요구에 대한 정당화라는 개념과 관계된다. 거기에 비해 법적 의무라는 개념은 규범의 사회적인(그러므로 어떤 의미에서는 사실적인) 타당성이라는 개념과 관계된다. 비록 인정에 대한 계기가 없이는 법의 타당성은 거의 생각될 수 없다고 하더라도, 법의 타당성이 결코 인정 속으로 흡수되지는 않는다. 순수한 사실성의 계기는 법적 타당성에 속하는 것이다. 그리고 사실성의 계기는 또한 자유의지에 대한 공통적인 결의의 계기일 것이다. 오직 도덕적·법적 타당성이 분석적으로 일치하지 않는다는 것을 이유로, 우리는 일반적으로 다음과 같은 문제를 제기해볼 수 있다. 도덕적으로 어느 정도까지 사실적으로 타당한 법적 규범을 따라야 할 의무가 있는가? 그리고 비록 우리가 올바른 규범과 올바르지 않는 규범 사이에 도덕적으로 정당화된 구별이 있다고 전제한다 하더라도, 어느 정도의 도덕적 의무를 지니는가? 또 올바르지 않는 규범을 존중할 의무가 있는가? 아니면 우리는 특정한 상황에서 올바른 규범을 위반할 수 있는 도덕적 권리를 또는 도덕적 의무를 지니는가? 이러한 문제 제기는 언제나 의미 있는 것이다. 이와는 달리 만약 누군가가 우리에게 부당한 도덕적 규범을 도덕적으로 따라야 할 의무가 있는지 여부에 대해 문제를 제기한다면 그것은 순전히 무의미한 것이다.

② 법규범은 일반적으로 — 도덕적 규범과는 반대로 — 실천에 대해서 **구성적**이다. 우리는 스스로 구성적 규칙이라는 중요한 부분이 없는 법체계를 결코 생각할 수 없다. 법규범은 구성적인 규칙이다. 그렇다고 할 때, 법규범은 권리와 의무, 자격 부여와 제재(Sanktion)를 확립할 뿐만 아니라, 그것을 넘어서 시행(예컨대 '연방의회 선거'), 제도(예를 들어 '연방의회', '대법원') 또는 기관('연방총리')을 구성한다. 연방의회 선거, 정부 결정, 법률 공포, 납세의 의무 또한 서로 지지하는 규정 활동과 구성적인 규칙의 체계(이것 역시 법이다) 없이는 존재하지 못할 것이다. 영국에서 그랬던 것처럼 당연히 제도와 시행에 상응하는 체계가 자연적으로 — 즉 역사적으로 — 생겨날 수 있을 것이다. 그와 꼭 마찬가지로 혁명적 상황에서 새로운 제도와 시행(예를 들어 위원회의 체계)이 자발적으로 생겨날 수 있을 것이다. 그러나 규칙의 구성적 특성에 관해서는 그 규칙이 명시적으로 편찬되는지, 또는 오직 일반적인 찬동 속에서만 정초되는지 여부는 결정적 역할을 하지 못한다. 하나의 실천이 활동 속에서 어떻게 존립하는가 하는 것은 이러한 실천에 대해 구성적인 규칙(예컨대 '문'으로 간주되는 것, '궁'으로 간주되는 것, 장기 놀이에서 어떤 것이 올바른 진행인가 하는 것 등)이 성문화되어 있지 않은데도 논란이 되는 경우에 언제나 — 확실한 것이든, 임시적인 것이든 간에 — 그러한 성문화가 실행될 수 있다면 그것으로 충분한 것이다.

법규범에 대한 구성적 측면이란 법규범이 **체계**의 형식으로 나타나는 것이 필연적이며, 여기에 다시 체계의 형식에 비교될 수 있는 놀이 규칙이 필연적으로 나타난다. 살인으로 간주되어야만 하는 것이 무엇인지를 확정하지 않고 소송절차의 규칙을 확정하지 않으며, 행형에 대한 규칙 없이는 살인에 대해 처벌해야 한다고 강요할 수 없다. 연방의회가 무엇에 대해 의사결정을 해야만 하는지, 그리고 의회가 어떻게 선출되는지, 누가 결정된 법에 대한 집행을 감시해야 하는지 등에 대해 정하지 않고서는 연방의회에서의 투표 절차를 정할 수 없다. 도덕적 규범은 이러한 체계적 성격을 지니지 못하는데, 왜냐하면 그 규범들은 나에게 **이미 주어져 있는** 세계 속에서 올바른 행위란 무엇인가에 대한 질문과 관계되기 때문이다. 법규범도 이미 현실적으로 주어져 있는 이 세계에 포함되어 있다. 도덕적 관점에서 볼 때, 법규범의 사회적 타당성은 우선 다른 여러 가지 사실 중 하나임을 의미한다. 예컨대 만일 선거인 자격증명서를 올바로 기입하지 않았다면 자신의 표가 '집계되지' 않을 것이라는 것을 알고 있다는 사실, 또는 교통법규나 조세법을 어겼다면 처벌을 감수해야만 한다는 것을 알고 있다는 사실 말이다. 이것은 나를 세 번째 문제로 이끈다. 그것은 제재의 문제이다.

③ 법규범은 대개 외부적 제재의 위협과 연결된다. 구성적인 규칙이 중요하다고 할 경우, 규칙을 고려하지 않는다는 것이 그에 상응하는 행위를 법적으로 부당한 것이나 효력이 없는 것으로 만드는 경우에만 제재는 성립한다. 예컨대 투표나 판결에서 절차적 규칙이 지켜지지 않는다면 그것은 무효이다 — 그것은 오프사이드에서 골이 들어갔다면 골이 아닌 것과 마찬가지다. 그 밖의 경우에서 제재는

징역, 벌금, 시민권 박탈과 같은 법적으로 규정된 형벌로 존재한다. 게다가 우리는 '그 누구에게도 고통을 주지 마라', '살인하지 마라', '거짓말하지 마라'와 같은 근본적인 도덕규범이 무엇보다도 형법의 형태로 법제화되는 경우가 많다고 주장할 수 있다. 그렇다고 그러한 행위를 한 사람이 몇 년 동안의 징역형에 처해지는 것은 아니다. 형법에서는 범죄 구성 요건이 되는 행위와 사실관계가 형벌의 조치와 관련된다. 형법이 제재의 단계적 체계를 보통 — 항상 정당하지는 않지만 — 도덕적 비난이 전제되는 행위들에 대해서 도입한다는 사실은 형법의 지혜이다. 도덕규범과 이에 상응하는 법규범 사이의 분석적 구분의 필요성은 특히 하나의 행위가 도덕적으로 비난받을 것인지 아닌지, 또는 우리가 그러한 행위를 처벌해야만 하는지 아닌지 하는 것이 전적으로 다른 두 가지 질문이라는 것을 밝힐 경우에 분명해진다. 아우슈비츠 수용의 존재를 부정했던 거짓말은 도덕적으로 추악한 것이라고 간주될 수 있다. 그런데 이와는 달리 일반적으로 그러한 거짓말에 대해 처벌하라고 위협할 수도 있다.

법규범과는 대조적으로 도덕적 규범은 **본질적인** 의미에서는 외적 제재와 결합되지 않는다. 왜냐하면 도덕적으로 선한 행위는 법적으로 타당한 행위와는 달리 강요될 수 없는 것이기 때문이다. 도덕의 경우에는 본질적으로 **내적인** 종류의 제재가 존재한다.[1] 즉, 죄책감,

---

1) 특히 볼프(Ursula Wolf)는 투겐타트(Ernst Tugendhat)에 대한 자신의 비판이 실려 있는 다음 책에서 이를 지적한다(Ernst Tugendhat, *Das Problem des moralischen Sollens*, Berlin and New York, 1984, p. 23, 35 이하). 투겐타트는

후회, 자책, 자기혐오 등이 그것이다. 그러므로 도덕적인 '당위(muß)'는 법적인 '강제(muß)' 또는 '당위(soll)'와도 같은 의미를 지닐 수 없다. 그때마다의 '강제' 또는 '당위'의 의미는 '내가 해야 하는 일을 하지 않는다면 무슨 일이 일어날까'라는 질문에 대한 대답과 무관하지 않다. 첫 번째 경우, 즉 도덕적 '당위'의 경우에는 '나는 내 자신과 일치되지 않으며, 나는 내 자신을 똑바로 쳐다볼 수 없을 것이다'라는 식의 대답만이 존재할 수 있다. 두 번째, 법적인 '강제'의 경우에는 전형적인 대답이 외적 제재라는 위협 속에 존재한다.

물론 내가 ①번의 경우를 통해 지적했던 법적 타당성의 개념에서 사실성의 계기는 특히나 단계적인 외적 제재의 체계와 어느 정도 관계된다. 법 또한 이러한 체계이다. 물론 법체계는 단순한 폭력을 통해서는 지속될 수 없다. 왜냐하면 적어도 본질적인 법체계의 부분이 합법적인(정당한) 것으로, 그래서 도덕적인 의무와 결합된 것으로 당사자에게 인정된다는 사실 또한 법의 사회적 타당성에 속하기 때문이다. 그러나 '타당한 법'은 '타당한(정당한) 것으로 인정된 법'과는 다르다.[2] 오히려 법의 타당성이라는 개념에서 인정과 강제의

이러한 비판을 수용했다. 그리고 이것에 이어서 다시금 칸트에게 접근하는 도덕의 정당화를 제안한다. 나의 견해는 나중에 이러한 정당화에 대한 근본이념과 결합될 것이다. Ernst Tugendht, "Retraktationen," in *Probleme der Ethik*, Stuttgart, 1984, p. 132 이하 참고.

2) 여기서 하트(H. L. A. Hart)는 법실증주의적 전통의 진리 계기를 본다. 하트는 도덕을 철저히 법규범들을 위한 **평가척도**로서 인정한다. 그러나 그는 법적 타당성의 개념을 도덕적 타당성으로 환원하는 것에 반대한다.

계기가 복잡한 방식으로 서로 얽혀 있다. 예측 가능한 외적 제재와 결합된 사실성의 계기는 인정의 계기와 마찬가지로 법의 타당성이라는 개념에서 제거될 수 없다. 만일 그렇지 않다면, 내가 도덕적으로 타당한 법률에 따라야 할 — 또는 그러한 법칙을 적용해야 할 — 의무를 지니고 있는지, 언제 그러한 의무를 지니고 있는지, 그리고 어느 정도까지 그러한 의무를 지니고 있는지 하는 문제는 일반적으로 어떠한 의미도 지닐 수 없을 것이다. 물론 법의 합법성이 모든 당사자들의 자유로운 찬성이라는 이념(최종적으로는 민주적 절차)과 결합되는 곳에서는 물리적인 제재가 더 이상 필수적이지 않는 법적 상태를 생각해볼 수 있다. 왜냐하면 폭력 없이도 갈등이 해결될 것이기 때문이다. 우리는 형벌(Gefängnisse)이 없는 사회를 생각해볼 수 있다. 그러나 외적 제재가 없는 법의 가능성을 가정한다는 것이 의미가 있을지는 불확실해 보인다. 인륜성을 '외면화'할 때, 내면화된 규범적 강제에서 어느 정도 벗어나는 것은 역시 실증법과 그 법의 외적 제재 속으로 들어가는 것이다.

나는 도덕과 법 사이의 구별을 법의 세 가지 특징적인 관점에서

"따라서 두 가지 위험이 존재하는데, 법적 타당성과 도덕적 타당성의 차이(즉, 존재와 당위의 차이 – 필자)를 고수하는 것은 우리가 두 가지 위험, 즉 첫째로 법이 무엇이어야만 하는지에 대해 고민하는 사람들의 생각에서 법과 법의 권위가 소멸되어버릴 위험, 둘째로 기존의 법이 행위의 최종적 척도로서의 법 자체의 기능 속에서 도덕을 배제하고, 그런 만큼 비판에서 벗어날 위험을 제어하는 데 도움을 준다"(H. L. A. Hart, *Recht und Moral*, Göttingen, 1971, p. 19)

분명히 하고자 했다. 나는 이제 왜 그리고 어떤 의미에서 보편주의적인 도덕원리가 민주주의적인 합법성 원리와 구별되는지 좀 더 엄밀하게 해명하고자 한다. 두 가지 경우에서 '올바른'과 '잘못된' 사이의 구별은 강제 없이 형성된 공통적인 의지와 — 그것이 합리적 존재의 의지이든 당사자의 의지이든 간에 — 결합되어 있다. 그러나 공통적 의지와의 이러한 연관은 두 경우에서 상이하게 이해될 수 있다. 도덕적 판단에서는 구체적인 상황에서 우리가 일반화할 수 있는 행위 방식으로서 — 게르트(B. Gert)의 용어로 — '공적으로 대표할 수 있는' 것을 목표로 하는 것이 중요하다. 나는 이러한 관계에서 논증이 어떠한 역할을 하는지 계속해서 보여줄 것이다. 그때마다 제기되는 문제는 우리가 — 즉, 이성적 존재로서 — 어떤 하나의 특정한 행위 방식이 일반적이기를 바랄 수 있는가 하는 것이다. 그리고 우선 이 질문에 대한 **부정적인** 대답은 도덕적인 '당위(muß)'를 구성한다. 그러므로 그 규범이 도덕심리학적·인지심리학적인 관점에서 아무리 중요하다고 하더라도, 규범은 도덕 속에서 파생적 역할을 한다.

그에 반해서 법에서는 실제로 규범과 규칙이 중요하다. 나는 앞서 탈(post)전통적 사회로 이행하면서 도덕이 '탈(Ent)관습화'되는 것은 곧 법이 **관습화**되는 것을 의미하는 것이라고 지적했다. 물론 법과 도덕이 이러한 대립적인 방향으로 전개되면서 법은 도덕의 요구하에 놓이게 된다. 즉, 도덕은 법의 저편에 있는, 그리고 법의 '위쪽에 있는' 심급이 된다. 이와 함께 절차적·민주적인 합법성 개념의 전개가 관계된다. 그 개념을 따른다면 하나의 법질서(법규)는 만약 그 법질서가 그 질서에 복종하는 사람들의 공통적 의지의 표현으로서 이해될 수 있을 경우 합법적이다. 칸트에 이르기까지 근대 자연법은 그것에 대응되는 합법성이라는 개념을 정교화하고자 했다. 그러나 법체계와 관련된 당사자들의 공통적 의지와 연관되어 있다는 것은 도덕의 경우에서와는 구조적으로 다른 어떤 것을 의미한다. 즉, 여기 서는 당사자의 **적극적인** 공통 의지, 다시 말해 자신의 삶을 어떤 규칙(언제나 이 규칙이며 다른 것은 아니다), 그리고 그 규칙과 결합된 제재에 종속시키려는 의지가 중요하다. 여기서 공통 의지는 행위 속에서 결정 또는 협정으로서 생각될 수 있다. 그래서 효력 있는 행위와 효력 없는 행위는 분석적으로 실증법에 속한다. 법의 합법성 이라는 개념은 또한 철저히 **반사실적인** 적용을 지닌다. 이러한 의미 에서 칸트는 입법자에게는 오직 법률만을, 즉 민중이 자기 자신에 관해서 결정할 수 있을 법률만을 공포하는 것이 허용된다고 말한다. 모든 당사자들에게는 결국 집단적 의지를 형성하는 과정에 참여할 수 있는 동등한 권리가 인정되는 한에서, 결정의 공통성이 가능한 한 사실적인 공통성으로서 광범위하게 실현된다는 것은 당연히 근대 의 합법성 개념의 논리이다. 이것이 민주주의의 이념이다. 그러나 만약 합법적인 법률은 모든 당사자들이 그 합법적 법률을 공동으로 결정할 수 있는 것이어야만 하며, 모든 당사자들이 — 원리적으로 — 집단적인 결의에 참여하는 동등한 권리를 지녀야만 한다면, 규범 적인 문제에 대한 공적 논증을 거친 명료화는 근대적 합리성 개념의 의미에서 합법적인 법을 실현하고, 합법적인 법의 합법성을 인정하는 것을 보증하고자 하는 모든 시도에서 중심적인 역할을 해야만 한다는 것이 저절로 이해된다. 이 경우, 법의 규범에 대해 — 또는 법의 규범에 관한 체계에 대해 — 논증하는 것은 다른 모든 당사자와 대립해 근거를 가지고서, 왜 모든 호의적이고 분별력 있는 사람이 그러한 규범(들)을 모든 당사자에게 똑같이 좋은 것이라고 사회적으로 타당화할 수 있어야만 하는지를 보여주고자 하는 시도를 의미한다. 우리가 보았던 것처럼 하버마스는 근본적으로 규범적 타당성과 실질적인 논증 사이의 연관 관계에 대한 이러한 **특별한** 사례를 규범적 타당성의 모범 사례로 만들었다. 그러나 이를 통해 그의 보편화원칙은 도덕적 물음과 법적 물음에 대한 구별의 배후로 되돌아가게 된다. 이러한 구별 작업은 이미 칸트의 경우에 — 비록 만족스럽게 설명되지는 않았지만 — 분명히 정교화되었다. 이것은 특히 하버마스가 구조적으로 고찰할 때 규범정당성의 영역을 목표로 하고 있기 때문에, **도덕적** 타당성의 문제를 놓치고 있는 것이 분명하다는 것을 의미한다. 홉스에서 칸트까지 근대 자연법 계약론자는 **도덕적** 타당성에 대한 물음을 **예비적으로**(im Vorfeld) 다루거나 법의 합법성 물음에 관한 **토대**로서 다루었다는 것은 우연한 일이 아니라, 오히려 철저하게 사실에 기초하고 있는 것이다. 논변윤리의 정당화된 관심사는 도덕적 반(gegen)계몽주의에 반대해 법을 보편주의적 도덕에 다시 연결하고 이를 통해서 동시에 칸트의 윤리학과 근대 자연법을 그 자체로 '지양'하고자 한다. 그러한 관심사는 우리가 이미 도달했던 문제 구별의 배후로 되돌아가지 않을 경우에만 실현될 수 있다.

11

이전 고찰에는 논변윤리의 반증주의적(fallibilistischen) 재구성을 위한 가장 중요한 요소가 이미 포함되어 있었다. 이제는 이러한 요소를 짜 맞추는 것이 중요하다. 나는 지금껏 변호했던 유사칸트적 관점의 내부에서 도덕적 타당성 주장의 논변적 해명이라는 이념이 어떠한 방식으로 타당하게 될 수 있을 것인가를 보여줌으로써 그러한 재구성을 간접적인 방식으로 수행할 것이다. 이러한 관점을 '유사칸트적'이라고 부를 것인데, 이는 내가 처음부터 풍부한 칸트의 근본적 사유를 형식주의적 껍데기에서 분리하려고 했기 때문이다. 이 형식주의적 껍데기 속에 칸트는 자신의 근본적 사유를 숨기고 있었다. 이러한 선택적인 칸트 독해는 논변윤리에 대한 나의 비판과 매우 유사하게도 칸트를 향한 비판에서 기인한다. 즉, 홍예머리(Schlußstein)³⁾로서의 이상을 지시하는 철학적 건축양식에 반대하는 비판은 다음의 두 가지 경우로, 즉 칸트에게는 목적의 왕국으로, 아펠과 하버마스에게서는 이상적 상호 이해 상황으로 향한다. 그러나 궁륭과 홍예머리가 오직

---

3) **역주**—독일어 'Schlußstein'이라는 말은 아치형의 다리나 건축물의 맨 꼭대기에 끼우는 돌, 즉 쐐기돌을 말한다. 다른 말로 '홍예머리'라고도 부른다. 이때 홍예라는 것은 무지개를 의미하는데, 홍예머리는 무지개의 가장 위쪽 부분을 말한다. 또 다른 말로 종석(宗石)이라고도 일컫는다. 따라서 이 말은 어떤 일의 정점이나 완결점을 의미하는 것이다. 여기서는 이 문장 후반에 나오는 건축양식에 대한 언급 때문에 건축 용어인 홍예머리라는 번역어를 선택했다.

함께함으로써만 그들의 입장을 주장할 수 있는 것과 마찬가지로, 여기서 이상적인 개념 형성에 대한 비판이 전체 구성에 대해서도 비판의 효력을 발휘해야만 한다는 것 또한 타당하다. 나는 이것이 칸트의 경우에 무엇을 의미하는지 지금껏 암시만 했을 뿐 그 관계를 밝히지 않았다. 나의 논제는 칸트주의적 윤리학의 형식주의와 경건주의가 영원한 상 아래에서(sub specie aeternitatis), 즉 목적의 왕국이라는 관점에서 윤리학을 정초하려는 시도와 직접적으로 관련된다는 것이다. 칸트의 도덕규범은 목적의 왕국의 구성원을 위한 행위 준칙이다. 그러므로 칸트에게 일체의 예외나, 결정 불가능성, 의견 불일치성 또는 해결 불가능한 갈등은 존재할 수 없다. 그리고 같은 이유로 판단력은 칸트윤리학에서 중요한 역할을 할 수 없다. 목적의 왕국을 위해서는 '보편성이라는 형식'으로도 충분하다. 그리고 이러한 형식은 일체의 혼란을 허용하지 않는다. 이와는 반대로 현실적인 도덕 문제는 처음부터 특수한 것과 보편적인 것의 매개라는 문제와 함께 시작한다. 그러므로 최소한 이 점에서 헤겔은 옳았다고 할 수 있다. 이제 논변윤리는 고유하게 이러한 문제에 맞게 정확히 조정된다. 그러나 논변윤리는 그 문제를 해결할 수는 없다. 왜냐하면 논변윤리가 그 중심적인 측면에서 칸트적 건축양식에 고착되어 있기 때문이다. 즉, 논변윤리 또한 영원한 상 아래에서 도덕을 서술하고 있다.

의미의 완전함이라는 이념으로써 인도된 윤리의 해석에 반대하여, 나는 무의미를 제거해야 한다는 사유에 기인하는 해석을 정립해볼 것이다. 나의 논제는 이렇다. 비록 우리가 무의미한 것의 제거를 완전한 의미의 이념, 최종적인 화해의 이념, 최종적인 진리와 관련짓지 않는다고 할지라도, 무의미한 것의 제거를 생각해볼 수 있다. 나아가 칸트의 근본 사유는 이러한 의미에서 반증주의적으로(동시에 대화적인 것으로) 해석될 수 있을 것이다.

앞서 언급했듯이 만일 우리가 논거와 논증을 — 여태까지 밝혀진 의미에서 — '칸트적으로' 이해한다면, 나는 간접적인 방식을 사용해 논거와 논증이 도덕적 판단 형성과 도덕적 학습 과정의 관계에서 어떠한 위상을 지니는지 드러내볼 것이다. 도덕적 질문에 대한 논증적·의사소통적 해명이 어떤 의미에서 **가능한가** 하는 것이 먼저 해명되면서 그 밖에 대화의 규범도 칸트적으로 정당화하는 것이 어렵지 않게 되었다. 왜냐하면 일반적으로 대화적 해명이 **가능하며**, 당사자들에게 **중요한** 한에서, 대화 거절의 준칙이 일반화될 수 없다는 것을 쉽게 알 수 있기 때문이다. 이에 상응하는 **대화규범**이 광범위하게 규정되지 않은 채로 남아 있어야만 하며, 그러한 **대화규범**이 논변윤리의 유사선험적 논증 규범에 비해 더 우월한 것으로, 특정한 상황 해석(물론 이러한 상황 해석은 수정될 수 있다)의 맥락 속에서 비로소 특정한 내용을 가정할 수 있다는 사실은 이전에 고찰했다. 다시 말해 논변윤리의 유사선험적 논증은 그것이 할 수 있는 것보다 불가피하게 더 많은 것을 약속하고 있는 셈이다.

나는 이후에 계속해서 두 번째 단계에서는 철회하게 될 단순화된 전제에서 출발할 것인데, 그 전제는 도덕적 논증의 논리가 이미 보편주의적으로 이해된 도덕원칙을 통해 규정된다는 것이다. 이것은 우리 사회의 모든 구성원에 대한 경험적 가정이라는 의미에서 이해될 수 있는 것이 아니다. 오히려 이것은 다음과 같은 논거와 확신을 (방법론적으로) 제외한다(Ausgrenzung)는 의미로 이해될 수 있다. 이때 이러한 논거와 확신 속에 신의 의지와 마찬가지로 경쟁하는 규범적 타당성의 원천이나 자연적인 질서 또는 전통의 권위가 전제되어 있다. 따라서 우리는 도덕적인 논증으로 우리 자신을 제한하는데, 이 논증 속에서 행위 방식에 대한 일반화 가능성은 도덕적 옳음의 기준 또는 도덕적 가치의 척도로서 전제된다. 내 생각은 다음과 같다. 이러한 전제하에서 도덕적 논증은 거의 독점적으로 행위 상황과 욕구 상황에 대한 해석 및 행위자와 상대자의 자기 이해와 관계한다는 것이다. 그래서 만일 우리가 상황 해석과 자기 이해에 대해 의견이 일치했다면 도덕적 논쟁은 반드시 해결된다. 우리가 (이성적인 방식으로) 나의 준칙이 보편적인 법칙이기를 바랄 수 있는지 여부에 대해 질문하는 것은 나의 상황 해석, 나의 자기 이해, 나의 해석이 적절한지, 적확한지, 진실한지에 대해 질문하는 것과 동일하다는 것을 의미한다. 논변윤리가 그처럼 완화시켜놓은 '우리'라는 말은 나의 상황 서술, 현실 파악, 자기 이해의 타당성 속에 포함되어 있다. 그러므로 또한 여기에 비판과 논증적 해명을 위한 출발점이 놓여 있다.

이 논제는 **첫째로** 집단적인 해석 모범의 차원에서, **둘째로** 복잡한 상황에서 행해지는 도덕적 판단의 차원, 이 두 가지 상이한 사례의 **차원**에서 해명될 수 있을 것이다. 집단적인 해석 모범의 차원에 관해서 해당 사례는 동성애의, 여성 역할의, 교육의, 낙태 또는 어린이의 권리에 대한 전통적인 이해를 수정할 때 발견될 수 있다. 당연히 보편주의적 도덕(그리고 여기서는 바로 이것이 중요한데)의 대변자들은 일찍이 그러한 도덕이 동성애자나 여성 또는 어린이에게는 적용되지 않는다고 생각하지 않았다. 그 대변자들은 오히려 동성애가 인간을 타락시키며, 여성은 합리적인 자기결정을 할 능력이 없으며, 어린이는 예의 바른 인간이 되기 위해 무엇보다도 순종하는 것을 배워야 한다고 생각했다. 그러한 파악이 문제가 될 수 있고 더 이상 적절한 근거로써 변호될 수 없는 만큼, 그것과 결합되어 있던 **도덕적** 파악도 역시 변화한다. 예컨대 어린이를 때리는 것이 교육적으로 의미 없이 상처만 주는 것에 불과하다는 것을 우리가 알고 있다면, 어린이를 때리는 것은 도덕적으로 문제가 될 수가 있다. 그리고 동성애를 법적으로 박해하는 것과 사회적으로 차별하는 것은 동성애에 대한 그러한 판결이 근거가 없는 것임을 우리가 알고 있다면, 도덕적으로 문제가 될 수 있다. 또한 여성의 본성에 대한 전통적인 이해가 근거 없는 것임을 알고 있다면, 자아실현을 하려는 부인들을 막는 것은 도덕적으로 문제가 될 수 있다. 다른 말로 하자면, 사회적으로 효력 있는 도덕적 태도는 그것이 동성애와 여성 또는 어린이에 대한 취급을 규정하는 것처럼 집단적인 해석 모범 속에 정착한다. 집단적인 도덕적 학습 과정은 그러한 해석 모범이 근거를 대면서 문제를 제기하고 근거를 대면서 교정되는 곳에서 수행된다. 그리고 그 경우 동시에 다음과 같은 사실이 덧붙여진다. 즉, 일반적으로 그런 교정은 오직 논증이라는 매개 속에서 수행되는 것이 아니라, 오히려 인정 투쟁의

압박하에서, 그리고 새로운 경험의 **영향**하에서 수행되는 것이다. 앞서 인용한 예들을 떠올린다면 그러한 학습 과정의 결과는 우리가 동성애자, 여성과 어린이에 대해서 말하고 그들과 관계하는 새로운 방식이며, 그때마다 당사자들이 스스로를 바라보고 서로에 대해서 관계하는 새로운 방식이다. 도덕적으로 고찰해본다면, 전통적인 견해라는 독단론이 근거가 없는 것으로서 증명되고 난 뒤에는 토대를 상실해버린 불평등과 불평등한 대우를 제거하는 것이 중요하다. 이렇게 본다면 집단적인 도덕적 학습 과정은 사회적으로 전승된 해석 모범과 태도를 비판적으로 해체함으로써 상호적인 인정 관계를 확장할 때 존립하게 될 것이다. 여기서 우리는 이상적인 것에 대한 접근보다 **규정적 부정**이 더 중요하다는 것을 잘못되었거나 이데올로기적인 불평등 대우가 진정한 원형을 지닌다는 점에서 알 수 있다. 나는 그러한 **정당화된** 불평등 대우의 경우를 염두에 두고 있는데, 그 경우에서는 갓난아기, 심각한 정신병자, 범죄자 이 세 가지 사례의 사람에게는 **실질적인** 자기결정을 위한 동등한 가능성이 인정되지 않거나 **아직** 인정되지 않았거나 **더 이상** 인정되지 않는다. 갓난아기, 정신병자, 범죄자가 동시에 자기결정이라는 이념이 전통적인 견해의 경계를 훨씬 넘어서까지 타당하다는 것을 보여주는 예라고 오해하지 않기를 바란다. 우리가 인간의 **가능한** 자기결정이라는 상 아래에서 (sub specie) 모든 인간 존재와 관계하라는 요구는 그 의미상 어린이의 사회화에 대한, 정신병의 본성에 대한, 또는 범죄 행위의 원인에 대한 잘못된 견해가 해소되는 정도에 이르기까지 철저히 진행되어야 한다. 자유는 오직 자유에 대한 체험을 통해서만 배울 수 있다는 칸트의 통찰은 예컨대 오늘날 민주적 정신의학에서 완전히 새로운 응용 분야를 발견했다. 그러나 그러한 변화의 이상적인 극한값을 우리는 결코 생각할 수 없다. 그러므로 의미의 완성이 아니라 오히려 무의미의 제거가 도덕적 진보의 원리이다.

　내가 나의 근본 논제를 해명하고자 했던 두 번째 예에 해당되는 차원은 복잡한 상황에서 도덕적 판단을 내리는 차원이다. 나는 우선 도덕적으로 관련된 복잡한 상황의 상이한 세 가지 형식을 구별하고 자 한다. 나는 다음과 같은 상황을 **도덕적으로 복잡하다**고 부른다. 그 상황에서는 손쉬운 또는 명백한 결정이 불가능하기 때문에 상이 한 도덕적 요구가 충돌한다. 나는 다음과 같은 상황을 **도덕적으로 불투명하다**고 말한다. 그 상황에서는 행위에 대한 도덕적인 **의미**가 명백하지 않다. 왜냐하면 행위자들이 자신의 동기에 대해 잘못 판단 하기 때문이거나 의사소통 상황이 전체적으로 왜곡되어 있기 때문이 다. 끝으로 나는 우리 행위의 귀결이 명백하지 않은 상황을 **실천적으로 불투명하다**고 말한다. 그리고 '내가 그 사람을 (실제로) **도와야만 하는가(도와도 되는가)**'라는 물음이 제기된 상황은 도덕적으로 **복잡하다**고 불릴 것이다. 또한 '내가 실제로 그를 **돕고자 하는가**'라는 물음을 스스로 제기하거나 제기할 수밖에 없는 상황은 도덕적으로 **불투명하다**고 불릴 것이다. 끝으로 '내가 **이러한 방식으로** 그를 도울 수 있을까'라는 물음이 제기되는 상황은 **실천적으로 불투명하다**고 지칭 될 것이다. 만약 우리가 구체적인 상황에서 올바로 행위하는 것이 중요하다는 도덕적 논증에 관한 논리에 대해 질문한다면, 상황과 도덕적으로 연관된 복잡성의 세 가지 모든 형식이 명백히 고려되어야만 한다. 그러나 우리는 최소한 아주 대략적인 방향 정립이라는 의미에서, **도덕적으로 불투명한** 상황을 **진실성**이라는 타당성 차원으로, **실천적으로 불투명한** 상황을 경험적 진리라는 타당성 차원으로 귀속시킬 수 있을 것이다. 그 후에 우리는 그것에 상응하는 도덕적 논변의 차원에 하버마스의 구별이라는 의미에서 '치료적' 및 '경험적·이론적' 논변이라는 명칭을 붙일 수 있을 것이다. 여기에서 나는 이러한 분류를 **특수하게 규범적인** 논증의 차원을 제거하기 위해서만 사용할 것이다. 이러한 논증은 논변윤리적 도덕원리를 통해 이루어지며, 그것은 규범적 논변으로서 치료적 논변과 경험적·이론적 논변 주변에 자리하고 있다. 우리는 이를 넘어 훨씬 더 넓은 제한을 기획해야만 한다. 즉, 우리는 도덕적 논변의 **한 가지** 중요한 측면(여기서는 일반적인 도덕적 태도 정립이 중요하다. 그러나 결국 현실성에 대한 해석과 욕망에 대한 해석이라는 사회적으로 작용하는 방식이 중요하다)을 이미 다루었다. 이러한 모든 제한을 한 이후 도덕적 논변의 핵심으로 남아 있는 것에 대해 우리는 도덕적 논증의 논리를 이해할 수 있어야만 한다.

논의를 도덕적으로 복잡한 상황으로 제한하는 것은 부당하게 보일 수도 있다. 그러나 나는 도덕기초론과 ─ 따라서 다른 사람에 대해 자의적인 거짓말하기, 상해 입히기, 살인하기 또는 무시하기와 ─ 관련해 여기서 나타나는 유사칸트적 관점에서 어떠한 문제도 발생하지 않는다는 것으로부터 출발한다. 이는 우리가 이에 상응하는 행위 방식이 보편적이기를 — 더욱이 이성적인 방식이기를 — 바랄 수 없다는 것에서 출발한다는 것을 의미한다. 이로부터 직각적으로 '어느 누구에게도 고통을 주지 마라'와 같은 규범이나 '거짓말하지 마라'와 같은 금지가 생겨난다. 그런 다음에야 도덕적으로 복잡한 상황의 문제는 예컨대 규범이 서로 **충돌하는** 경우에 어떻게 **예외**의 정당화가 이해될 수 있는가 하는 등의 질문과 관계한다. 물론 이러한 공식화는 이미 오류를 범하고 있다. 도덕에서 규범이 우선적인 것이 아니라 오히려 논리적으로 보기에 파생적인 것이라면, 도덕적으로 복잡한 상황에서 도덕적 판단의 정당화는 예외의 정당화를 의미하는 것이 아니라 오히려 결국에는 다시 행위 방식의 보편화 가능성(또는 보편화 불가능성)의 정당화만을 의미하게 되는 것이다. 나는 이러한 입장에서 3절에 나오는 고찰로 되돌아갈 것이다. 거기에서 이른바 도덕적인 예외 상황 자체가 엄밀한 (칸트적) 의미에서 규칙에 종속될 수 없는 것이라고 언급했다. 나는 이것을 두 가지 사례를 통해 다시 한 번 상기해보고자 한다. 그러한 사례로서 다음 두 가지 준칙을 선택한다.

"부득이한 경우에 나는 체포에 앞서(유죄선고에 앞서) 거짓말을 함으로써 죄 없이 박해받고 있는 사람들(피고인들)을 보호하려 할 것이다", "나는 중태에 빠진 어느 환자가 소망한다면 그에게 존엄사를 시행할 것이다." 두 가지 준칙에서 그것이 그 자체로 보편화될 수 있다고 말할 수 **없다**는 것은 분명해 보인다. 다시 말해 두 경우에서 내가 이러한 준칙을 따라 행위하게 된다면, 보편화될 수 없는 준칙을 따라 행위하는 것을 파국적인 또는 잘못된 것으로 여길 것이라는 상황을 쉽게 떠올릴 수 있다. 존엄사를 시행하려는 사람이 중태에 빠지지 않았는데도 중태에 빠졌다고 **믿어버릴** 수도 있다. 그래서 그가 존엄사 시행에 대해 약속을 할 수 있기 전에, 그를 기꺼이 존엄사 시행에서 벗어나게 할 수도 있고 즉시 승인할 수도 있다. 그렇다면 죄 없는 범죄자와 관련해서는 그가 죄가 없다고 잘못 평가할 수도 있고, 그 사람을 위한 나의 거짓말이 죄 없는 다른 사람을 위태롭게 하는 것일 수도 있다. 여기서 내가 보편적인 법칙으로 바랄 수 있는 것이 곧 다른 모든 사람도 보편적인 법칙으로 바랄 수 있는 것인지에 대한 질문은 중요하지 않다는 것을 기억할 필요가 있다. 오히려 스스로 그 법칙을 옳다고 생각한다면, 설사 특정한 상황에서 이에 상응하는 **행위**를 옳다고 생각할지라도, 스스로 이에 상응하는 준칙을 보편적인 법칙으로 바랄 수 없다. 따라서 도덕적으로 기본적인 상황과는 반대로 이른바 도덕적인 예외 상황이 규칙에 실제로 종속될 수 없다는 사실이 실제로 드러난다. 만일 우리가 이에 상응하는 '허용 규범'을 공식화한다면, 그러한 규범은 분명 '여기서 우리는 허용 규범과 아주 비슷한 상황에서는 …… 해도 좋다'(또는 아마도 더 나아가 '우리는 …… 해야만 한다')와 같은 내용일 것이다.

여기서 우리는 다시금 도덕적으로 기본적인 상황과 도덕적으로 복잡한 상황 사이에 있는 독특한 비대칭성과 마주친다. 첫 번째 경우에 다른 사람에게 자의적으로 상해를 입히는 행위 방식이 일반화될 수 없다는 사실에서 "당신이 좋은 근거, 즉 '공개적으로 표명할 수 있는' 근거를 가질 수 없다면, 누구에게도 고통을 주지 마라"와 같은 규범이 생겨난다. 그러나 두 번째 경우의 분석은 우리가 그처럼 공개적으로 표명할 수 있는 규범에 구체적인(indexikalischen) 요소를 제공한다고 생각하거나 아니면 '특정한 상황에서 ……는 도덕적으로 옳다'와 같이 불특정한 부수적 제한 조건을 제공한다고 생각할 경우에만 그러한 근거가 예외 규범의 형식으로 공식화될 수 있다는 사실을 드러낸다. 앞서 말한 것처럼, 이 모든 것은 나의 '바랄 수 있음'과 다른 모든 사람의 '바랄 수 있음'이 서로 일치될 수 있는지에 대한 문제와는 전혀 무관하다. 그런데도 만약 나의 분석이 옳다면 그 문제는 — 순수하게 개념적인 문제이기 때문에 — 모든 도덕적 판단에 대해 동일한 방식으로 제기된다.

이렇게 해서 나는 고찰의 마지막 단계에 도달한다. 우리는 도덕적 판단 자체가 도덕적으로 복잡한 상황에서 — 그 말의 강한 의미에서 — 한 준칙의 일반화 가능성에 대한 판단으로서는 표현될 수 없다는 사실을 알고 있다. 그러나 이것은 특정 상황에서 취하는 행위 방식을 일반화할 수 있는지 없는지에 대한 판단(그리고 이러한 도덕적 판단의 해석에 대해 내가 고수하고자 하는 판단)이 이러한 경우에 최종적으로 구체적인 상황 분석을 통해서만 정당화될 수 있다는 사실을 의미한다. 달리 표현한다면, 도덕적인 논증은 이러한 경우에 무엇보다도 상황 속에 주어진 행위 선택을 포함해, 상황 서술의 **적절성** 그리고 상대적인 **완전성**과 관계된다. 만일 내가 앞서(2절) 지적했던 도덕적인 '강제(muß)' 또는 '당위(soll)'가 '부정어와 함께 표현된다는 사실'을 떠올려본다면, 이것은 좀 더 명백해진다. 다시 말해 도덕적인 '강제'나 '당위'가 이처럼 부정어와 함께 표현된다는 사실에서 다음과 같은 사실, 즉 행위 방식을 일반화할 수 있음이 아니라 일반화할 수 없음이 도덕적 판단 형성과 도덕적 논증의 일차적인 주제라는 사실이 도출된다. 일반화할 수 없는 것이 아닌 행위 방식은 일반화할 수 있다(허용되며, 정당하다). 여기서 그러한 사실은 부정의 개념적이고 인식적 우선성이 중요하기 때문에 동어반복적인 것은 아니다. 즉, 주어진 상황에서 행위 방식이 일반화될 수 없다는 것을 고수하는 것은 마치 도덕적 판단 형성을 위한 기본적인 작용이므로 인식적 우선성이 중요한 것이다. 그러나 어떤 행위 방식을 일반화 **할 수 없는** 것으로 판정하는 것이 그러한 행위 방식을 특수한 상황에 있는 행위 방식으로 이해하는 기능이라는 사실은 명백해 보인다.

예컨대 내가 도주자를 경찰에게 넘겨주는 것을 합법적 국가권력에 대한 협조 행위로 이해하든지, 의지할 바 없는 사람이나 죄 없이 박해받는 사람을 못 본 채하는 것으로(또는 어떤 테러 시스템과 얽혀 있는 활동으로서) 이해하는 것인지는 내가 이에 상응하는 행위 방식을 일반화할 수 없는 것으로 판정할 수 있을 것인지 여부에 달려 있다. 그러나 주어진 상황에서 고작해야 두 가지 해석 중 하나만이 옳을 수 있다. 그럼에도 올바른 상황 이해에 대한 의문이 해명되고 나면, 대개 특정한 행위 방식의 일반화 가능성에 대한 문제도 해결될 것이다. 그리고 나서야 도덕적인 판단력은 행위 상황, 즉 행위 방식을 일반화할 수 없음(또는 일반화할 수 있음)이 의존하는 행위 상황의 그러한 측면을 파악하는 능력으로서 이해될 수 있다. 그러나 도덕적인 논변은 무엇보다도 도덕적인 관점하에서 옳은 현실이해에 대한 논변일 것이다.

그러므로 나의 논제는 이렇다. 만약 지금까지 언급된 도덕적 논변의 상이한 차원을 통해 — 일반적 해석, 당사자들의 자기 이해, 상황 서술, 마찬가지로 어떤 상황에서 예상될 수 있는 행위 선택과 행위 결과에 대한 이해를 통해 — 찬동에 이르게 된다면, 일반적으로 도덕적 논쟁은 해결된다는 것이다. 이러한 의미에서 우리는 — 이성적 방식으로 — 어떤 행위 방식이 일반적이기를 바랄 수 있는가 하는 문제가 무엇보다도 구체적 행위 상황의 적절한 이해와 관련된 것이라고 말할 수 있을 것이다. 이런 식으로 다음과 같은 문제가 해명된다. 즉, 우리가 이성적 존재로서 공통적으로 바랄 수 있는 것이 무엇인가 하는 문제는 실천적으로 당사자인 우리가 어떻게 우리의 행위 상황을 적절하게 이해할 수 있는가 하는 문제로 수렴된다. 그러나 이 문제에 관해서는 구체적 상황과 아주 밀접하게 관련된 몇몇 판단력 있는 사람의 합의가 도덕적 확신을 위해 모든 사람의 현실적인 찬동보다 훨씬 더 중요하다.

앞선 고찰을 통해 우리는 도덕 논변의 '치료적'이고, '경험적·이론적'인 영역과 — 좀 더 좁은 의미에서 — 도덕 논변의 '규범적인' 영역 사이에 이미 언급한 구별을 다시 문제 삼는 것을 필요로 한다. 즉, 우리가 도덕 논변의 실체(치료적·경험적·이론적 영역 — 역자)로부터 도덕 논변(규범적인 영역 — 역자)을 박탈하지 않고서는 진실성의 문제와

— 가장 넓은 의미에서 — 경험적 진리의 문제를 도덕적 논변으로부터 제거할 수 없다는 것이 명백하게 될 것이다. 그러한 문제를 제거한 이후에도 여전히 하나의 — 분석적으로 날카롭게 나누어진 듯한 — 문제와 도덕적 **규범**의 정당화에 대한 문제가 남는다는 것은 그렇게 분명하지 않다. 내가 — 보충적인 측면을 제거한 이후에 — '도덕적 논변의 핵심'이라고 불렸던 것은 오히려 도덕적 판단을 내리는 다음의 측면을 지시하는 것처럼 보인다. 이때 이 측면은 — 내가 정언명령의 빛 속에서 고려할 때 자신의 이익을 위해 거짓말해서는 안 된다는 것이, 칸트에 따르면, 그 자체로 이해된다는 의미에서 — 그 자체로 이해되거나 **또는** 상호주관적으로 결합된 결정도 더 이상 인정하지 않거나 하는 측면이다. 이것은 도덕적 **논거**가 반드시 규범적 종류일 필요는 없다는 것을 이해하기 위해서 도덕적 **판단**이 오직 규범으로 소급됨으로써만 정당화될 수 있다는 전제만을 부과해야 한다는 명제보다는 덜 역설적이다. "너는 그에게 그것을 약속했다." 이는 하나의 (단순한) 도덕적 논거이다. 그러나 우리가 — 다른 조건이 같다면(ceteris paribus) — 약속을 지켜야만 한다는 것은 본래 '그러므로 너는 그것을 행해야만 한다'는 결론의 전제는 아니다. 즉, 그러한 전제는 나중에 그 논증의 좀 더 고차적인 차원에서 좋은 근거를 가지고서 논쟁할 수 있을 '전제'는 아니다. 오히려 원래 이 '전제'는 오직 그것에 상응하는 행위 상황에 대한 우리의 상호 이해만을 직각적인 규범의 형식으로 표현할 뿐이다.

당연히 나는 도덕적 판단이 규범적 일반성의 지표(Index)를 지닌다는 사실에 대해서 논박하지 않을 것이다. 따라서 **이러한** 의미에서 도덕적 논증에서는 언제나 규범에 대한 정당화가 중요하다는 것이 쉽게 인정될 수 있다. 그러나 우리가 규범에 대한 정당화와 행위 방식에 대한 평가 사이의 이러한 연관을 어떻게 이해하는가 하는 것이 결정적으로 중요하다. 하버마스는 이러한 연관을 다음과 같은 파생적 연관이라는 의미에서 이해한다. 즉, 어떤 특정한 행위가 명령 된다는 것은 그 행위가 타당한 규범과 상응한다는 사실에서부터 귀결된다. 그것과는 반대로 여기에서 드러난 견해에 따른다면, 도덕 적 규범의 타당성은 오직 도덕적 판단의 타당성이 달성되는 정도만 큼만 달성된다. 그리고 이 도덕적 판단의 타당성은 도덕규범을 통해 서 — 정당화되지 않고 오히려 — 표현될 뿐이다. 규범 자체는 마치 하나의 상황적 목록(Index, 이를 통해 규범은 자신의 일반화에 대한 상황과 다시 결합된다)을 지닌다. 오직 그 때문에 도덕적 규범을 **적용하는 것**이 문제가 되며, 그 문제는 그렇게만 이해될 수 있다. 다른 말로 하면, 정당화 논변과 적용 논변은 도덕적 규범의 경우에 정언적으로 서로 분리될 수 없다. 오직 우리가 이것을 기억하기만 한다면, 우리는 구체적인 상황 속에서 도덕적 판단을 내리는 문제를 도덕적 규범의 '적용'이라는 문제로 의미 있게 해석할 수 있다.

여기에서 제안된 도덕적 논증에 대한 해석은 논변윤리적인 근본이 념이 그럴 듯하다는 것(Plausibiliät)을 오히려 강화해준다고 생각한다. 도덕적 독단주의와 도덕적 자기기만은 일반적으로 — 욕구와 이해관 계에 대한 해석을 포함해 — 상황 해석, 즉 논변을 피하는 상황 해석을 방패 삼아 자신을 숨긴다. 그러나 현실성을 그렇게 회피할 때에는 언제나 인간에 대한 약간의 훼손도 잠재적으로 포함하게 된다. 그러므로 상황 해석과 자기 이해를 의사소통적으로 또는 논변적으로 해명하라는 명령은 합리성을 지키라는 의무의 지위뿐만 아니라 ― 최소한 당사자들로 하여금 말하게 하는 것이 중요한 경우에 ― 도덕적 규범의 등급 또한 지닌다. 당연히 내가 이전에 다른 도덕적 규범에 관해서 말했던 것이 이 규범에도 적용된다. 그러나 이미 이러한 근거로부터 이 규범은 다른 모든 규범을 포함할 수는 없는 것이다.

보충 설명

여기서 주장된 입장에 반대해서 하버마스는 정당화 문제와 적용의 문제 사이에 존재하는 예리한 분석적 구분을 주장한다.[4] 하버마스는 정당화 문제를 적용의 문제와 완전히 분리하면서 비로소 칸트를 통해 성취된 새로운 구분의 수준을 보게 된다. 이때 이 구분 수준의 배후로 "우리는 되돌아가지 않아도 된다".[5] 이에 반해 나는 칸트가

---

4) Habermas, *Die neue Übersichtlichkeit*, p. 237; Habermas, "Moral und Sittlichkeit. Treffen Hegels Einwände gegen Kant auch auf die Diskursethik zu?," p. 21 이하 참조.

5) Habermas, "Moral und Sittlichkeit. Treffen Hegels Einwände gegen Kant auch auf die Diskursethik zu?," p. 21 이하.

자신의 법에 대한 엄숙주의에 근거해 적용의 문제를 체계적으로 등한시했다고 논했다. 실제로 칸트에게서는 적용의 문제를 희생시키고서라도 규범 정당화의 문제를 분리시키는 것이 중요했다. 그렇기 때문에 하버마스의 구분화 논제도 나에게는 도무지 이해되지 않는다. 도덕적 규범의 정당화와 관련해서 우리는 (마치 '너는 거짓말해서는 안 된다'와 같은) '직각적인(prima facie)' 규범이 우선 중요할 수 있다고 보았다. 그러나 만일 상황이 그렇다면, 적용의 문제는 상당 부분 예외 상황이나 갈등 상황(다시 말해 도덕적으로 다소 복잡한 상황)의 문제와 일치한다. 그러나 만일 내가 계속해서 설명해왔던 것처럼 도덕적으로 복잡한 상황이 도덕적으로 기본적인 상황과 동일한 의미에서 규칙으로 인도될 수 없다면, 그리고 만일 고유하게 정당화된 것이 한 종류의 행위 상황에 자리 잡은 행위 방식에 대해서 일반화될 수 있거나 또는 없다면, 그 경우에 정당화의 문제와 적용의 문제는 더 이상 하버마스적 의미에서는 서로 분리될 수 없다. 다소 극단적으로 우리는 다음과 같이 주장할 수 있다. 도덕적인 정당화에서 무엇이 중요한가 하는 문제는 적용의 문제이다. 왜냐하면 '적용된' 것은 도덕 원칙 자체이기 때문이다. 도덕적으로 복잡한 상황의 경우에서 나는 이미 이를 설명한 바 있다. 그러나 — 앞서 언급한 바 있듯이 — 일반적인 도덕적인 태도의 정당화 역시 우리는 그렇게 이해할 수 있을 것이다. 내 예를 계속 들어보자. 나의 사례에서는 다음과 같은 질문, 즉 '인간의 존엄은 침해될 수 없다' 또는 '모든 인간은 자신의 인성을 자유롭게 드러내기 위한 동등한 권리를 갖는다'와 같은 원칙(아직은 정언명령의 목적 공식에서 너무 멀리 떨어져 있지는 않은 원칙)은 부녀자, 아동, 동성애자에 대한 태도를 고려할 때 무엇을 의미하는가 하는 질문이 중요했다. 따라서 하버마스와는 달리 나는 도덕의 경우, 정당화의 문제가 적용 문제의 특성을 지닌다고 생각한다. 왜냐하면 도덕적 논변에서 중요한 것은 구체적이고 사회적인 문제 상황에 대한 적용이든 개인적인 행위 상황에 대한 적용이든 간에 도덕적 관점의 '적용'이기 때문이다.

만일 이에 반대하여 하버마스가 "어떠한 규범도 …… 그 자신의 고유한 적용 규칙을 (포함하지) 않는다"[6]라고 말한다면, 이것은 옳다. 그러나 그것은 정당화의 문제를 적용의 문제에서 분리시키는 것을 정당화하지는 않는다. 내가 짐작하는 바와 같이 오히려 여기에서 두 가지 상이한 적용 문제를 상호적으로 기초하는 작용이 있다. 이미 주어진 규칙, 행위 처방 또는 규범이 — 예컨대 형법의 규범이 — 구체적인 경우에 적용되어야만 한다면, 이러한 두 가지 문제 중 하나가 제기된다. 왜냐하면 그 경우에서는 규범의 정당화와 규범의 적용이 상이한 두 가지 것이기 때문이다. 규범의 정당화(또는 규범의 '제정')는 규범의 적용에 선행한다. 그러나 바로 법과 도덕의 분화, 탈관습적 도덕의식으로의 이행을 통해 도덕적 의식이 이전의 규범적 내용의 독단에서 해방되었기 때문에 도덕의 문제에서 다른 종류의 적용 문제가 생겨난다. 왜냐하면 이러한 두 번째 적용의 문제에서는 '도덕

---

6) 같은 글.

의 입지' 자체가 상황에 따라 어떻게 올바르게 정당화될 수 있는가 하는 질문이 중요하기 때문이다. 도덕적 논변은 이러한 질문과 관계되고 비로소 파생된 의미에서 규범의 정당화와도 관계된다. 그래서 도덕적 논변은 본질적인 의미에서 **적용 논변**이다. 도덕적 논변과 도덕적 판단력은 자신의 **대상**에 따라서 서로 구분되지 않는다. 왜냐하면 실천이성은 도덕적 판단력으로 표현되기 때문이다(이것은 나에게 "Thinking and Moral Consideration"[7])이라는 논문에 나오는 아렌트의 고찰 중 본질적인 요점인 것으로 보인다. 물론 하버마스의 태도와 비교해볼 때 아렌트는 보완적인 사태의 측면과 관계할 뿐이다. 즉, 하버마스가 정당화의 문제에 비해서 적용의 문제를 등한시하는 반면, 아렌트가 도덕적 판단이 가능한 도덕적인 논변과 관계한다는 것은 명확하지 않다).

내가 앞서 이미 언급했던 ≪뉴 레프트 리뷰(New Left Review)≫와의 인터뷰에서 하버마스는 정당화의 문제와 적용의 문제를 분리하는 것에 대해 좀 더 확장된 독특한 정당화를 제공했다. 그 인터뷰에서 하버마스는 다음과 같이 말했다. 칸트 이후에 도덕 이론은 "전형적인 방식으로 규범과 행위의 **정당화**(Rechtfertigung)에 대한 질문으로 전문화"되었다. 그리고 "정당화된 규범이 특정한 상황에 어떻게 **적용**될 수 있는가, 그리고 도덕적인 통찰이 어떻게 **현실화**될 수 있는가와 같은 질문에 대해 …… 어떠한 대답도" 하지 않았다. 그러나 하버마스는 정당화에 대해서 다음과 같이 진술한다. 우리는 "도덕 이론을

---

7) Hannah Arendt, "Thinking and Moral Consideration," in *Social Research*, Vol. 38, Nr. 3, Herbst, 1971.

과도하게 요구해서는 안 되고, 당사자들의 도덕적 논변이든 당사자들의 지혜이든 오히려 일부는 사회 이론에, 대부분은 당사자 자신에게 넘겨주어야 한다".[8] 그렇기 때문에 '구분화라는 논제'를 이렇게 정당화하는 것은 독특하다. 왜냐하면 "대부분은 당사자 자신에게 넘겨"져야만 한다와 같은 것은 전혀 문제가 되지 않기 때문이다. 그리고 하버마스는 규범의 **정당화**가 도덕 이론의 임무에 속하는 것이 아니라 '당사자들'끼리의 도덕적 논변이라는 상황이 된다고 말한다. 따라서 문제가 되는 것은 전적으로 도덕 이론에 대한 정당한 경계선 긋기가 아니라, 오히려 당사자들에게 무엇이 위임되어야 하는지에 대한 올바른 상호 이해, 즉 도덕적 논변에 대한 올바른 상호 이해이다.

나는 지금까지 도덕적 논증에 관한 논리가 보편적인 도덕원리를 통해서 규정된다는 가정에서 출발했다. 이미 밝힌 바와 같이 나는 두 번째 단계에서 이 가정을 포기하고자 한다. 만약 칸트가 정언명령이 보편적이고 불가피한 '이성의 사실'이라고 주장한다면, 그러한 논제는 정언명령이 이미 보편적인 도덕원리로서 이해되고 있을 경우, 의미가 거의 없다. 그러나 우리는 정언명령을 더 약한 의미에서 이해할 수도 있을 것이다. 그렇다면 보편적인 도덕원리, 즉 '너의 규범적 확신에 따라서 행위하라'는 것은 '너 자신을 위해 어떤 예외도 만들지 마라' 또는 '네가 행위해야만 하는 것을(네가 행위해야만 한다고 믿는 것을) 행하라'는 것을 의미할 것이다. 이러한 의미에서 정언명령

---

8) In *Die neue Unübersichtlichkeit*, p. 237.

은 이성의 사실로 이해된다. 왜냐하면 정언명령은 인간 행위에 대한 기초적이고 견고한 조건(Konsistenzbedingung)만을 공식화할 뿐이기 때문이다. 물론 정언명령은 가장 상이한 종류에 관한 특수한, 봉건적인 또는 종교적으로 기초가 이루어진 규범체계와 조화될 수 있다고 이해된다. 나는 이러한 제한된 의미에서조차도 정언명령이 어떠한 사소한 요구도 포함하고 있지 않다고 믿는다. 다시 말해, 만약 우리가 모든 친숙한 인간 사회에서 특수한 경우에 도덕적 자기기만과 예외에 대한 경향이 확산된다는 것을 가정해도 좋다면, 나는 최소한 사소한 요구를 포함하고 있다고 믿는다.

정언명령에 관해 여기에서 고려된 '최소한의' 해석은 물론 다음과 같은 가정, 즉 인간의 공동생활의 모든 형식에 관해서는 도덕적 평가와 자기 평가라는 하나의 차원이 중요하다는 가정에 근거한다.[9] 그것은 다음을 의미한다. 즉, 인간의 사회적 관계의 상호적인 구조 속으로 정언적 '강제(muß)'가 설치되는데, 이 정언적 강제의 명령을 위반하는 것은 오직 도덕적 평가와 자기 평가(죄책감)를 희생할 수 있을 경우에만 가능하다. 우리는 도덕 판단 자체의 이러한 차원을 피할 수 없기 때문에, 상호 인정하는 삶의 조건을 벗어날 수 없다는 사실이 드러난다. 그럼에도 불구하고 정언적인 강제가 (아마도) 보편적으로 존재한다는 사실은, 물론 그 자체로서는 아직 어떠한 이성의 사실도

---

9) 나는 투겐타트의 고찰을 여기서 그리고 다음에서 물론 자유롭게 수정하여 언급하고 있다. Ernst Tugendhat, *Problem der Ethik*, Stuttgart, 1984, p. 132 이하 참조.

지시하지는 않는다. 오히려 일반적으로 정언적 당위의 가능한 **합리적인** 의미에 관한 물음이 제기되기 전에 이러한 정언적인 '강제'에 대한 특수한, 전통적인 또는 종교적인 파악과 정당화는 해체되어야만 한다. 결국 칸트의 도덕원칙은 비록 정언적 '강제'의 합리적 **의미**에 관한 물음에 대한 답은 아니지만, 그럼에도 정언적 당위를 **합리화할 수 있는 핵심**에 대한 해답을 준다고 할 수 있을 것이다. 정언적 '강제'(정언적 당위는 그 자체로 이성의 사실이라기보다는 오히려 인간 자연사의 사실이다)를 합리화할 수 있는 핵심은 **우리가 일반적 행위 방식으로 바랄 수 없는 것을 부정함으로써 강제되는 것**(das Gemußte)이다.

돌이켜 생각해볼 때 이것은 전통적인 사회에 대해서뿐만 아니라 특수 부족의 도덕에도 적용된다. 물론 전통적 사회에서는 비록 일반적으로 바랄 수 있는 것으로 이해되지 않고, 오히려 — 예를 들면 — 신의 명령이나 자연 질서의 표현으로 이해되지만 말이다. 그러므로 정언적 '강제'를 합리화할 수 있는 핵심은 상호적인 구조에 근거한다. 그 경우에 보편주의적 도덕의 발전은 그러한 상호적인 구조의 특수한 이해의 토대를 연속적으로 제거하는 것으로서 이해될 수 있다. **다시 돌이켜 생각해볼 때** 우리는 모든 상호적인 구조 속에서 도덕의 보편적인 핵심을 세우는 공통적인 것과 마주치기 때문에 — 내용적으로 고찰해본다면 그것은 '거짓말하지 마라', '살인하지 마라', '마음대로 어기지 마라' 등과 같은 명령을 통해서 다시 나타나는데 — 여전히 전통적인 정언적 '강제'에 토대가 없음을 발견함으로써 비로소 정언적 강제는 이성에 접근할 수 있을 것이며 합리화될 수 있을 것이다. 그리고 보편적인 도덕은 자신의 고유한 토대를 최후정초의 과정에서 완전히 만회할 수 없는데도 오류의 제거 덕택에 성립된다. 즉, 단지 사실성의 한 계기는 보편 도덕 속에 머물러 있으며, 이 계기는 우리가 상호 인정의 구조 바깥에서는 우리 자신이 될 수가 없고 살 수도 없다는 것과 관계된다. 그러나 우리는 이성의 사실이 아닌 오히려 모든 가능한 이성의 토대로서의 이러한 사실(Faktum)을 나중에 이성의 조건에 포함시킬 수 있다. 이러한 의미에서 보편 도덕 속에서는 이성이 자신의 고유한 토대를 만회한다. 그러나 도덕의 언어화용론적 최후정초가 불가능하다는 것은 만약 우리 스스로 떳떳하지 않다면 좋은 삶을 사는 것이 불가능함을 최종 심급에서 정초할 수 없고, 그러한 불가능성을 어쩔 수 없이 받아들일 수밖에 없다는 것과 관계된다. 우리는 성공한 개인화(Individuierung)의 어떠한 과정도 생각할 수 없다. 칸트적으로 말해서 이 과정 속에서는 '목적 그 자체'와 다른 것은 우리에게 대항하지 못하거나 헤겔적으로 말해 상호 인정의 구조 속에 들어오지 못한다. 그러한 인정 관계의 매체는 언어이다. 언어 속에서 인정 관계는 규범적인 타당성 요구로서 재현되고, 그러한 타당성 요구는 언어적인 것으로서 언제나 이미 함축적으로 모든 언어 능력을 지닌 존재의 가능한 동의와 관계된다. 보편주의 도덕을 언어의 토대 속에서 발견하고자 시도할 권리는 바로 이 속에 놓여 있다. 그러나 언어라는 매체 속에서 인정 관계에 관한 근원적인 특수성을 제거하는 것을 생각할 수 없다. 만약 감정적으로 근거하고

192

있는 도덕적 '당위'(이 당위는 우리의 가능한 자기 존재의 조건과 관계되는 데)의 토대가 진술되지 않는다면 말이다. 이러한 도덕적 '강제'의 힘(Gewalt) 속에서, 실재적인 폭력(Gewalt: 협박으로서 자기생성의 과정을 수반하는 이러한 실제적인 폭력)의 약한 흔적이 여전히 인식될 수 있다. 보편주의적인 도덕 속에서 이러한 실제적인 폭력은 더 좋은 논거에 대한 강제 없는 강제 속에서 지양된다. 물론 그러한 상호성 구조의 내면화에 기인하는, 자기 자신에 대해 상호성 구조를 위반하는 것이 어떤 값을 치르는가 하는 의식이 도덕법칙을 통해 단순한 '필요'를 대체할 때에만 이러한 실제적 폭력이 지양된다. 그렇다면 ─ 비로소 그러한 경우에 ─ 도덕적 타당성 요구의 정언적 '강제'는 좋은 삶의 조건에 대한 실천적인 지식 속에서 지양된다. 도덕적 타당성 요구는 이중적인 의미에서 다음과 같은 요구이다. 그 요구는 일반적 동의에 관한 부당한 요구를 포함하고, 그 요구는 특정한 태도를 요구한다. 칸트의 정언적 '당위(Sollen)'는 도덕이 요구하는 이러한 특성을 표현한 것이다. 쇼펜하우어에서 멕킨타이어에 이르기까지 이러한 정언적 당위의 합리적 의미는 언제나 다시 문제가 되었다.[10] 이와는 달리 칸트에게 정언적 당위의 합리적 의미는 단순히 무한한 이성적 존재 속에 있는 이성과 오성 사이의 긴장 관계에 대한 표현일 뿐이었다. 우선 '완전한 선의지'는 칸트가 말한 것처럼 다름 아닌 바로 선의 객관적 법칙을 통해 단지 '합법칙적 행위에 필요한 것으로

---

10) Ernst Tugendhat, *Problem der Ethik*, Stuttgart, 1984의 주 17 참조.

표상될 수 있을 것이다.

왜냐하면 완전한 선의지는 그 자체로, 자신의 주관적인 성질에
따라서, 오직 선에 대한 표상을 통해서만 규정될 수 있기 때문이다.
그러므로 어떤 명령도 신적인, 그리고 일반적으로 **신성한** 의지에 적용
되지 않는다. 여기는 당위(Sollen)를 위한 정당한 장소가 아니다. 왜냐
하면 바람(Wollen)은 이미 그 자체로 법칙과 필연적으로 일치하기
때문이다.[11]

칸트는 '당위'를 '바람'으로 지양하는 것을 도덕적 진보의 적절한
목표로 생각했다. 그러나 칸트의 고유한 입장을 따르면 '완전한 선의
지'가 완전히 탈육체적인 주체의 의지로서만, 그래서 다름 아닌 바로
의지 그 자체로서 표상될 수 있기 때문에, 지양의 공식은 난제로
남는다. 지양의 공식은 칸트와는 반대로 세속화될 것이다. 이는 완전
한 선의지라는 이념이 세속화되기 때문이 아니라, 정언적 당위 자체
— 내면화된 강제 — 속에 있는 세속성이라는 일부분이 호명되기 때문
이다. 이때 세속성의 부분을 통해 정언적 당위는 여전히 이성의 **외부**
에 남아 있다. 당위를 바람으로 지양하는 것(그리고 그것은 동시에
의무론적·목적론적 윤리의 대립을 지양하는 것일 수도 있다)은 도덕적
의식의 형식으로 생각될 수 있을 것이다. 이때 이러한 도덕적 의식에

---

11) GMS 42 이하(BA 39).

서 자기애와 다른 사람과의 연대, 즉 자기 주장과 다른 사람에 대한 인정은 더 이상 대립적일 수 없을 것이다. 우리는 **이러한** 지양의 특징 때문에 '완전한' 선의지(선의지에 관해서 우리는 어떻게 선의지가 형성되어야만 하는지조차 말할 수 없다)에 대한 가정을 할 필요가 없다. 그리고 이러한 특징은 오히려 자기 자신에 대한 도덕적 의식의 가능한 계몽을 표현한다. 다시 말해 (단순한) 덕을 (실천적) 지식으로 지양하는 것을 표현한다는 것이다.

　이러한 의미에서 보편주의적인 도덕은 인식적이다. 그럼에도 '도덕감의 결여'는 전혀 인지적 측면의 결여가 아니다. 오히려 도덕감이 결여되었다는 것은 상호적 인정 관계 속에서의 수행이 실패했다는 것을 표현한다. 그러나 그것에 비해 단순한 논거는 무력하다. 그러나 도덕의식이 이미 발전될 수 있었다고 가정한다면, 그 경우에 계몽의 조건하에서 **보편주의적** 도덕의식의 발전은 도덕의 언어놀이에서 후퇴하는 것을 막기 위한 유일한 대안이다. 그러나 다른 사람과의 연대성을 확장하는 대신 연대성의 구속력을 파괴하는 **그러한** 후퇴는 동시에 개인의 자해, 즉 극단적인 경우 자살을 의미한다.[12] 내가 그렇게

---

12) 이러한 의미에서 나는 하버마스가 가장 최근의 책에서 인용한 하인리히 (Klaus Heinrich)의 문장을 다음과 같이 이해하고자 한다. "신과의 결속을 지키는 것은 성실성의 상징이고, 배신의 모델은 이러한 결속을 파괴한다. 신에 대해 성실을 지키는 것은 생동하는 존재가 그 자신과 다른 사람 — 그리고 모든 존재의 영역 — 안에서 자신의 성실성을 지키는 것을 의미한다. 존재의 어떤 영역 안에서 그러한 사실을 부정하는 것은 신과의 결속을 깨뜨린다는 것과 고유한 토대를 배신한다는 것을 의미한다. ……

생각하듯, 이러한 종류의 통찰은 칸트가 도덕법을 통해 의지의 강제를 '이성의 사실'이라고 불렀을 때, 그가 표현했던 종류의 통찰이다. 우리는 이성의 **조건들** 아래에서 삶의 사실에 관해 잘못 말하는 경우

그러므로 다른 사람을 배신하는 것은 동시에 자기 자신을 배신하는 것이다. 그리고 배신에 대한 모든 저항은 자신의 고유한 이름으로 저항하는 것일 뿐만 아니라, 동시에 다른 사람들의 고유한 이름으로 저항하는 것이기도 하다"(Klaus Heinrich, Versuch über die Schwierigkeit nein zu sagen, Frankfurt, 1964, p. 20; Jürgen Habermas, *Der philosophische Diskurs der Moderne*, Frankfurt, 1985, p. 377 이하 참조). 초기 헤겔의 연장선에서 하버마스는 다음과 같이 해명한다. "현실적 삶의 연관에 대한 성급함으로 다음과 같은 양가성이 부화하는데, 이것은 배신에 대한 변증법, 그리고 보복의 폭력에 기인한다"(같은 책, p. 378). 공동적 삶의 침해는 그 침해를 야기했던 사람에게 '보복의 폭력'을 가한다. 그러나 우리가 보복의 폭력을 **동시에** 언어적 판결로 지양된 폭력으로서 생각한다면, 그 경우에만 우리는 '변증법'에 관해 말할 수 있을 뿐이다. 즉, 다른 사람을 통한 유죄 판결 또는 경멸로서, 그리고 (그러한 판단의 불가피한 상호성 때문에) 스스로의 유죄 판결 또는 스스로의 경멸로서 생각되는 그 경우에만 그렇게 말할 수 있는 것이다. 그러나 바로 언어적 판결 속에서 — 그리고 스스로에 대한 판결 속에서 — 지양된 **폭력**으로서, 도덕적인 유죄 판결과 자신에 대한 판결 속에는 여전히 현실적 폭력의 여운이 보존되어 있다는 것, 그것은 그러한 유죄 판결과 스스로에 대한 판결이 '유죄 판결을 받은 사람'의 생명을 해치는 힘을 지닌다는 사실로 드러난다. 만일 '보복의 폭력'이 도덕적 판결 속에서 지양될 뿐만 아니라 완전히 소멸될 수 있다면 이러한 도덕적 유죄 판결과 스스로에 대한 판결이 생명을 해치는 힘을 갖는다는 것은 해명될 수 없을지도 모른다.

는 거의 없을 것이다. 이러한 사실에서 우리는 자신과 다른 사람을 기억할 수 있다. 그러나 이러한 기억은 합리적이어야 한다는 의무의 불가피성에 대한 증명과 동일한 의미를 갖는 것은 아니다. 그럼에도 최후정초 논증의 형식을 확실히 가정할 수 없는 이러한 기억은 아마도 도덕의 최후정초에 대한 유일하게 가능한 형식일 것이다.

12

나는 앞의 6절에서 도덕적인 당위(Sollen)를 — '……는 참이다'라는 술어와 유사하게 — 좀 더 고차원적인 술어로서 해석하려는 하버마스의 시도를 언급했다. 하버마스는 이러한 방식에서 도덕적 당위의 문제를 인식론적 방식으로 해결하려고 한다. 왜냐하면 그는 당위를 보편적인 타당성 주장의 세 가지 유형 중의 하나로서 해석하기 때문이다. 내가 보여주려고 했던 것처럼, 논변윤리적인 특징을 분명히할 때에 이러한 시도는 결코 해결할 수 없는 어려움에 직면한다. 한편 나는 이러한 어려움이 문법적인 재구성이라는 제안에 이미나타나 있다고 생각한다. 게다가 하버마스가 이러한 재구성 제안을 처음부터 오로지 **도덕적** 타당성 주장과 관련지었기 때문에 그렇다고생각한다. 이미 진술된 바와 같이 그러한 재구성 제안의 핵심은 도덕적 요구가 그러한 제안을 통해 정확히 보편적 타당성 요구의 세유형(진리, 진실성, 규범적 정당성) 중의 하나로 설명되어야만 한다는것인데, 이 타당성 요구들에 대해서 하버마스는 그러한 요구가 **각각**

의 언어적 표현으로 — 직접적이든 간접적이든 — 드러난다고 주장한다. 만일 도덕적인 당위가 이러한 방식으로 설명될 수 있다면, 이것은 도덕적 당위가 보편적인 언어 구조 속에 너무나도 깊이 뿌리박고 있기 때문에 도덕적 당위의 가능한 합리적인 의미에 대한 물음이 해결될 것이라는 것을 의미할 것이다. 그러나 또한 이러한 근거로부터 도덕적 당위는 도덕원칙의 최후정초가 성공적이라는 사실에 상당히 의존한다. 왜냐하면 오직 최후정초만이 규범적 타당성 주장의 **일반적인** 문법에서 보편주의적 도덕의 **특수한** 요구로 넘어갈 수 있는 다리를 놓을 수 있기 때문이다. 그러나 만약 우리가 규범적 타당성 주장이라는 **일반적** 개념뿐만 아니라 처음부터 **도덕적** 타당성 주장이라는 특수한 의미까지도 함께 떠맡는다면, 그것은 이미 문제가 있어 보인다. '당위(sollen)', '강제(müssen)', '허락(dürfen)', '명령(ist geboten)', '옳은(richtig)', '좋은(gut)' 등과 같은 단어를 도덕적으로 사용한다는 것은 아주 특수한 용어 사용법이다. 그러나 이러한 단어를 일반적으로(비도덕적으로) 사용하는 것 역시 타당성 주장과 결합되기 때문에, 그렇게 하는 것은 이러한 규범적인 근본 용어의 의미를 문법적으로 재구성하는 것을 처음부터 도덕적 타당성 주장의 특수한 경우와 연관시켜서는 안 된다는 것을 쉽게 알 수 있다. 즉, 칸트적인 의미에서 가언적인 명령, 문법적인 처방('여기서 우리는 부정사를 사용해야만 한다')과 미학적인 당위 명제('여기서는 갑자기 **포르테로** 연주해야만 한다')는 규범적 종류의 타당성 주장이다. 만일 하버마스가 옳다면, 그의 재구성 제안은 바로 이러한 타당성 주장에 적합해야만 한다. 도덕적 문장의 경우에서와 마찬가지로, 이 모든 경우에서 정당화할 수 있는, 그리고 비판 가능한 타당성 주장이 중요하다. 또한 그 용어를 일반적인 의미로 사용할 때에는 — 진리 주장이나 진실성 주장과 달리 — 확실히 규범적 타당성 주장이 중요하다. 그러나 그 용어를 일반적인 의미에서 사용할 때, 규범적 타당성 주장은 직각적으로 단지 특정한 것을 행해야만 한다는 근거들을 제공해주지만 — 도덕적 타당성 주장과 마찬가지로 — **무조건적인**(정언적) 의무를 표현하지는 않는다는 점에서 도덕적 타당성 주장과 구별된다. 의무의 특성은 명백히 우리가 한 유형의 규범적인 타당성 주장에 대해 매번 제기할 수 있는 종류의 근거와 관련된다. 그러나 그것은 우리가 도덕적 타당성 주장을 위해 내세울 수 있는 근거와의 관계를 통해 도덕적 당위의 정언적인 의미가 비로소 해명될 수 있다는 것을 의미한다. 이러한 근거를 바탕으로 칸트는 정언적 당위를 도덕원칙 자체에서 떠올린다. 그런데 하버마스는 원칙 (U)에서 오직 '타당한(정당한)' 규범이라는 개념만을 떠올리기 때문에, 그가 당위 명제를 문법적으로 재구성하는 것과 원칙 (U)를 공식화하는 것 사이의 관계는, 원칙 (U)와의 관계 속에서 '올바른'이나 '명령'이라는 말이 비로소 '도덕적으로 올바른' 또는 '도덕적인 명령'이라는 의미를 획득하게 된다는 것으로 이해할 수 있다. 따라서 예컨대 "만일 p가 타당한 규범과 부합할 경우, 상황 S에서 p를 행하라는 것은 도덕적으로(무조건적으로) 명령된다(올바르다)". 그러나 여기서 도덕적 당위의 문제는 규범적 타당성 주장을 문법적으로 재구성해서는 결코 해결되지 못한다는 것이 드러날 뿐만 아니라,

오히려 다음과 같은 하나의 **특수한** 문제가 남게 된다. 그것은 곧, 이러한 특수한 상황 속에서는 올바른 것을 행위하라는 것이 아닌 오히려 **특정한** 의미에서 올바른 것을 행위하라는 것이 **무조건적으로** 명령된다는 것을 의미한다. 그래서 이러한 경우에는 **한 가지** 의미에서 올바로 행위한다는 것은 옳음이라는 대안적 기준에 의지해 적절한 근거를 대면서 거절할 가능성이 사라진다(나는 이렇게 하는 것이 다른 규범적 타당성 주장보다 도덕적인 타당성 주장이 우월하다는 것을 위한 아주 적절한 생각인지 어떤지 하는 것에 대해 미정 상태로 놓는다. 아무튼 그것은 하버마스가 칸트와 공유하는 생각이다). 하버마스의 재구성에서 다른 규범적 타당성보다 도덕적 타당성 주장이 우월하다는 것은 명확하지 않기 때문에, 나는 하버마스가 도덕적 당위의 문제를 실제로 언어화용론적으로 중립화하는 것이 아니라, 말하자면 오히려 단지 규범적 타당성 주장에 대한 그의 문법적 재구성과 원칙 (U)에 대한 그의 공식화 사이에 있는 회색 지대 속에서만 그 문제를 해결했다고 생각한다.

아마도 이와는 반대로 도덕적 당위가 의사소통적 행위의 타당성 지향 속에 너무나 깊숙이 뿌리내리고 있기 때문에, 여전히 단언적 (assertorischer) 표현의 진리 요구가 도덕적으로 유사한 권리 요구의 범주에서 해명될 수 있다는 사실이 타당하게 될 수 있다. '진리'를 '보장된 단언성(assertibility)'으로 이해한다면, 그 주장은 권리 요구를 타당하게 만드는 것인 동시에 하나의 의무를 수용하는 것으로 해석된다. 그래서 주장된 표현을 통해 제기된 권리 요구는 논증적으로 해결될 수 있다. 그리고 만일 내가 어떤 것을 주장할 경우, 나는 그러한 권리 요구를 주어진 경우에 논증적으로 해결해야 할 의무가 있다. 그래서 우리는 철학적인 전통에서 두드러지는 명제적 진리의 우선성, 즉 다른 타당성 양식보다 명제적 진리가 우선한다는 사실을 규범적 옳음의 우선성으로 전복시키려고 시도할 수 있었다. 이러한 의미에서 실천이성의 우선성을 정당화할 수 있다면, 그 경우에 서구적 사유의 '이성중심적인' 편견의 표현[13]인 도덕적 당위의 문제는 완전히 해소되어야만 할 것이다. 왜냐하면 도덕적 또는 유사도덕적 의무의 인정은 상호 이해를 향한 행위 일반에 참여하기 위한 가능성의 조건으로서 증명되며, 그래서 또한 단언적인 표현의 가능성이라는 조건으로서 증명된다.

실제로 진리합의론은 전통적인 명제적 진리의 우선성을 그처럼 근본적으로 전복하려는 표현이다. 하버마스는 이러한 우선성의 전복을 자신의 『의사소통행위이론(Theorie des kommunikativen Handelns)』에서 '계통발생적으로' 정당화하려고 시도하기도 했다. 뒤르켐(Émil Durkheim)의 연장선에서 그는 도덕적 당위성의 타당성의 원천을 전합리적이고 상징적으로 구조화된 성스러운 것의 영역에서 — 말하자면 근원적인, 즉 그 자체로는 아직 의식되지 않은 규범적인 합의의 영역에서 — 본다.[14] 이를 통해 규범적 타당성에 대한 아직은 전 합리적인

13) Jürgen Habermas, *Der philosophische Diskurs der Moderne*, Frankfurt, 1985, p. 361을 참조.

14) Jürgen Habermas, *Theorie des kommunikativen Handelns*, Frankfurt, 1981, Bd. 2,

이해가 구성되는데, 이러한 이해는 인간 언어의 문법적인 분화를 위한 결정적인 매개항이 된다. 즉, 이러한 분화는 '성스러운 것의 언어화'[15]라는 형식으로 수행된다.

성스러운 것의 영역은 '세 가지 의사소통 행위의 뿌리'[16]에서 하나의 두드러진 위치를 점하고 있어, 이러한 매개 기능을 넘겨받는다. 의사소통 행위의 세 가지 뿌리는 언어적으로 분절된 인식, 의무, 표현의 선언어적 뿌리인데,[17] 이 뿌리들은 마치 각각 문법적으로 분화된 언어적 표현의 기본적인 주춧돌과 같다. 즉, 문법적으로 분화된 말은 명제적·발화수반적·표현적 구성 성분으로 구성된 하나의 전체로 이러한 계기를 통합하는 것이나 다름없다.[18] 그러나 명제적·표현적인 언어적 발화의 구성 성분만이 그 자체로 상징적으로 구조화되지 않은 선언어적인 것으로 소급될 수 있다. 왜냐하면 지각, 표상, 적응 행태는 언어적 진술(Äußerungen)의 명제적 구성 성분에 대한 선언어적 상관물이고, 신체적 표현은 언어적 진술의 표현적 구성 성분에 대한 선언적 상관물이다.[19] 이와는 반대로 발언의 발화수반적 구성 성분(이를 통해 단언적이고 표현적인 문장이 비로소 '청자로

---

p. 69 이하, 특히 p. 84.

15) 같은 책, p. 118 이하.

16) 같은 책, p. 97 이하 참조.

17) 같은 책, p. 99

18) 같은 책, p. 97 이하 참조.

19) 같은 책, p. 99.

하여금 제공된 발화 행위를 받아들이도록 동기화하는'[20] 힘을 증대시킨다)
은 다른 종류의 선언어적 뿌리를 가리킨다. 즉, 비록 선언어적인데도
자연적이지 않으며, 오히려 이미 상징적으로 구조화된 성스러운 것
의 영역을 지시하는 것이다.

이러한 뿌리에서 혼란스러운 점은 그것이 **애초에** 상징적 본성을
지닌다는 상황이다. 지각되고 조작될 수 있는 대상과의 인지적 교섭은
우리의 감각 자극 및 우리의 요구에 대한 체험 표현과 마찬가지로
외적 또는 내적 자연과의 접촉에서 존립한다. 인지적 교섭과 표현은
언어 초월적인 실재뿐만 아니라, 상징적 구조로부터 자유로운 실재와
일치한다. 여느 때와 같이 언어적으로 각인된 인간의 인식과 표현은
동물의 지적 활동과 표현적 몸짓이라는 자연사로까지 거슬러 올라갈
수 있다. 이와는 반대로 규범적 의식은 위와 같이 평범한 **언어 외적**
지시 대상을 지니지 않는다. 그리고 감각적인 인상과 욕구에서와 마찬
가지로 미분화된 자연사적 상관 개념은 의무에서 발견되지는 않는다.
그럼에도 불구하고 집합 의식, 옛 상징으로 지탱된 규범적 합의, 그
합의에 의해 담지된 집단적 동일성은 의무 체험과 더불어, **상징과
무관하지 않음에도** 선언적인 실재와의 접촉을 보장한다. ― 규범적
합의와 집단적 동일성은 언어적으로 매개된 상호작용보다 '오래된'
것이다.[21]

---

20) 같은 책, p. 106.
21) 같은 책, p. 96 이하.

언어적 표현 속에 있는 발화수반적 구성 성분의 '구속 효과'는 다음과 같은 상황에 기인한다. 그러한 발화수반적 구성 성분의 선언어적 뿌리는 이미 상징적으로 — 그리고 '오래된 상징으로(paläosymbolisch)' — 구조화된 규범적 합의라는 상황에서 기인한다. 물론 이것이 전부라고 한다면, 하버마스가 밝혀낸 것처럼 "진위적·표현적인 발화 행위는 구속적 효과를 **발화 행위의 고유한 힘**에서가 아니라, 오히려 발화 행위의 규범적 맥락에 의지해서만 달성할 수 있을 것이다. 그 경우 그러한 발화 행위의 발화수반적 구성 성분은 동기화하는 힘을 전혀 가질 수 없을 것이고, 오히려 행위 조절의 부담은 규범적 맥락을 뒷받침하는 이전의 합의를 통해서 지워져야만 한다".22) 이러한 입장에서 하버마스는 이제 자신이 주장한 다음과 같은 두 문장을 다룬다.

① "상황 S 속에서 행동 h를 하라고 명령된다."

그리고,

② "술어 p는 사실이다(참이다)."

그리고 다음과 같이 추측한다.

②번 유형의 진위적 표현을 사용해서 진리 요구를 타당하게 하는 것은 이미 통제할 수 있는 규범적 타당성이라는 개념이 마치 주장하

---

22) 같은 책, p. 106 이하.

기라는 발화수반적 양식 속으로 이동할 수 있다는 것을 통해서만 비로소 가능하게 될 것이라는 점이 가정될 수 있다. 게다가 권리 요구의 유형(이 유형에서는 고유한 규범적 타당성 요구의 경우에서와는 달리 수행과 정당화가 처음부터 일치해야만 한다)이 구성될 수 있다는 것이 가정될 수 있다.

한편으로 명제적 진리에 대한 요구는 **정당한 방식으로** 수행될 수 있는 타당성 요구의 구조를 타당성 규범에 근거하는 종류의 요구로부터 차용할 수 있다. 다른 한편으로 명제의 진리성에 대한 요구는 동시에 근본적인 형태로, 다시 말해 정당화를 목표로 하는 형태로 나타날 수밖에 없다. 이러한 상황은 비판 가능한 타당성 요구라는 개념이 진술에 대한 진리를 — 지금까지는 결코 비판할 수 없는 — 규범적 타당성에 동화시키는 것에 기인하고 있다는 추측을 할 수 있게 한다.[23]

하버마스가 뒤르켐의 연장선에서 해명하는 것처럼, 한 사회에 속한 모든 성원의 이상화된 찬동(Einverständniss)이라는 가정은 이미 규범적 타당성이라는 개념과 결합되어 있다. 그렇기 때문에 근원적인, 상징적으로 구조화된 규범적 합의는 발화의 문법적인 분화의 출발점, 즉 **모든** 타당성 개념을 위한 모델이 — 특히 진리타당성이라는 개념의 출발점이 — 된다.

---

23) 같은 책, p. 109.

성스러운 것의 의미론에서 해석된 규범적 합의는 이상화된 찬동, 즉 **시공간적인 변화를 초월하는** 찬동이라는 형식을 취함으로써 구성원들에게 현재적인 의미를 지닌다. 이것은 **모든 타당성 개념을 위한 모델**을 제공한다. 무엇보다도 진리의 이념을 위한 **모델**을 제공한다.[24]

성스러운 것의 영역으로서 명료화된 규범적 합의는 이상화된 찬동의 원형(Urbild), '이상적 의사소통 공동체와 관련된 상호주관성의 원형',[25] 그러므로 가능한 상호주관적 타당성의 원형이다. 성스러운 것의 언어화를 통해 모든 타당성의 이러한 원형은 자신의 오래된 상징적인 껍질에서 벗어난다. 그리고 가능한 합리적 타당성의 토대로서 사용될 수 있다. 왜냐하면 타당성 양식의 분화로 우회하면서 결국 규범적 타당성 개념 자체는 자신의 근원적이고 성스러운 면역성에서 풀려나기 때문이다. 그리고 ― 진리타당성과 유사하게 ― 논변적으로 해결할 수 있는 타당성 주장의 형식으로 변형된다.[26] 결국 이러한 방식으로 "성스럽게 정당화된 도덕적 찬동의 구속력은 …… 도덕적 찬동을 통해서 대체되는데, …… 도덕적 찬동은 성스러운 것의 상징 속에서 언제나 이미 의도되었던 것을 합리적인 형식으로, 즉 근본적인 이해 관심의 일반성으로 표현된다".[27]

---

24) 같은 책, p. 110.
25) 같은 책, p. 111.
26) 같은 책, p. 112.
27) 같은 책, p. 124.

이러한 매력적인 사유 과정을 통해 하버마스는 이제 도덕적 당위를 언어적 상호 이해의 일반적 구조에 깊이 정박시켰기에, 그는 도덕적 당위의 합리적 의미에 대한 문제가 더 이상 생기지 않게 하는 것에 성공한 것처럼 보인다. 도덕적 의무에 대한 의식이 언어적 상호 이해를 위한 모든 가능한 합리성의 핵심으로서 증명된다면, 도덕적 당위의 문제(이는 칸트를 불안하게 했다)는 최종적으로 그러한 형식에서 사이비 문제(Scheinproblem)로 증명될 수 있다. 물론 이제 문법적으로 분화된 타당성 개념을 하버마스가 '계통발생적으로' 재구성하는 것은 이러한 재구성의 방식으로 뒷받침되어야만 하는 이론적인 전제에 의해서 주어진다. 즉, 하버마스는 이미 진리합의론이라는 의미에서 '이상화된 찬동'이라는 개념이나 '이상적인 의사소통 공동체'라는 개념을 사용한다. 오직 그러한 재구성이 자신의 결정적인 지점에서 그러한 이론적 전제와는 상관없이 명백해질 수 있는 경우에만 우리는 그러한 재구성에서 논변윤리의 이론적 전제를 위한 하나의 **독립적인** 논거를 획득할 수 있을 것이다. 그렇지만 하버마스의 재구성은 그 재구성의 결정적인 지점에서 전혀 명백해 보이지 않는다. 만일 하버마스가 성스러운 것의 상징을 **도덕적인** 찬동에 대한 표현으로 해석한다면, 이것은 아마도 기능주의적인 관찰 방식이라는 의미에서 정당할 것이다. 그러나 그것은 다른 타당성 양식을 능가하는 도덕적 타당성의 언어화용론적 우선성에 대한 논제로서 정당하다고 생각되지는 않는다. 오히려 하버마스가 그 개념을 사용하는 것처럼 성스러운 것의 개념을 하나의 사유 방식에 귀속시키는 것이 타당할 것이다. 이 사유 방식에 비하면 이후에 분화된 타당성 양식은 아직 명확하게 서로 분리되지 않기 때문에, 그 결과 도덕적 타당성과 진리 타당성은 여전히 서로 혼합되어 있다. 만일 우리가 그러한 관점을 선택한다면, 분화의 문제는 뒤르켕의 입장에서 볼 때, 하버마스의 고찰에서와는 다르게 묘사될 것이다. 게다가 그러한 분화의 문제는 오히려 하버마스 자신이 일찍이 『의사소통행위이론』 1권의 「신화적 세계 이해와 근대적 세계 이해의 몇 가지 특징(Einige Merkmale des mythischen und des modernen Weltverständnisses)」이라는 장에서 그 문제를 해명했던 것처럼 나타난다.[28] 그 장에서 하버마스는 신화적 사유 방식의 '폐쇄성'을 근본적인 분화의 결여와 연관시킨다. 마치 그러한 분화가 근대의 '열린' 사유 방식의 특징인 것처럼 말이다. 게다가 상이한 타당성 양식 사이의 분화가 중요할 뿐만 아니라, 인과적인 연관과 상징적 연관 사이의 분화, 문화와 자연 사이의 분화, 언어와 세계 사이의 분화 역시 중요하다. 이에 상응하는 분화가 결여되어 있다는 것은 상징적 타당성의 영역을 비판 가능한 타당성 **주장** 일반의 영역으로서 조망하는 것을 불가능하게 한다. 신화적 사유 방식은 마치 여전히 자기 자신의 껍질 속에 둘러싸인 것처럼 보인다. 왜냐하면 신화적 사유 방식은 자기 자신으로 귀환하는 반성적 전환을 허용하는 언어적 수단을 아직 형성하지 못했기 때문이다.

---

28) Habermas, *Theorie des kommunikativen Handelns*, Bd. I, p. 72 이하.

우리가 상징적 표현에 귀속시키는 비경험적 타당성에 대해서는 어떤 정확한 개념도 아직 분명히 존재하지 않는다. 타당성은 경험적인 작용과 더불어 뒷받침된다. 여기서 우리는 특수한 타당성 요구를 생각해서는 안 된다. 즉, 신화적 사유에서 명제적 진리, 규범적 옳음, 표현적 진실성과 같은 상이한 타당성 주장은 아직도 전혀 분화되지 않았다. 그러나 타당성 일반이라는 산만한 개념은 경험적 혼합물에서 여전히 벗어나지 못했다. 왜냐하면 도덕성과 진리와 같은 타당성 개념은 인과성과 건강과 같은 경험적 질서 개념과 혼합되어 있기 때문이다. 바로 그 때문에 언어적으로 구성된 세계상이 아주 광범위하게 세계 질서 자체와 동일시될 수 있어서, 그 결과 언어적으로 구성된 세계상이 세계 해석이라고, 즉 틀릴 수 있고 비판할 수 있는 하나의 해석에 불과하다고 올바로 간파할 수 없다. 이러한 관점에서 자연과 문화를 혼동하는 것은 세계상의 사물화라는 의미를 획득한다.[29]

만일 우리가 분화의 문제를 그렇게 제기한다면, 무슨 이유 때문에 인류학의 역사에서 성스러운 것의 영역이 근원적인 규범적 타당성의 영역(도덕의 선형태)뿐만 아니라 근원적인 세계 해명의 영역(과학의 선형태)으로, 그리고 미메시스적·표현적 행위 영역(예술의 선형태)으로, 또는 아직 서투른 세계 통제 노력의 영역(기술의 선형태로서의 주술)으로 해석되었는지가 이해된다.[30]

---

29) 같은 책, p. 81 이하.

30) 이에 대한 증거 자료로서 예컨대 Bryan R. Willson(Hg.), *Rationality*, Oxford,

실제로 성스러운 것 속에 있는 상징과 제의의 뒤섞임을 이러한
기능들 중의 하나로 확정하는 것은 불가능해 보인다.[31] 하버마스
자신은 뒤르켕이 강조한 관계, 즉 성스러운 것이 지닌 도덕적 구속
기능과 성스러운 것이 지닌 집합적 동일성의 거울이자 외부 토대로
서의 기능 사이의 관계를 언급한다. 그 집단의 집합적 동일성은 '우
리'라는 의식인데, 이러한 의식 자체는 성스러운 상징과 제의에서
경험될 수 있고, 동시에 그러한 상징과 의식 속에서 방출되고 재생된
다.[32] 집단의 결속이라는 기능적 관점에서 이것은 다음을 의미한다.
"연합된 개인의 근본적인 주요한 살림살이(Motivhaushalt)는 상징적으
로 파악되고 동일한 의미론적 내용을 통해서 구조화된다."[33] 그러나
성스러운 것은 이러한 규범적 구속 기능을 바로 다음과 같은 이유,
즉 성스러운 것의 의미론 속에서는 인식적·미메시스적·표현적·도덕

1974에 수록된 논문들을 참고하라.

31) Alasdair MacIntyre, "Rationality and the Explanation of Action," in *Against the
Self-Images of the Age*, New York, 1971, p. 252. "왜냐하면 우리가 우리의
마음속에 있는 잘 확립된 장르의 분류를 통해서 낯선 문화의 말과 행위에
접근하면서 주어진 제의와 실천에 대해 '그것은 응용과학의 일부인가'
아니면 '상징적·연극적 행위의 일부인가' 또는 '신학의 일부인가'라고
질문할 때, 우리는 사실상 어떤 대답을 하더라도 잘못된 대답이 될 수밖
에 없는 일련의 질문을 하고 있는 것이다. …… 왜냐하면 우리가 문제로
삼는 그들의 말과 행위는 사실상 우리 마음속에 있는 장르에 모두 속하기
도 하고 전혀 그렇지 않기도 하기 때문이다."
32) Habermas, *Theorie der kommunikativen Handelns*, Bd. 2, p. 84 이하.
33) 같은 책, p. 88.

적 내용이 서로 분리되지 않았다는 이유로 충족시킬 수 있다. 비록 우리가 하버마스의 논제, 즉 감정적 양가성(성스러운 것은 안정과 공포, 존경과 두려움, 매력과 혐오의 혼합이라는 양가성으로 둘러싸여 있다)이 도덕적 의무와 결합된 양가적 감정의 근원적인 형태로서 이해될 수 있다는 논제를 수용한다고 해도,[34] 우리는 **도덕적 감정**에 대해서 본질적으로 말할 수 없다. 왜냐하면 언제나 도덕적 의무라는 원시적 (rudimentär) 개념이 이러한 감정에 속하기 때문이다. 그러나 이러한 개념은 하버마스가 그 개념의 도움을 받아서 설명하려고 했던 타당성 영역의 분화를 **전제하는 것으로** 보인다.

물론 이에 반대하여 성스러운 것의 영역에서 규범타당성이라는 이미 **임의적으로 다룰 수 있는** 개념(우리는 예컨대 제의적인 규정과 금기 규정에 대해서 생각하고 있다)만으로도 하버마스적 논거를 지지하는 데 충분하다는 반론이 제기될 수 있다. 만일 성스러운 것의 권위가 **각각의 규정 및 규칙이 무조건적인 '강제(muß)'의 아우라로 둘러싸여** 있고 이에 상응하는 감정과 결부되어 있다는 것을 의미한다면, 우리는 여기에서 성스러운 것에 종속된 규범의식이 그 자신의 구조에 의거해 도덕적이라는 사실을 추론할 수 있다.[35] 이것은 규범의식이

---

34) 같은 책, p. 79 참고.

35) 이것은 또한 금기에 대한 프로이트의 해석과 일치한다. 프로이트는 금기 명령을 '이중적 감정의 결과'로 해석했다(Sigmund Freud, *Totem und Tabu, Gesammelte Werke*, Bd. IX, Frankfurt, 1968, p. 84). 그리고 '금기에 대한 지식'을 (도덕적) 지식의 가장 오래된 형태로서 해석했다(같은 책, p. 85 참고).

단지 도덕적인 규범의식으로서만 구성될 수 있다는 것을 의미할 것이다. 비록 규범의식의 가장 중요한 내용(제의와 터부)이 아마도 우리의 의미에서는 도덕적인 내용이 아니라고 할지라도 말이다. 이러한 생각은 아주 매혹적이기는 하지만, 심리학적으로나 개념적으로나 그럴 듯해 보이지 않는다. 다시 말해 우리의 고유한 문화 속에까지 이르렀던 제의적이고 금기로 조절된 실천의 분리된 잔여물에서 우리는, 내가 그렇게 생각하듯, 제의적인 규정 및 금기 규정과 결합되어 있는 무조건적인 당위란 어떤 도덕적 내용도 가질 필요가 없을 뿐만 아니라, 도덕적 당위의 강제와는 완전히 다른 종류의 강제(Nötigungen; 즉, 인정과 자존감에 의거한 당위와는 완전히 다른 종류의 욕구)를 표현할 수 있다는 사실을 볼 수 있다. 나는 이러한 생각을 여기서 인류학적으로 또는 심리학적으로 뒷받침하지 않고, 오히려 개념적으로만 뒷받침하려고 할 수도 있다. 예를 들어 만일 한 아이가 사물이나 직무에 관한 특정 질서, 예컨대 단어 선택에 이르기까지 고정된 낭독이나 이야기의 의식(Ritual)을 고집한다면, 여기에는 확실히 무조건적인 '옳음' 또는 '잘못', 즉 무조건적인 '당위'가 함축되어 있다. 그런데 이러한 '당위', 즉 이러한 '옳음'이나 '잘못'을 통해 어린이의 자아는 그에게 아주 익숙한 세계의 질서를 옹호하고 있는 것이다. 즉, 이러한 질서를 침해하는 것은 어린이의 자아를 위협하는 것이다.

'너는 반드시 해야만 한다(Du Mußt)'는 말은 본래 '반드시 상황이 그렇게 되어야만 한다(So muß es sein)'는 말이다. 물론 이 속에는 다른 사람에 대한 진정한 도덕적 요구가 들어 있지만, '옳음'과 '잘못'의 비도덕적 특성을 인식하는 사람만이 그러한 도덕적 요구를 인식할 수 있다. **도덕적** 요구는 아이의 욕구를 존중할 것을 요구한다. 그러나 역설적으로 아이가 요구하는 것은 자신의 도덕적 요구에 대한 존중이 아니라 사물의 올바른 질서에 대한 존중이다. 사물의 이러한 올바른 질서는 도덕적 질서와는 전혀 다르다. 아이가 요구하는 것은 오히려 세계에 대한 질서이며, 이러한 질서가 없이는 아이뿐만 아니라, 좀 더 넓은 의미에서 결국 어느 누구도 스스로 존재할 수 없을 것이다.

이를 통해 내가 드러내고자 하는 것은 정언적 '강제(muß)', 즉 규범의식의 가능성이며, 이 규범의식은 비록 감정적으로 매우 적절히 안정되어 있다고 하더라도 비도덕적으로 불릴 수 있다. 왜냐하면 그 의식 역시 그 **기능**상 비도덕적이기 때문이다. 만일 우리가 추후에 도덕적인 **정당화**를 제공하려고 한다면, 이러한 사실은 명백해질 것이다. 그 경우에 그러한 요구가 도덕적으로 정당화되지 않았다는 사실이 드러날 것이라는 점은 그리 명확하지 않다. 왜냐하면 오히려 드러나는 것은 그 요구가 일체의 도덕적 요구가 아니라는 사실이기 때문이다. 그러나 만일 이것이 옳다면, 고대사회에서 감정적으로 아주 잘 결합되어 있는 규범적 의식이 실존한다 하더라도 우리가 이것을 도덕이라는 계정에 그렇게 쉽게 기입할 수는 없을 것이다. 오히려 이것이 '혼합된' 종류의 규범의식이라는 사실을 가정하는 것이 당연해 보인다. 일단 '정당화 놀이'가 도입되고 난 뒤에 규범이 잘 정당화되었는지 여부가 아닌, 어떤 종류의 정당화가 생각될 수 있는지를 고찰함으로써, **우리는** 이러한 규범의 비도덕적인 부분에서 도덕적인 부분만을 분리해낼 수 있을 것이다. 금기의 영역에 관해서는 인류학적 문헌에 유사한 고찰이 있다.

호턴(Robin Horton)은 더글러스(Mary Douglas)[36]에 이어서 금기를 분류적인 체계에 — 이때 이러한 체계를 의문시하는 것은 위협으로 느껴지는데도 — 반대해서 고대사회의 '보호적' 태도와 관련지었다. 만일 인류학적 관찰이 옳다면, 여기서도 역시 '옳음'과 '잘못', '선함'과 '악함'에 대해 감정적으로 안정되어서 구별하는 것은 '도덕적'이라고 불릴 수 없는데도 집단적인 동일성을 안정화하는 것과 관계될 것이다.

마지막으로 우리는 여전히 '유사 성스러운' 특성에 대해서 생각해 볼 수 있을 것이다. 이때 놀이 규칙이나 에티켓의 규칙이 — 어린이들의 경우에서뿐만 아니라 — 우리 사회에서도 어떤 맥락에서는 이러한 '유사 성스러운' 특성을 받아들일 수 있다. 이것은 그러한 규칙이 지닌 아주 높은 감정적인 역할(Besetzung)에서 드러난다. 놀이 규칙 또는 에티켓을 지켜야 한다는 요구는 한편으로 언제나 도덕적 요구이기도 하다. 그러나 그 규칙이 비록 정언적인 '강제(muß)'를 포함한다고 해도[37] 그 규칙 자체는 더 이상 도덕적이지 않다. 그 규칙은

---

36) Mary Douglas, *Purity and Donger*, London, 1966; Robin Horton, "African Traditional Thought and Western Science," in Bryan R. Wilson(Hg.), *Rationality*, p. 131 이하.

37) 풋(Philippa Foot)은 정언적 당위 자체가 아니라 기껏해야 도덕적 규칙의 정당화의 일종이 클럽의 규칙이나 에티켓의 규칙과 구별될 수 있다고

우리가 특정한 상황들 속에서 특정한 어떤 것을 행해야만 한다거나 해서는 안 된다는 것, 아니면 우리가 특정한 방식으로 어떤 것을 해야만 한다거나 해서는 안 된다는 것을 의미한다. 이러한 '강제 (muß)' 또는 '허가(darf)'는 더 이상 도덕적 '강제' 또는 '허가'가 아니다. 오히려 그것은 어떤 놀이의 놀이 활동에 대해서 본질적인 규칙, 또는 어떤 놀이를 수행하기 위한 특정한 방식에 대해서 본질적인 규칙에 관한 '강제' 또는 '허가'인 것이다. 우리는 사소한 인지적·사회적 분화의 조건 아래에서 각각의 규칙이 지닌 정언적 '강제'가 도덕적 '강제'의 아우라를 포함한다는 것을 추측해볼 수 있다. 그러나 이렇게 추측하는 것은 단지 분화가 증대됨으로써 비로소 도덕적인 규칙을 비도덕적인 규칙과 구분할 수 있게 된다는 것을 의미할 수 있을 뿐이다. 여기서는 관습적인 도덕규범을 도덕적인 원리로 대체하는 것이 중요할 뿐만 아니라, 관습적인 규범을, 말하자면 도덕적인 규칙 그리고 비도덕적인 규칙(모든 종류의 문법적·미학적·법률적·구성적 규칙 등)으로 분해하는 것 역시 중요하다.

나는 고대사회의 규범적인 합의가 도덕적인 합의와 **동일시될** 수 없다는 추측을 증명할 경험적인 근거뿐만 아니라 개념적인 근거들이

지적한다. "도덕의 규범적 특성이 그 자체로 합리성을 제공하는 힘을 보장하지 않는다는 것은 명백하다. 도덕적 판단은 규범적이지만, 매너에 대한 판단도 규범적이며, 클럽 규칙에 대한 진술 및 여타의 것들도 규범 적이다"(Philippa Foot, "Morality as a System of Hypothetical Imperatives," in *Virtues and Vices*, Berkeley and Los Angeles, 1978, p. 162).

존재한다고 말하고 싶다. 나는 이러한 상황이 오직 콜버그와 관련해 도덕심리학에서 통용되는 '관습적' 도덕의식이라는 개념이 어떤 암시를 포함하기 때문에 쉽게 도외시될 수 있다고 생각한다. 그 암시란 모든 '관습적인' 규범이 도덕적인 또는 도덕적으로 정당화될 수 있는 규범의 전신(Vorläufer)일 수 있다는 암시이며, 그래서 그러한 규범의 **핵심**(또는 규범의 기능)이 도덕적 규범의 전신일 수 있다는 암시이다. 그러나 비록 우리가 고대사회의 일반적인 규범이 어떤 '근본적인 관심'의 '일반성'을 **표현한다**는 사실에서 출발한다고 해도, 여기에서 우리는 하버마스가 공식화하는 것처럼, 그러한 공통적인 규범이 언제나 이미 — 개별적인 관심들과는 반대로 — 공통적인 관심들을 타당하게 하는 것을 **의도한다**는 결과를 도출할 수는 없다.

달리 말해서, 비록 성스러운 것의 영역 속에 이미 규범적 타당성이라는 자의적으로 사용할 수 있는 개념이 정서적으로 만족된 무조건적인 당위를 통해서 특성화될 수 있다고 하더라도, 여기에서 이러한 규범적 타당성이라는 개념이 **도덕적** 타당성이라는 근원적 개념과 동일시될 수 있다는 결과가 도출되지는 않는다. 오히려 과학적 세계 해명이 신화적 세계 해석 속에 둘러싸여 있는 것과 마찬가지로, 도덕적 타당성이라는 개념은 규범적 타당성이라는 이러한 근원적 개념에 둘러싸여 있다는 것이 예상될 수 있다. 다시 말해 도덕적 타당성 개념은 몇 가지의 의미 측면 중의 **하나**로서 인정된다. 만일 '관습적인' 세계 이해가 반성적으로 고려될 수 있다면, '관습적' 규범의 무조건적 당위가 어떤 가능한 **합리적** 의미를 표현할 수 있는지 하는 것은 어떤 종류의 정당화가 사유될 수 있는지 하는 것에 의존한다. 그러나 만일 모든 정언적('관습적') '강제'가 그 의미상 하나의 도덕적 '강제'라면, 그 경우에 분화의 문제는 하버마스가 가정한 규범적 타당성 자체라는 근원적인 개념으로 위치를 잘못 바꾸게 된다. 이것은 우리가 당위성의 타당성을 하나의 보편적 타당성 유형으로 해석할 수 있지만 그 자체로 도덕적 타당성과 직접 동일시되어서는 안 된다는 것을 의미할 것이다. 그리고 이것은 정확히 이 절의 초반부에서 언급한 규범적 타당성 요구에 대한 하버마스의 문법적 재구성을 고찰한 나의 견해와 일치한다.

나는 앞선 고찰의 임시적인 특성을 아주 잘 의식하고 있다. 그러나 나는 성스러운 것을 뒤르켕이 해석한 것에 대해 하버마스가 암시하는, 그리고 시사하는 바가 많은 진전이, 그것이 해결해야 할 만큼의 개념적 문제를 제기한다는 것을 드러내고자 한다. 그래서 적어도 하버마스의 재구성에서 논변윤리의 합의론적 전제에 대해 ─ 나는 앞서 이에 대해 순수하게 내재적으로 비판했었는데 ─ 어떠한 **부가적인** 논거도 찾아볼 수 없었다. 그러나 내가 추측하는 바와 같이 도덕적 의무라는 개념이 타당성 영역(정확히 말해 규범적 타당성 영역)이 분화된 결과라면, 이것은 앞서 행했던 것처럼 다시금 (일반적인) 합리성 의무를 (특수한) 도덕적 의무와 구별하는 것을 지지하는 결과가 될 것이다. 나는 합리성 이론을 위한 이러한 구분의 고유한 핵심을, 내가 생각하는 것처럼, 이러한 핵심이 '다양한 합리성 개념과 개방적인 합리성 개념을 생각하도록 허용한다'는 점에서 보고 있다. 이때

이러한 합리성 개념은 최후정초에 의존하지도 않고, 그렇다고 최종
적인 화해를 지시하지도 않는다. 도덕적 당위를 언어화용론적 보편
개념으로 해석하는 것과 아주 밀접하게 결합되어 있는 논변윤리학에
서 합의론적 전제들은 그러한 다원적이고 개방적인, 그러나 결코
상대주의적이지는 않은 합리성 개념을 전개하는 데 방해가 되는
것처럼 보인다. 내가 생각하는 바에 따르면, 이러한 합리성 개념은
또한 하버마스가 보편화용론의 메타이론적 전제를 근대의 규범적인
내용의 분석으로 '번역하는' 지점에서 무엇보다도 하버마스 자신이
지지하는 개념이기도 하다. 그러한 입장에서, 일반적으로는 '생활
세계의 합리화' 그리고 특수하게는 윤리의 대화적인 '개방성'을 사유
하기 위해서는 결코 강력한 합의이론적 전제가 필요한 것은 아니라
는 사실이 명백해진다. 그의 최근 책(『현대성의 철학적 논변』38))에서
하버마스는 "문화의 경우에는 유동적인, 즉 반성적으로 된 전통의
지속적인 개정 상태, 사회의 경우에는 합법적 질서들이 규범의 정립
과 규범정당화라는 형식적인 절차, 즉 최종적으로 논변적인 절차에
의존한다는 상태, 그리고 인성의 경우에는 고도로 추상적인 자아정
체성이라는 위험을 수반하는 자기 조절 상태"를 생활 세계의 가능한
합리화의 '목표점'으로서 언급한다. 다시 말해서 생활 세계의 합리화
를 통해서는 "보증된 지식을 비판적으로 해체하기 위한, 일반화된
가치와 규범을 정립하기 위한, 그리고 자기조절적인 개인화를 위한

---

38) Jürgen Habermas, *Der philosophische Diskurs der Moderne*, Frankfurt, 1985.

구조적인 강제가 생겨난다(왜냐하면 추상적 자아정체성이 자율적인 삶의 기획 속에서 자아실현을 지시하기 때문이다)".39) 하버마스가 언급하는 생활 세계의 합리화라는 '목표점'은 이상적 의사소통 공동체의 구조를 의미하는 것이 아니라, 오히려 보편적인 가치의 공통성을 통해, 그리고 일반적인 합리성 의무에 대한 의식을 통해 각인되는 그러한 생활 세계의 '구조적 강제'를 의미한다. 이를 통해 사회적인 **이상 상태**가 아닌, 오히려 현대사회가 지닌 합리적으로 기만할 수 없는 **문제와 가능성이 존속한다는 사실**이 드러났다. 왜냐하면 생활 세계의 합리화라는 '목표점'은 본래 합리화에 대한 **이해**의 목표점이기 때문이다. 이때 우리는 오직 퇴보나 억압, 테러의 희생을 치러야만 이러한 합리성에 대한 이해의 반대편으로 되돌아갈 수 있다. 이러한 합리화 이해의 토대 위에서 비로소 사회질서와 좋은 삶을 위한 실질적 문제가 적절하게 정교화될 수 있다. 그리고 '언어적 상호 이해의 부정적 잠재력'40)은 좋은 삶의 가능성, 비판적 개정의 가능성, 혁신적인 변화의 가능성이 열린 채로 전개될 것이다.

생활 세계의 합리화는 분화와 응축(점점 첨예하게 분화된 문화, 사회, 인성의 구성 성분을 동시적으로 연결하는 상호주관적인 실들로 짜인 직물의 응축)을 동시에 의미한다. 물론 생활 세계의 재생산양식은 반성, 추상적 보편주의 그리고 개인화라는 표제어를 통해서 드러난

---

39) 같은 책, p. 399 이하.
40) 같은 책, p. 401.

방향 속에서 단선적으로 변화하지는 않는다. 오히려 합리화된 생활 세계는 의미 연관의 연속성을 비판이라는 비연속적인 수단을 통해서 확보하고, 개인적으로 개별화된 보편주의라는 위험한 수단과의 사회 통합적 관계를 보존한다. 그리고 극단적으로 개인화된 사회화라는 수단을 통해 계보학적인 연관이 지닌 압도적인 권력을 깨지기 쉽고 침해되기 쉬운 일반성으로 승화시킨다.[41]

그러나 만일 합리화된 생활 세계에 대한 이러한 시사적인 이미지가 어떠한 가능한 이상적 상태도 드러낼 수 없다면, 아니 오히려 그러한 이미지가 우리 자신의 눈앞에서 어느 정도 이루어진 구조적 변화에 대한 서술을 포함한다면, 동시에 생활 세계의 합리화라는 개념이 **특정한** 사회가 지닌 **특수한** 문제와 **특수한** 합리성의 결여를 파악하기 위해서는 전혀 본질적이지 않다는 것이 명확해진다. 생활 세계의 합리화는 그 과정의 끝에 **완전한** 합리적인 생활 세계가 단순히 **생각되어질** 수 있는 그러한 과정이 아니다(오히려 이것은 명확한 의미가 없는 막연한 하나의 표상에 불과할지도 모른다) 오히려 생활 세계의 합리화는 다음과 같은 과정이다. 가능한 타당성을 보증해줄 어떠한 토대도 존재하지 않는다는 것을, 그리고 공통성을 담지한 관계망이 오직 의사소통적이고 논증적인 실천을 통해서만 보증될 수 있으며, 이 관계망이 언제나 다시금 새롭게 확립될 수 있다는 것을 의식한

---

41) 같은 책, p. 400 이하.

다는 것이 사회적으로 유효하게 되는 과정이다. 이러한 과정은 **올바르다**. 왜냐하면 '언어적 상호 이해의 부정적 잠재력이 전개되는 것'[42]이 단지 학습 과정과 혁신 과정으로서만 생각될 수 있기 때문이다. 그러나 그러한 과정과 연관되는 것은 미래에 실현될 것으로 생각되는 이상적 의사소통 공동체가 아니라, 오히려 그러한 의사소통 공동체에서 언제나 경험할 수 있는 병리학, 비합리성, 장애, 비인간성을 지닌 현실이다.

내가 앞서 구별했던 두 가지 대안적인 분화의 모델은 내가 생각하는 것처럼 이성의 통일성을, 동시에 이성 계기의 분화를 생각할 수 있는 두 가지 대안적 가능성을 함축한다. 첫 번째 '합의론적' 분화 모델은 화해에 대한 전망과 연결되는데, 이러한 전망은 강조하는 바에 따라 과장되게 또는 합리적으로 공식화될 수 있다. 여기서 이성의 통일성은 상호 이해라는 이상적인 목표에 의거해 고려되는데, 이러한 이상적인 목표에 입각해서 두 갈래로 분화된 이성의 계기가 결정적인 화해를 위한 하나의 성좌로 떠오를 수 있을 것이다. 이에 반해 두 번째 분화의 모델은 비교적 관습적이다. 다시 말해서 이러한 분화의 모델은 **직접적으로** 근대 유럽 철학의 지배적인 문제의식과 결합되어 있다. 이에 따르면 분화된 타당성 양식하에서는 진리타당성이 아니라, 도덕적 당위타당성이 훨씬 더 이해할 수 없는 것으로 나타난다. 확실히 이것은 **또한** 뿌리 깊은 '이성중심주의적', 다시

---

42) **역주** - 이 말은 지속적인 비판 가능성의 등장을 의미한다.

말해 근대 철학의 과학주의적 편견과 관련된다. 그러나 이것이 전부는 아니다. 오히려 도덕적 당위의 수수께끼 같은 속성은 성스러운 것의 언어화가 여기서 모순과 만난다는 점에서 증명된다. 진리타당성의 영역에서는 이러한 모순에 대해 어떠한 등가물도 존재하지 않는다. 성스러운 것의 권위가 뒷받침되지 않으면 도덕의식이 자신의 지지대를 상실할 수밖에 없을 것이라는 두려움은 반계몽주의 논증(Topos)이지만, 그러한 두려움은 도덕적 논증의 효과가 인지적일 뿐만 아니라 정서적 종류의 전제들과 결부되어 있다는 사실에 기초한다. 즉, 인지적이고 정서적인 훈련이 상호적인 인정 관계 속에서 성공적인 경우에만, 성스럽게 또는 종교적으로 뒷받침된 도덕적 찬동에 대한 합리적 등가물이 존재할 수 있다. 그러나 사실이 그렇지 않다는 점에서 도덕적 논증은 자신의 출발점을 상실한다. 동시에 경험적·기술적 논증에 대해서도 사실일 수가 없기 때문에, 그러한 논증도 자신의 출발점을 상실한다. **도덕감의 결핍**이 존재하는 것이다. 그러나 우리가 이러한 **도덕감의 결핍**이 어디서 등장하는지에 대한 의문이 해결될 수 없는 조건을 앞서 가정할 때, 비로소 도덕감의 결핍은 합리성의 결핍으로 해석될 수 있다.

앞서 언급된 두 번째 분화 모델에서는 **한편으로** 분화된 타당성 양식의 자립성이 이루어진다. 그래서 이성의 통일성이 더 이상 이상적 의사소통 공동체의 목표점(이러한 목표점에 근거해 이성 계기의 당파성이 도덕적 이상의 통일성으로 지양될 수 있다)을 통해 생각될 수 없다. **다른 한편으로** 그러한 두 번째 분화 모델은 분화된 타당성 양식의 내적 연관을 좀 더 예리하게 구성하는 것을 허용한다. 나는 앞에서 도덕적 논변이 대부분 — 가장 광범위한 의미에서 — '사실'에 대한 논변으로서, 그리고 상황 의미의 적절성과 완전성에 대한 논변으로 이해될 수 있다는 것을 드러내고자 했다. 그래서 도덕의 영역의 경우에는 '존재'에서 '당위'로의 이행은 언제나 궁극적인 규범적 전제를 통해 예비되는 것이 아니라, '도덕적 관점' 자체를 통해 예비되는 것이다.[43] 그러나 미학적인 경험은 언제나 도덕적 판단과 관계된 사실에 대한 해석에 개입한다. 즉, 도덕적 논변은 미학적 논변에도 개방되어 있다. 다른 한편으로 사실에 대한 논변은 도덕적이거나 미학적인 관점에 대해서도 폐쇄되어 있지 않다. 우리가 인간의 생활 세계와 역사에 대해서 언급할 때, 그 말은 가치판단과 관계될 뿐만 아니라, 오히려 대안적 생활 세계를 향한 방향(이 방향에서는 언제나 도덕적인 태도와 경험적인 확신이 상호 결합되어 있다)이라는 선상에 있는 그 상황들도 서로 다르게 나타난다. 이것은 순환 논증 속으로 빠지는 듯 보이며, 그래서 궁극적으로 상대주의에 빠지는 듯하다. 그러나 이러한 순환 논증은 이론적인 문제가 아니라 실천적인 문제이다. 즉, 순환 논증은 언제나 다시 명확히 나타날 수 있는 합리적 논변이 지닌 사실적 한계를 드러낸다. 우리는 오직 내부로부터만 이러한 순환 논증에서 빠져나올 수 있다. 다시 말해 **어떠한** 타당성

---

43) 내가 나중에 비로소 알았던 것과 같이, 유사한 하나의 입장이 또한 프랑케나(William Frankena)의 다음과 같은 글에서 나온다. "Has Morality an Independent Bottom," in *The Monist*, Vol. 63, Nr. I, Januar, 1980, p. 49 이하.

요구도 비판에서 제외시키지 않는 이성의 노력을 통해 이러한 순환 논증에서 빠져나올 수 있다는 말이다. 실천적인 태도와 경험적인 확신 사이의 상호성은 어떠한 입장을 취하더라도 최종적인 전제를 통해서 증명되지 못하기 때문에 이러한 순환 논증은 이론적으로 문제가 되지 않는다. 이때 이러한 최종 전제는 내재적인 비판 또는 새로운 경험이라는 관점에 서 있는 비판에 원리적으로 접근할 수 없다.

그러므로 적어도 생활 세계에서는 도덕적, 실천적·기술적, 미학적, 그리고 진리에 대한 관점 및 도덕적, 실천적·기술적, 미학적, 또한 진리에 대한 논변은 언제나 서로 결합되어 있다. 여기서 합리성은 상이한 관점을 서로 구별하는 능력 속에서 드러날 뿐만 아니라, 그러한 관점을 올바른 방식으로 서로 결합시키는 능력 속에서도 드러난다. 그러나 또한 과학, 예술, 법이라는 제도적으로 분화된 '가치 영역'에 대해서도 이와 유사한 것이 다소 강하게 적용된다. 법의 경우에 내게는 그것이 명증한 것으로 보인다. 예술의 경우, 마틴 질(Martin Seel)은 미학적 논변을 할 때 미학적 타당성의 의미가 경험적인 타당성 요구, 도덕적인 타당성 요구, 표현적인 타당성 요구를 서로 관련짓는 과정에서 해명될 수 있다고 말한다.[44] 마지막으로 과학과 관련해,

---

44) Martin Seel, *Die Kunst der Entzwiung, Zum Begriff der ästhetischen Ratioalität*, Frankfurt, 1985 참조; Albrecht Wellmer, "Wahrheit, Schein, Versöhnung", "Adornos ästhetische Rettung der Modernität," in *Zur Dialektik von Moderne und Postmoderne*, Frankfurt, 1985, p. 30 이하 역시 참조.

그 문제는 과학의 유형에 따라 상이하게 제기된다. 인문과학과 사회과학은 비록 경험적이고 이론적인 진리에 대한 문제를 전문으로 다루지만, 말하자면 애초부터 타당성 영역을 생활세계적으로 관련시키는 작업에 참여한다. 수학적인 자연과학은 경험과학의 유일한 패러다임일 것인데, 이러한 경험과학은 오로지 경험과학의 '가장자리'에서만 규범적인 문제 제기를 받아들이고, 더군다나 미학적인 문제 제기도 받아들인다. 즉, 도덕적 문제 제기(이것은 탐구의 목표와 적용을 넘어서는 것이다)와 방법론적이고 '문법적인' 문제 제기(여기서는 과학의 토대가 문제가 된다)를 받아들인다. 그렇기 때문에 수학적인 자연과학은 또한 근대 철학 전체에서 타당성 영역의 분화를 위한 고유한 패러다임, 즉 순수한 진리타당성을 위한 패러다임이 되었다. 이것은 하버마스와 아펠에서도 여전히 해당된다. 만일 우리가 이러한 연관점을 선택한다면, 도덕적 타당성의 의미와 가능성에 대한 물음은 아주 예리하게 등장한다. 그러나 나는 이러한 연관점에서 타당성 영역의 내적인 **연관**도 적절하게 재구성될 수 있는지에 대해서는 의문이다. 자연과학적 지식은 도덕적 논쟁을 위해서도 점점 더 큰 역할을 담당하지만(극단적인 예로는 에이즈 문제가 있다), 셀라스(Wilfrid Sellars)가 언젠가 그것을 공식화했던 것처럼, 자연과학은 도덕적 논증에 대해서도 척도라는 가정, 즉 무엇이 **실제로** 존재하는 것인지, 그러므로 무엇이 경험적 사실이고 무엇이 경험적 사실이 아닌지에 대한 척도라는 가정은 결코 아무런 의미도 없다. 존재와 당위 사이의 구분은 아마도 아무런 어려움 없이 '그가 거짓말을 했다'와 '우리는 거짓말을 해서는 안 된다'의 대립에서, 즉 '그는 무죄다' 그리고 '우리는 무죄를 유죄로 판결해서는 안 된다'의 대립에서 명백해질 수 있다. 셀라스의 철저한 경험주의의 경우에 앞서 예로 제시된 사실 진술은 **궁극적으로** 어떠한 가능한 사실 진술도 유지할 수 없을 것이다. 왜냐하면 어떠한 자연과학적 사실 진술도 존재할 수 없기 때문이다.[45]

---

45) Wilfrid Sellars, "Philosophy and the Scientific Image of Man," in *Science, Perception and Reality*, 1963, p. 1. 특히 p. 32 이하. 물론 셀라스는 도덕적인 영역, 그러므로 사회적인 영역에 대해서도 그 영역의 현실성을 독자적으로 인정한다. 그래서 모든 뛰어난 철학자의 경우처럼 셀라스의 경우에도 저작의 형식으로 되어 있는 비판의 장점은 '결에 거슬러' 관철될 수 있다. "그래서 개인들이 지닌 개념적인 얼개는 다음과 같은 역할을 하는 얼개이다. 즉, 그 얼개 속에서 우리는 원리와 기준(이들은 무엇보다도 의미 있는 논변과 합리성 자체를 가능하게 해준다)이라는 환경을 제공해주는 공동체의 의도를 다른 사람들과 공유하고 있다고 생각한다. 이때 이러한 환경 속에서 우리는 자신만의 개인적인 삶을 살아간다. 한 사람은 대개 의도를 지닌 존재로서 규정될 수 있다. 그러므로 각 개인이 지닌 개념적 얼개는 과학적 이미지**와 화해될** 필요가 있는 어떤 것이 아니라, 오히려 과학적 이미지와 **결합될** 필요가 있는 어떤 것이다. 그러므로 과학적 이미지를 완성하기 위해서 우리는 무엇이 진실인가에 대해 말하는 많은 방법을 통해서가 **아니라**, 오히려 공동체적인 그리고 개인적인 의도를 지닌 언어를 통해서 과학적 이미지를 풍부하게 할 필요가 있다. 그 결과 우리는 하고자 하는 행위와 환경(이 환경 속에서 우리는 과학적인 용어를 통해 그 행위를 하고자 한다)을 해석함으로써, **직접적으로** 과학적 이론에 의해 구상된 세계를 우리의 목적에 관련짓는다. 그리고 우리는 그렇게 구상된 세계를 **우리의** 세계로 만들면서, 더 이상 우리가

그러나 아펠과 하버마스가 독특한 방식으로 하는 것처럼, 만일 우리가 경험적 사실이라는 개념을 이러한 셀라스적 척도로 정돈한다면, 그 경우 사회적 사실의 영역은 수수께끼처럼 될 것이다. 말하자면 우리는 비로소 분화된 타당성 영역에 의거해 사회적 사실의 영역을 다시 "구성하지 않으면 안 된다".46) 아마도 이것이야말로, 어째서 보편화용론 안에서 **하나의** (극단적인) 진리타당성 개념에 오직 **하나의** (극단적인) 규범적 타당성 개념만이 대립하는지를 설명해줄 것이다. 그러한 경우에 합의론은 내가 앞서 추론해보았던 바와 같이, 사실상 아펠과 하버마스의 이론 속에 있는 은밀한 과학주의적 잔재에 대한 보완물이 될 것이다.

살아가는 세계에 부착된 하나의 낯선 부속물로 만들지 않는다"(같은 글, p. 40).

46) Habermas, *Theorie des kommunikativen Handelns*, Bd. 2, p. 585 참조. "즉, 이러한 각각의 영역 속에서 분화의 과정은 **대항운동**에 의해 수반되는데, 이러한 대항운동은 지배적인 타당성 측면의 우선성이라는 상황에서 그때마다 두 가지 다른 타당성 측면, 즉 최초로 배제되었던 타당성 측면을 다시 수용한다. 그래서 인문학 내부에 존재하는 **비객관주의적 연구라는 특징**은, 진리 문제의 우선성을 위협하지 않고서도, 도덕적 비판과 미학적 비판의 관점을 타당하게 만들어준다. 오직 이를 통해서만 비판적 사회이론이 가능하다." 심지어 내가 앞서(각주 45) 셀라스에 대해서 언급했던 것은 또한 하버마스에게도 타당하다. 나의 비판은 — 나의 저작들은 두 가지 경우에서 '결에 반하여' 목표로 삼고 있는 비판인데 — 사회적 사실이라는 개념이 우선 물리학적 사실에 관한 모델에 따라서 생각되어야만 할 것이라는 가정과 관계된다.

나는 이와는 반대로, **존재**가 당위와 근본적으로 다르지만, 아마도 존재에 대한 발화 또는 당위에 대한 발화의 의미에 따라 존재의 기준도 전적으로 상이할 뿐만 아니라 당위의 기준도 상이하며, 따라서 존재에 대한 발화와 당위에 대한 발화에 대한 가능한 정당화 또는 비판에 대해 완전히 서로 다른 형식 및 이 두 발화 사이에 있는 상이하면서도 가능한 관계도 존재한다고 주장할 것이다. 미학적 타당성이 어차피 하버마스가 말한 의미에서 **어떠한** 타당성 주장에도 귀속될 수 없기 때문에,[47] 따라서 '타당성 영역'을 언어이론적으로 정당화된 타당성 차원이라는 유형학의 기준을 따라 구분하지 않고, 그래서 '이론적'·'실천적'·'미학적' 논변에 이를 귀속시키지 않으며, 오히려 이러한 '타당성 영역'을 상이한 유형 사이의 이론적이고 실천적인 논변 **내부에서** 타당성 주장, 그리고 그것에 귀속되는 논증 형식과 구분하는 것이 당연하다. 이론적인 논변에서는 발화와 발화와 연관된 상황의 타당성이 중요하다. 실천적 논변에서는 행위의 옳음이 중요하다. 예컨대 이론적 논변에서는 수학적·물리학적·사료편찬적(historiographisch)·문헌해석학적 또는 도덕철학적 진리 요구(주장, 이론, 설명, 해석, 재구성)가 중요할 수 있는데, 바로 이러한 것에 매번 전적으로 상이한 논증 형식, 타당성 기준, 증명 절차가 귀속된다. 즉, 방금 말한 **그러한** 학문은 개별 과학이 하나로 뭉쳐진 덩어리인데, 이러한 개별 과학에 공통적인 것은 행위부담이 면제된 채 오로지

---

47) Wellmer, "Wahrheit, Schein, Versöhnung, Adornos ästhetische Rettung der Modernität," p. 36.

진리 문제에 전념하는 것이다. 그러한 진리 문제는 도덕적 또는 미학적 타당성에 대한 문제와 분명 독립적이지 않다. 이를 통해 이론적인 논변이 실천적이거나 예술비평적인 논변으로 될 필요가 없다고 하더라도 말이다. 그 밖에도 여기서는 우선적으로 **개별적인** 발화의 진리가 중요한 것이 아니라, 발화 **관계**(이론, 설명, 재구성, 해석 등)의 타당성이 중요하다. 그런데 이러한 발화 관계는 **그 자체로** 복잡하게 분화될 수 있으며, — '많다' 또는 '적다'를 허용하는 — 그러한 발화 관계의 타당성은 범주적으로 개별적 발화의 진리뿐만 아니라, 언어체계의 적절성과도 결코 동일시될 수 없다. 그렇기 때문에 '명제적 진리'라는 것은 이론적 논변에서 무엇이 중요한지를 다루기에는 충분하지 못한 명칭이다. 무엇보다도 이론적 논변에서는 — 사정에 따라 논증 관계의 형태 자체를 가정할 수도 있는 — 좀 더 고차원적인 종류의 명제적 구성물의 타당성이 중요하고, **이러한** 관계 속에서는 당연히 개별적 발화의 진리 역시 중요하다. 이와는 반대로 실천적인 논변에서는 **행위**에 대한 정당화와 가치판단이 중요하다. 다시 말해 정치적·사법적·경제적·기술적·미학적·도덕적으로 옳은 행위란 무엇인가 하는 물음이 중요하다. 여기서는 분명한 논증 형식, 그리고 타당성 기준이 다시금 옳음에 대한 상이한 관점과 대응한다. 이론적 논변에서 합리성의 척도가 매번 심의된 타당성 주장의 의미에서 또는 타당성 주장과 전제의 내적인 연관에서 발생하는 반면, 실천적 논변에서는 경쟁하는 타당성 척도가 서로 연관되어야만 하며, 그 타당성 척도가 서로 대립적으로 관계해야만 한다는 부가적인 문제가 발생한다. 즉, 실천이성은 특히 행위의 상이한 합리성 차원을 — 기술적·경제적·도덕적·미학적 합리성과 같은 차원을 — 적절한 방식으로 서로 관련짓고, 서로 대립적으로 관계시키는 능력으로서 표현된다. 왜냐하면 질(M. Seel)이 언급했던 것처럼, 실천이성은 '상호합리적인 판단력(interrationale Urteilskraft)'48)으로 표현되기 때문이다. '판단력'이라는 단어에서는 '이성 계기를 매개'49)시키기 위해서 오로지 여기 그리고 지금 이 순간에 올바른 해결, 즉 언제나 정당화할 수 있는 해결책이 존재하지만, 이것이 결코 일반적이거나 궁극적인 해결이 아니라는 사실이 암시된다. '이성적이지 않음'이란 이러한 연관에서 전체적인 경험의 영역과 타당성 차원에 대한 부분적인 무감각으로, 그래서 상이한 경험의 차원과 타당성 차원을 유사한 방식으로 서로 관련짓지 못하는 무능력으로 이해될 수 있을 것이다.50) 마지막으로 **미학적** 논변에서는 결국 발화의 타당성이나 행위의 옳음이 중요한 것이 아니라, 오히려 미학적 대상의 의미와 그 대상의 완성도(Gelungenheit), 즉 그 대상의 (미학적) '타당성 주장'이 중요하다. 이론적 및 실천적 논변에서와 마찬가지로, 미학적 논변에서는 해석, 경험적 주장, 도덕적 옳음

---

48) Martin Seel, "Die zwei Bedeutungen kommunikativer Rationalität. Bemerkungen zu Habermas' Kritik der pluralen Vernunft," 원고(1985), p. 16.

49) Habermas, *Theorie des kommunikativen Handelns*, Bd. 2, p. 585 참조.

50) 나는 여기서 질의 제안을 따른다. 이에 대해서는 계속해서 Martin Seel, *Die Kunst der Entzweiung: Zum Begriff der ästhetischen Rationalität*, Frankfurt a. M., 1985, p. 320 이하 참조.

에 대한 요구가 서로 결합되어 있다. 그러나 그것은 **주제**가 아니라, 오히려 표현적 타당성 요구와 마찬가지로 미학적 논변의 **논거**이다. 미학적 논변에서 정당화되는 것은 바로 미학적 가치 진술이다. 그러나 이러한 진술은 그 자신을 넘어서 미학적 가치 진술이 영향을 미치는 미학적 대상의 타당성 주장을 지시하며, 이러한 타당성 주장은 오직 미학적 경험 속에서만 해소될 수 있다.

　이론적·실천적·미학적 논변은 다양하게 서로 중첩된다. 그러나 이러한 각 논변에서는 때때로 다른 어떤 것이 중요하다. 즉, 이론적 논변은 타당한 발화나 설명, 해석을 목표로 한다. 실천적 논변은 옳은 행위와 태도, 결정을 목표로 한다. 미학적 논변은 미학적 대상에 대한 적절한 지각을 목표로 한다. 그러나 또한 상이한 논변 내부에서 여러 가지 논증의 형식은 다양한 방식으로 언제나 — 아무튼 잠재적으로 — 서로 연결된다. 즉, 논거들은 매번 **의심스러운 경우**에 다른 논증 형식으로의 이행을 필연적으로 가능하게 하는 관점과 전제가 현존한다는 것에서 자신의 의미를 획득한다. 그럼에도 불구하고 바로 상이한 논증 형식의 내적인 상호 결합이 보편화용론적으로 정당화된 타당성 요구〔명제적 진리, 도덕적 옳음, (표현적) 진실성〕의 유형학이라는 도움을 통해서는 분명해질 수 없다. 달리 말해, 단지 발화행위론적 구분의 도움을 통해서만으로는 '타당성 영역'의 **차이**도, 타당성 영역의 내적인 **관계**도 이해될 수 없다. 이성의 통일성에 대한 보편화용론적 그리고 합의론적 재구성은 아주 심도 깊게, 동시에 아주 높게 시작된다. 그렇기 때문에 그러한 재구성은 **한편으로는** 여전히 근본주의적이고 화해철학적인 사유 이미지에 사로잡혀 있다. 그리고 그렇기 때문에 그러한 재구성은 **다른 한편으로는** 독특한 방식으로 과학주의적 구분에 얽매여 있다. 그러한 구분의 관점에 입각해서는 결국도대체 무엇이 본질적으로 이해되어야만 하는지 하는 것, 즉 이성의 부분적인 계기가 — 이것이 서로 분리된 이후에도 — 여전히 서로 소통한다는 것이 이해될 수 없다.

한편 이성의 통일성은 이론적·기술적·도덕적·미학적 문제 제기와 논증 사이의 연결선과 이행에 관한 네트워크로 묘사된다. 이러한 연결과 이행이 방해되거나 단절된 지점에서, 때때로 독특한 병리학이 나타나고 이성을 일면적으로 사용하게 된다. 즉, 우리는 기본적인 일관성 요구를 위반하거나 논거와 경험을 고려하지 않는 희생을 치러야만 비로소 일관성이 유지될 수 있는 행동을 '비합리적'이라고 부른다. 이에 반해 질(M. Seel)이 제안했던 것과 마찬가지로[51] 어떤 합리적인 행동의 환원된 형식, 즉 하나의 합리성의 차원이 다른 합리성의 차원을 희생시킴으로써 절대화된 형식을 '비이성적'이라고 부른다. 그 경우에 '이성적'이라는 말은 '의사소통적 능력'이라는 말이 드러내는 입장을 하버마스에게서 받아들인다. 이때 의사소통적 능력이라는 말은 또한 이성 계기의 **통합**을 고려한다. '이성적'이라는 말이 의미하는 것은 이제 더 이상 형식적·절차적으로 특성화할 수 있는 이상적인 구조 모델을 통해서는 해명될 수 없다. 하버마스가 이러한

---

51) 같은 책.

구조 모델을 공식화하는 것처럼, "과학, 도덕, 예술이 또한 서로 소통하는 얽히고설킨 길을 끈질기게 뒤쫓는 것"[52]은 예민한 감각, 환상 그리고 선의지를 요구한다. '이성적이기(Vernünftigkeit)'를 위한 요소를 요구한다는 말이다. 이때 이러한 합리성의 요소를 위해서는 어떤 이상적 상태를 실현하는 것이 아닌, 오히려 자유의 여지, 그리고 삶의 가능성을 열어놓고 그것을 확장하는 것이 중요하다. 이성의 통일성은 부분적인 이성 계기의 합주 속에서 실현되는데, 이러한 합주에서는 어떠한 궁극적인 토대나 궁극적인 척도, 궁극적인 화해도 존재할 수 없다. 물론 이성은 하나의 토대를 지닌다. 즉, 이성의 토대는 실존하는 '이성의 문화'[53]이다. 그러한 토대가 일단 존재하는 곳에서 모든 사람이 자유롭다는 요청은 (실천)이성의 요청이 되어야만 한다. 이것은 이성의 포기할 수 없는 (실천적) 천년왕국인데,[54]

---

52) Habermas, *Theorie des kommunikativen Handelns*, Bd. 2, p. 585.

53) Friedrich Kambartel, "Vernunft: Kriterium oder Kultur? Zur Definierbarkeit des Vernünftigen," in *Philosophie der humanen Welt*, Frankfurt a. M. 1989, p. 27 이하 참고.

54) 칸트에 대한 하나의 암시(Anspielung)는 다음과 같다. 그가 '철학적 천년왕국설'에 대해 언급한다는 것, 즉 "칸트는 영원한 평화의 상태를, 즉 세계 공화국으로서의 국제연맹에 근거한 평화의 상태를 희망했다". 칸트는 이러한 철학적 천년왕국설과 신학적인 천년왕국설을 구분하는데, "그는 전체적인 인간 혈통에 근거해 수행된 도덕적 개선을 고대한다". 당연히 칸트는 이러한 신학적인 천년왕국설을 실천적 이념이라는 의미에서 옹호한다. 이에 대해서는 Kant, *Die Religion innerhalb der Grenzen der bloßen Vernunft*, p. 682 이하 참고.

당연히 아펠과 하버마스는 칸트의 후계자로서 이를 고수한다. 그러
나 그 요청은 때때로 오로지 현존하고 경험할 수 있는 부자유라는
배경 위에서만 그 요청의 정확한 의미를 획득하게 된다. 그 요청은
결코 궁극적 화해나 다른 어떠한 이상적 상호 이해도 의미하지 않는
다. 자유를 위해 정치적으로 투쟁해야 할 이유가 더 이상 존재하지
않는다고 하더라도, 자유는 여전히 보존되어야만 하고, 계속 이어져
야만 하며, 새롭게 익혀야 할 것이다. 그러나 우리는 이러한 사실을
이상적 상호 이해라는 틀 속에서는 결코 **생각할 수**조차 없다. 따라서
모든 새로운 세대는 이러한 이상적인 상호 이해를 없애버릴 것이다.
그러나 그러한 새로운 출발의 토대 없이는 어떠한 자유도 존재할
수 없을 것이다.[55]

---

55) 무엇보다도 아렌트가 이러한 관점을 강조했다. 즉, 그녀의 '탄생(Natalität)'
    개념 또한 이와 관련된다. Hannah Arendt, *Vita Activa*, Stuttgart, 1960, p.
    164 이하 참고.

부록

머리말

이 논문은 이미 1979년에 작성된 것이지만 당시 출간되지는 못했다. 이 글을 부록으로 이 책에 덧붙이는 이유는 이 논문이 이 책에 서술된 논변윤리에 대한 나의 비판을 이해하는 데, 또는 그 비판의 배경을 이해하는 데 어느 정도 기여할 수 있으리라 생각하기 때문이다. 나는 이 글에서 하버마스 이론의 이전 단계와 대립하고 있지만, 이전 단계에서 논의된 문제도 여전히 현실적으로 중요한 것이라 여긴다. 게다가 이 글의 결말에 나오는 진리합의론에 대한 비판은 비록 내가 그 당시에 그러한 비판을 만족스럽게 행하지 못했다고 할지라도, 몇 가지 추가적인 논의거리를 남겨두고 있다고 믿는다. 더욱이 나는 이 논문에서 이루어진 몇 가지 공식화와 논의거리에 대해서는 오늘날 더 이상 의견을 같이하지 않는 것도 있다. 이는 무엇보다 이 글 279쪽에서 283쪽 사이에 언급된 투겐타트와 관련된 규범적 논변논리에 대한 고찰에 적용된다.

이성, 해방, 유토피아를 넘어서

비판적 사회 이론의
의사소통이론적 정당화를 위하여

I. 혁명에 대한 모델과 자본주의사회와 계급 없는 사회 사이의 '관계'에 대한 모델

1

다 알다시피 마르크스는 공산주의 혁명을 다름 아닌 기존 자본주의사회가 이미 잉태하고 있던 새로운 사회를 위한 산파로 이해하고 있었다. 사회의 변증법적 진보라는 관념은 바로 혁명에 대한 이러한 이해 속에 포함되어 있다. 예컨대 역사적 진보의 이념이 그것이다. 이러한 진보 이념에 따르면 역사의 '논리'는 자본주의적 사회라는 현 상황을 넘어 현재라는 구조(Konfifurationen)와 역학 속에서 해방의 상태로 나타나는 하나의 미래 상태에 도달하는 것이다. 만약 미래 사회의 — 주관적이고 객관적인 — 조건이 이미 현재 사회라는 모태 속에서 전개된다면, 그 경우에 지식은 의식적인 혁명 행위를 통해 새로운 사회를 출산하는 산통을 단축시킬 수 있도록 해줄 것이다. 그러나 그 이론을 통해 전승된 이러한 지식은 동시에 혁명이 가능한 방식으로 이미 와 있다는 선시성(先時性, Vorzeitigkeit)에 대한 지식이다. 그래서 마르크스는 공산주의 혁명, 따라서 계급 없는 사회로의 역사적 이행이란 오직 완전하게 발전된 자본주의사회 내부에서 이러한 혁명의 모든 역사적 조건이 성숙되었을 경우에만 가능하다고 파악했다.

변증법적 필연성이나 역사적 진보의 '논리'가 단지 회고적으로만 화제가 될 수 있다는 사실을 — 설령 그렇다 하더라도 — 오해하는 것은 마르크스주의적 변증법의 객관주의적 오류 때문이다. 역사를 변증법적으로 구성하는 것을 통해서는 자유의 왕국으로 갈 수 있는 예측된 이행의 지점까지만 도달할 수 있을 뿐이지, 결코 자유의 왕국 자체까지는 도달할 수 없다. 미래의 자유의 왕국이 이론적으로 파악할 수 있는 역사적 변증법이라는 의미에서 자본주의사회에 대한 적대적인 삶의 연관에 기입될 수 있다는 생각은 궁극적으로 헤겔적 변증법을 자연주의적으로 왜곡(perversion)하는 것을 의미한다. 변증법을 이렇게 왜곡하려는 경향은 — 마르크스에게서 다소 분명하게 드러나는데 — 헤겔적 통찰과 문제 제기의 토대를 간과해서는 안 되는, 그럼에도 동시에 — 현대적 의미에서 — 과학적일 수도 그리고 근본적으로 사회비판적일 수도 있는 이론의 핵심적인 딜레마로 증명된다. ① 마르크스는 헤겔이 역사적 사실을 확인한 지점에서 역사적 **과제**를 보았다. 그러므로 이 때문에 마르크스는 헤겔의 근대성에 대한 이론에서 구조적으로 사유되었던 분열과 화해의 변증법을 '시간화(Temporalisierung)'하지 않을 수 없었다. 변증법의 '시간화', 그것은 또한 다음을 의미한다. 즉, 마르크스는 — 전기 헤겔식으로(Vor-Hegelish) — 악한 현실이라는 소외된 관계를 지양하는 것을 추상적인, 따라서 무력한 당위로서 대치하려는 것이 아니라, 오히려 그는 소외된 관계를 지양하는 것을 자본주의 자체의 발전을 통해 가능할 뿐만 아니라 필연적으로 수행된 체계 문제의 해결, 즉 자본주의적 생산방식의 한계 내에서는 해결되지 않은 채로 남아 있는 체계 문제의 해결로 파악하려 할 것이다. 이러한 생각을 사변적이지 않은 방식으로 해결하기 위해서는 자본주의사회의 구조적 법칙과 발전 법칙을 과학적으로 재구성하는 것이 필요하다. ② 이에 상응하여 마르크스는 한편으로는 자기서술적 체계의 작동 원리가 붕괴 지점에 근접하고 있다는 것을 증명하려고 했고, 다른 한편으로는 계급 없는 사회로 이행한다는, 객관적이며 주관적인 전제가 자본주의사회를 모태로 산출된다는 것을 증명하려고 했다. 말하자면 마르크스는 바로 자유의 왕국으로 전진할 수 있는 거대한 위기의 바늘귀를 통과해야만 역사가 전진할 수 있다는 사실이 이론적으로 보장되는 지점에 이르기까지 역사적 우연성을 더욱더 많이 제거하고자 한다. 그렇지 않다면 유일한 대안은 야만으로 몰락하는 것이 될 것이다. ③ 이를 통해 마르크스는 전적으로 자연발생적으로 진행되는 역사적 과정의 필연적인 결과로서 자유의 왕국을 은밀하게 설명했다. 그래서 자본주의에 내재된 역사적 논리가 하나의 체계에 이르기까지 계획된 경제학 이상으로,

또는 어설프게 계획된 복지국가의 경제학 이상으로 영향을 미치지 않는다는 상황에 대응하여 마르크스는 거의 필연적으로 애매성에 빠진다. 이것이 마르크스가 예측한 계급 없는 사회라는 특징을 가정할 것인지, 아니면 오히려 관료적 지배의 새로운 형식이라는 특징을 가정할 것인지에 대해 마르크스적 이론의 수단을 통해서는 실제로 어떠한 것도 더 이상 언급될 수 없다.

2

역사적 진보는 마르크스 이후에 하나의 다른 구상, 즉 마르크스 자신에게 연결된 역사적 변증법에 대한 구상보다는 오히려 막스 베버에게 연결된 역사적 변증법에 대한 구상, 즉 진보와 계몽 자체에 내재된 변증법이라는 구상을 그럴듯하게 만든다. 비판 이론의 대표자가 볼 때 진보의 변증법은 역사적 기만 관계(Verblendungszusammen-hang)의 변증법이 되는데, 이 변증법에 내재된 목적은 바로 해방이 아닌 기술적 야만인 것이다. 마르크스적 전통에서 작용하는, 그러나 이미 마르크스에게서 기초된 변증법의 자연주의적 왜곡에 반대하여, 호르크하이머(Max Horkheimer)와 아도르노(T. W. Adorno), 벤야민(Walter Benjamin)[1]은 한편으로는 변증법적 필연성의 명령을 따를 수밖에

---

1) 특히 다음을 참조하시오. Max Horkheimer and Theodor W. Adorno, *Dialektik der Aufklärung*, Amsterdam, 1944; Max Horkheimer, *Autoritärer Staat(Aufsätze 1939~1941)*, Amsterdam, 1967; Walter Benjamin, "Über den Begriff der Geschichte," in *Gesammelte Schriften*, Bd. 1.2(Hrsg. R. Tiedemann und H. Schwep-

없는 해방 이전의 역사(Vorgeschichte)와, 다른 한편으로는 자유의 왕국 속으로 진입하는 것 사이에 있는 단절을 강조했다. 역사적 진보의 변증법적 필연성은 부득이 자유의 왕국이라는 문턱에까지 도달한다. 그러나 이와는 반대로 자유의 왕국으로의 이행은 이러한 역사적 필연성의 파괴를, 즉 인간의 전사(Vorgeschichte)와 맺는 연속성과 철저히 단절하는 것을 의미한다. 우리가 이러한 단절 자체를 다시 한 번 변증법적이라고 부르려 한다면, 여기서 어쨌든 인간의 능력을 넘어 관철되는 필연성과 동일한 역사적 진보의 변증법과는 다른 종류의 변증법이 문제가 된다. 그러나 혁명에 대한 마르크스주의적 이해를 이렇게 수정하는 것은 해방 이전의 역사인 소외와 사물화의 역사에 대해 부여될 수 있는 중요성이라는 측면에서 심오한 귀결을 지닌다. 즉, 첫째로 마르크스에게서 잃어버렸던 양의성이 역사로 되돌아온다. 둘째로 혁명을 위해 필수적인 모든 전제의 '성숙함(das Reifen)'과 같은 것이 있을 수 있다는 생각도 의문시된다. 즉, 자유의 왕국으로 이행하는 것은 오히려 모든 역사적 순간에 현존하는 가능성으로 출현한다. 왜냐하면 이것은 오직 인간에 의해 파악되어야만 하기 때문이다. 어쨌든 역사의 진보와 더불어 불행보다는 더 많은 진보가 관철되기 때문에, 부자유와 야만의 가능성뿐만 아니라 자유

penhsäuser), Frankfurt, 1974. 두 글 *Autoritärer Staat*와 "Über den Begriff der Geschichte"는 로스앤젤레스에 있는 Sozialforschung Institut가 간행한 *der Zeitschrift für Sozialforschung*의 1942년 특별호에 "Walter Benjamin zum Geächtnis" 라는 제목으로 처음 발표되었다.

의 가능성도 팽창한다고 말할 수 있을 것이다.

이러한 견해의 결점은 마르크스적 결점과 상보적으로 관계한다. 만일 마르크스가 해방된 사회로의 이행에서 연속성을, 그리고 이에 따라 자본주의사회와 계급 없는 사회 사이에서 비연속성을 다루고자 한다면, 비판 이론의 대표자들이 볼 때 해방은 순수한 우연성의 관점으로 나타나는 것이다. 왜냐하면 자유와 자유 이전의 역사 사이의 비연속성은 절대적이기 때문이다. 그러한 관점에서 볼 때 자유의 왕국은 결국 역사의 저편에서 출현하는 반면, 역사는 아무런 희망 없이 신에게 버림받은 것으로서, 즉 "하늘에 닿을 듯 증가하는"[2) 파편 더미로서 나타난다.

3

하버마스의 이론은 이미 서술되었던 대립을 변증법적으로 지양하는 노력으로 이해될 수 있다. 다시 말해 하버마스는 자본주의사회 속에 해방적 충동을 **억압**하려는 방해물이 숨어 있다는 생각을 자본주의사회 속에 해방적 **가능성**이 내포되어 있다는 생각과 체계적으로 결합하려고 한다. 하버마스는 자본주의사회의 소외 관계와 지배 관계를 체계적으로 왜곡된 의사소통의 관계로 이해한다. 그 이론은 이중적 기능을 포함한다. 한편으로 그 이론은 해방적 실천을 가능하게 할 반성의 과정을 작동시켜야만 한다. 그러므로 이것은 그러한

---

2) Benjamin, "Über den Begriff der Geschichte," p. 698 참조.

실천을 통해서 사회적 질서가 산출될 수 있을 것이라는 의미에서 하나의 실천이다. 이때 이러한 질서 속에서 인간의 '자유로운 의견 일치(freie Übereinkunft)'(호르크하이머)가 사회적 재생산 과정을 규정할 수 있을 것이다. 다른 한편으로 그 이론은 위기의 메커니즘을 추후 구성할 수 있게 도와주어야만 하고, 이러한 추후 구성을 통해 체계의 취약점, 또는 추측할 수 있는 체계의 미래의 취약점을 — 하버마스에게는 특히, 정당성 문제와 동기화의 문제를 — 밝힐 수 있도록 도와주어야만 한다. 그러나 마르크스와는 달리 이러한 두 가지 비판 사회 이론의 측면은 상황의 변화 없이는 더 이상 서로 일치될 수 없다. 그러나 이 두 측면은 — 이에 대해 정당성 문제와 동기화 문제가 발생하는데 — 또한 필연적으로 초월적인 실천을 하는 자연적 주체가 아니다. 다시 말해서 비판 이론의 당연한 **수신인**인 그 주체는 기존 사회의 퇴행적 또는 기술만능주의적인 발전의 출발점이 될 수 있다. 마르크스와는 달리 그러한 이론은 한편으로는 체계에서 주체적으로 떨어져 나오는 것과, 다른 한편으로 근본적인 대안이라는 의미에서 설명된 실천에 대한 구상 사이의 예정된 조화를 주장할 수 있는 일체의 사회적 집단화를 더 이상 거론할 수 없다. 위기가 사회적 해방 과정의 출발점이 될 수 있다는 것은 단지 기존 사회의 '범위 안에서' 대안적 조직 형태가 발생한다는 사실을 통해서만 확증될 수 있다. 그러한 이론이 제공한 관점, 즉 하나의 비판으로서 그 이론의 근저에 놓인 이 관점이 기존의 계급사회에 대한 실제로 가능한 역사적 대안을 드러내는지 아닌지는 사회적 실천이라는 매개 속에서 결정되어야만 한다.

바로 그곳에서 공산주의 사회의 '객관적 전제'에 대한 주된 가정이 마르크스가 품고 있던 가정과는 반대로 은밀히 변형되었다. 즉, 마르크스에게 생산력의 충분한 전개는 공산주의 혁명의 결정적인 선결조건이었다. 왜냐하면 이러한 생산력의 전개는 교환가치에 의존하는 생산방식을 성취함으로써 가능해졌기 때문이다. 마르크스에게 이러한 생산방식의 성취는 동시에 프롤레타리아 사이의 보편적인 교섭과 결속의 성취를, 능력과 욕구의 무제한적 발전을, 전통사회의 자연발생적 지배 형식과 개인적 종속 관계에서의 해방을 의미한다. 그리고 이 모든 것들은 완전히 발전된 산업 시대에는 자본을 활용하기 어렵다는 사실과 더불어 마르크스에게는 계급 없는 사회로의 역사적 이행을 위해 이미 거의 충분하다. 따라서 공산주의 혁명을 위한 필연적이고 (매우) 충분한 전제를 형성하는 것은 자본주의적 생산방식의 논리이다. 여기서 법보편주의라는 시민적 형태는 전적으로 의존적인 계기로서 출현한다. 즉, 이러한 법보편주의는 자본주의적 소유관계의 법적·정치적 **표현** 즉 교환가치를 기초로 하는 생산방식의 **표현**이다. 이와 반대로 하버마스에게는 시민적 법보편주의, 그리고 그것과 연결된 보편적 도덕의식은 과학에서, 시민적 공공성에서, 의회에서 시민사회를 위해 특성화된 논변의 제도화와 아울러, 더욱이 생산력의 발전과 역사적으로 **결합된** 취득물로서, 그러나 생산력과는 범주적으로 구별되어야 하는 취득물, 말하자면 독립된 역사적 취득물로서 나타난다. 다시 말해 이 취득물 속에는 생산력의 전개를 통해 발생하는 것보다 훨씬 더 많은 것, 즉 미래의 사회구성체 형식의, 민주적 자기결정과 연대를 실현하는 사회구성체 형식의 해방적 잠재력이 들어 있다. 그래서 자본주의적 사적 소유는 족쇄로서 나타나지만, 오히려 기존 사회에서 이미 제도화된, 그리고 도덕의식 속에서 인정된, 그러한 민주적 정당성의 형식으로서의 족쇄로서는 나타나지 않는다. 시민사회는 이미 보편주의적이고 민주주의적인 사회조직 원리에 대한 의무가 있다. 그러나 동시에 자본주의적 사적 소유는 이러한 조직 원리의 실제적이고 제도적인 관철을 억압한다. 따라서 해방적인 사회를 위한 모든 요소는 이미 존재하는 사회의 범위 내부에 선재(先在)하지 않으면 안 된다 — 이러한 사유상은 이제 새로운 의미를 획득한다. 따라서 이것은 하버마스에게는 역사유물론의 형식을 통해 해명되는데, 이 형식은 본질적으로 법과 도덕의 보편적인 유형을 생산하는 이론으로서 구상된다.

이러한 관점에서 해방된 (후기자본주의) 사회로의 이행은 이제 두 가지 상이한 모델을 통해 구성될 수 있다. 앞으로 이야기하겠지만 하버마스는 두 가지 모델을 활용한다. 첫 번째 모델은 정신분석학의 사례에서 전개된 자기반성을 통한 해방의 이념과 일치될 것이다.[3] 두 번째 모델은 피아제의 이론과 연결된 하버마스의 시도, 즉 문화적 진화의 과정을 내재적인 '발달 논리'의 명령에 따르는 사회적 '조직 원리'의 발달단계로 재구성하려는 하버마스의 시도와 일치될 것이

---

3) J. Habermas, *Erkenntnis und Interesse*, Frankfurt, 1968 and 1973.

다.[4] 나는 먼저 이러한 두 가지 모델이 어떤 의미에서 실천적인 학습 과정의 서로 다른 두 가지 전형을 가리킬 수 있는지를 계속해서 밝히고자 한다.

하버마스의 언어 용법에 따르면 두 가지 상이한 모델은 실천적 합리화의 과정을 드러내는데, 왜냐하면 그 모델이 학습 과정을 통해 자신과 타인에 대한 개인의 관계라는 차원에서 해명되기 때문이다. 그러나 학습 과정의 이러한 두 형식은 구조적으로 명확히 상호 구별 될 수 있다. 따라서 발생론적 과학으로써 분석된 의미에서 학습 과정 은 잘못된 의식에 대한 비판과 해결이라는 의미에서의 학습 과정, 즉 자기반성을 통한 해방이라는 의미에서의 학습 과정과는 구조적으 로 다르다. 전자는 특정한 상황에서, 즉 — 사회 진화의 과정에서와 마찬가지로 — 적당한 주변 조건(Randbedingungen)에서나 — 개체 발생에 서와 마찬가지로 — '통상적으로' 성공한다. 동시에 그러한 발생론적 과학적 학습 과정은 말하자면 — 개인적이거나 혹은 사회적인 — 유기체 의 '자연적인' 성숙 단계에 대응된다. 그러한 발생론적 학습 과정이 성공하지 못했다는 것은 비록 장애의 두 가지 형식 사이에 **인과적** 관계가 존재한다고 하더라도 방해받거나 왜곡된 의사소통(습관화되 어 잘못된 의식이라는 의미에서의 의사소통)의 형식은 해결되지 않는다 는 사실을 **의미하는 것은** 아니다. 만약 우리가 일단 그러한 발달단계 가 존재한다는 것이 추후 입증될 수 있다는 가정에서 출발한다면,

---

4) J. Habermas, *Zur Rekonstruktion des Historischen Materialismus*, Frankfurt 1976.

도덕의식 또는 사회적 조직의 발달단계는 왜곡된 의사소통의 단계가 아니라, 제한된 반성(Reflextivität), 일반화, 개인화의 단계이다. 가령 원시 부족의 세계상과 제의가 다음과 같은 특징, 즉 개인을 신경증에 걸린 상태와 유사하게 만들어버리는 것으로 보이는 특성을 드러낸다고 해도, 발달논리적 관찰 방식은 그러한 유사성을 광범위하게 배제하게 될 것이다. 왜냐하면 발생론적으로 좀 더 이전 단계는 그 자체로 '신경증적'이거나 '병적'인 것일 수 없고, 기껏해야 다양한 발달단계 간의 갈등 해결(Konflikttuöse) 관계일 수 있기 때문이다. 따라서 발생론적으로 이전의 사유 방식과 행동 방식에서 조직 형태, 즉 주체의 조직 형태나 사회의 조직 형태는 발생론적으로 좀 더 이후의 사유 방식과 행동 방식 속에서 반드시 재생산된다. 만약 그것에 상응하는 학습 과정이 발생론적 이론의 의미에서 이미 실행되었다면, 학습 과정의 **두 번째** 전형, 즉 하버마스가 자기반성을 통한 해방이라고 명명한 것은 비로소 의미 있게 수용될 수 있을 것이다. 신경증 환자는 특정한 인지적·도덕적 능력을 아직 획득하지 못한 사람이 아니라, 특정한 부분에서 이러한 능력을 수행하는 데 어려움이 있는 사람일 것이다. 따라서 그 사람은 그러한 어려움에 대해 **알** 수도 있다. 발생적 심리학의 의미에서 실패한, 또는 방해받은 발전 과정은 우선 비판적 과학의 출발점이 아니라, 교육적인 기술이나 적당한 자극을 발달시킬 수 있는 출발점이 될 수도 있다. 따라서 하나의 특정한 단계를 향한 정상적인 발달이 교착상태에 빠지는 곳에서, 오직 발달이 계속 진행될 수 있거나 속행될 수 있는 그러한 조건을 만들어내려는 연구만이 수행될 수 있다. 이와는 달리 발생적으로 좀 더 이전의 것을 통해 발생적으로 좀 더 이후의 것이 억압을 받는다는 것은 정신분석학의 고유한 주제이다. 따라서 우리가 두 가지 학문에서 받아들인 발달단계를 일반적으로 서로 연결시킬 수 있는 경우, 우리는 여기서 발생론적으로 좀 더 이전의 사유 전형과 상호작용의 전형을 통해서 영향을 받은 발생적으로 이후의 구조, 즉 이미 형식적으로 형성된 구조의 장애에 대해 언급해야만 한다. 정신분석학은 성인인 나, 즉 모든 억압을 반성적으로 해결하기 위하여 발생론적으로 완전히 성장한 나를 요구한다. 여기서 이러한 억압은 — 형식적으로 현존하는 능력에도 불구하고 — 이러한 나를 약화시키고 마비시키며 자신의 종합적 기능으로 축소시킨다.

나는 결코 정신분석 이론과 발생론적 심리학 이론의 관계가 이제 대략적으로만 해명되었다고 주장하는 것은 아니다. 그리고 내가 여기서 분석적으로 구분했던 두 가지 유형의 학습 과정이 복잡한 방식으로 서로 교차될 수 없다고 주장하는 것도 아니다. 나는 다만 두 가지 이론적 유형을 상이한 종류의 문제 제기와 모델을 가지고 하버마스가 그러한 문제 제기와 모델을 수용한 방식과 같이 서로를 경계 짓고 싶다. 그러한 경계 구획에서는 실천적 합리화에 대한 상이한 두 가지 개념 사이를 적어도 분석적으로 구별하기 위한 필연성이 발생한다. 이 두 가지 개념은 하버마스가 요구했던 것이다. 즉, 실천적 합리화 중 하나는 새로운 발전단계의 성취를 드러내고, 이를 통해 새로운 인지적·도덕적 능력(및 새로운 조직 원리)의 형성을 드러낸다.

여기서 발전단계는 그때그때 형식적 구조에 대한 서술의 도움을 받아 특성화될 수 있다. 실천적 합리화 중 **두 번째 것은** 의사소통 장애와 무의식적 억압의 해결을 이미 (형식적으로) 성취된 능력이나 조직 원리의 **수준으로** 나타낸다. 이러한 두 번째 종류의 학습 과정(어쨌든 이것이 나의 주제가 될 것이다)에 대해 어떠한 **목적 상황도** 학습 과정의 첫 번째 전형에서와 마찬가지로 형식적으로 특징지을 수 있는 구조의 의미로 진술할 수 없다.

앞서 기술된 실천적 합리화의 두 가지 모델은 자본주의적 계급사회에서 '계급 없는' 사회로의 가능한 이행을 구성하는 일에 사용될 수 있다. 만일 잘못된 의식을 반성적으로 해결함으로써 매개된 해방의 과정이라는 모델에 따라 이러한 이행을 이해한다면, 자본주의적 사회에서, 즉 시민 공화국에서 이미 제도화된 보편주의의 토대로부터 출발할 수 있다. 그런 다음 우리는 비로소 실현될 새로운 조직 원리(즉, 발달 논리라는 의미에서 역사적으로 아직은 달성되지 않은 사회 진화의 단계)를 가능한 것으로 추후 검증하거나, 적어도 가정할 필요는 없을 것이다. 여기에 상응하는 사회 이론은 '비판적으로(부정적으로)' 취급될 수 있다. 왜냐하면 그러한 이론은 이미 제도화된 보편주의의 토대를 전제하기 때문이며, 이러한 토대 위에서 계몽의 과정을 시작하려고 하기 때문이다. 이때 그러한 이론은 이러한 계몽 과정의 실천적 결과를 이론적으로 더 이상 선취할 필요가 없다. 만약 그러한 이론이 새로운 자유의 형식을 예측한다면, 그것은 노이로제 환자가 자유의 새로운 형식을 예측하는 것이나 다름없다. 즉, 삶에 대한 경험 가능한 장애가 근저에 놓여 있는데, 이러한 삶은 그 삶의 보편주의적 조직 형식에서는 다루어질 수가 없는 것이다.

우리가 두 번째 모델, 즉 새로운 발전단계(새로운 사회 조직 원리)에 도달함으로써 가능한 하나의 실천적 합리화의 모델에서 출발한다면, 사회 이론의 근본적 문제는 잘못된 의식을 분석하는 것이 아니라, 그러한 의식을 낳은 체계 구조와 경향을 연구하는 것이다. 이때 이러한 체계 구조와 경향은 발달논리적으로 이미 공식화할 수 있는 이행을 방해하거나 반대로 이를 고무한다. 이론가는 이러한 상황하에서 기존 체계 문제에 직면하여 유일하게 '표준적인' — 실천적으로 적합한 — 체계 문제의 해결책을 공식화한다. 다시 말해 이론가는 기존의 사회 조직 원리의 불완전성과 모순이 발달논리적으로 바로 다음으로 더 높은 조직 원리의 단계로 이행함으로써 제거되는 해결책을 공식화할 수 있다. 이 경우에 이 말은 이론가가 보편주의적 형식의 제도화를, 다시 말해 시민적 보편주의 형식이 지닌 한계나 장애, 모순에서 자유롭게 된 보편주의 형식의 제도화를 예상하고 있다는 것을 의미한다. 그래서 이론가(그리고 혁명가)는 도덕의식에 호소할 수 있는데, 이 도덕의식은 시민사회의 법보편주의 한계 내부에서 적어도 그리고 잠재적으로 항상 이러한 보편주의 형식을 넘어서 있다. 시민적 의회주의의 족쇄에서 벗어난 사회적 조직 형식, 즉 민주적이고 공화주의적인 자기결정의 원칙이 사회적 삶의 모든 영역에 침투되어 있는 사회적 조직 형식은 — 설령 그렇게 자유로워진 사회조직의 형식이 그 상세한 부분까지 사전에 구성될 수 없다 하더라도 — 원칙적으로 이미

시민적·의회정치적으로 제한된 민주주의 형식이라는 조건하에서 예상될 수 있을 것이다

이행의 — 어쨌든 하버마스 자신이 취한 — 두 가지 모델 모두 불충분한 것으로 보인다. 나는 만약 발생된 문제가 두 가지 문제 모두의 — 아주 당연하다고 여겨지는 — **조합**을 통해 해결될 수 있는지 여부에 대해 논의하기 위해 이러한 두 모델 중 단지 하나에서 출발할 경우 어떠한 문제가 발생하는지를 드러내려고 한다.

나는 두 가지 모델에 명칭을 부여하고자 하는데, 그것에서 그 모델의 이론적인 주창자가 드러난다. 바로 '프로이트 모델'과 '피아제 모델'이다. 제일 먼저 프로이트 모델에 대해서 정신분석적으로 매개된 해방 과정과 이론적으로 도입된 계몽을 통해 매개된 사회적 해방 과정 사이의 유사성은 단지 그 한계 내에서만 타당할 수 있다는 것은 자명하다. 나는 몇 가지 차이를 지적하고자 한다. 즉, — 문자 그대로 받아들인다면 — 프로이트 모델에서 행위하는 주체의 자기 인식이란 바로 자신의 과거에 대한 동화와 고유한 소원, 동기에 대해 의식하는 것, **동시에** 새로운 해석을 통해 그것의 구조를 변경하는 것을 의미한다. 결국 행위하는 주체의 자기 인식은 동시에 자아의 종합적 능력을 확장한다는 것을 의미한다. 다시 말해, 한편으로는 우선 미리 사방으로 퍼지고 서로 방해하며 불분명한 방식으로 서로 섞이는, 그렇지만 강제적으로 통합된 욕구 충동의 강제 없는 통합 작용을 의미하고, 또 다른 한편으로 주체가 우연한 현실성에서 일관된 기획과 만나지만, 이와 동시에 자기기만에 의존하지 않는 자신의

기획과 마주친다는 것을 허락하는 의지의 형성을 의미한다. 따라서 자기결정 능력은 또한 자기표현 능력이다. 단순히 인식적이지만은 않은 이러한 학습 과정은 불투명한, 즉 반자연발생적으로 작용하는 억압으로부터의 해방이다. 그러한 방식으로 자신과 일치하는 의지의 특정한 내용은 이론적으로 미리 규정될 수 없다.

이와는 반대로 이데올로기의 경우에서 반성적으로 산출된 통찰은 해방과 같은 의미가 **아니다**. 오히려 해방은 **제도적인** 장치를 성공적으로 구조 변경한 것, 즉 개인 **간의** 사회적 관계를 성공적으로 구조 변경한 것일지도 모른다. 여기서 예전에 루카치(Georg Lukács)가 했던 것처럼 통찰이 해방과 일치하게 되는 사회적인 '초자아'를 생각할 수는 없다. 이데올로기는 사회적인 구조 속으로 침윤되고, 그 구조를 통해 철저하게 재생산된다. 즉, 그것은 사회적으로 필수적인 가상인 것이다. 이러한 가상을 한갓 가상에 **불과할 뿐**이라고 비판적으로 해소하는 것은 개인적인(철학적인) 반성이라는 매개를 통해서 가능하다. 그러나 반성을 매개로 하여 이데올로기적 가상을 그처럼 비판적으로 해결했다고 해서, 사회적으로 작용하고 있는 이러한 가상이 해소되지는 않는다. 즉, 정신분석적 의미에서 전적으로 자기기만과 유사하게 단순한 논거를 통해 해소될 수 있는 것이 아니라는 말이다. 그러나 이데올로기의 경우에 '모순'은 동시에 사회적 구조 자체에 들어 있고, **사회적 구조를 통해서 철저하게** 재생산된 태도, 동기부여, 해석, 행동 방식에 들어 있다. 비록 제도적 구조의 변화가 행동 방식, 태도 그리고 동기부여의 동시적인 변화, 간단히 말해서 자기 자신

그리고 타인에 대한 개인의 관계 변화 **없이는** 결코 생각될 수 없다 하더라도, 범주적으로 상이한 다음과 같은 과정, 즉 경우에 따라 내면화된 강제라는 폭력, 다시 말해 과거에서 현재까지 두드러진 사회적 강제라는 폭력이 실천적으로 이루어진 통찰을 통해 파괴되어야만 하는지, 또는 사회적 제도 내에서 구현된 사회적 강제라는 폭력, 그리고 상호주관적인 수준 위에서 현재의 사회적 강제라는 폭력이 통찰적인 실천을 통하여 무효화되어야 하는지 하는 과정이 관건이 된다. 여기서 우리는 첫 번째 경우에 기능적이고(또는 기능적으로 가정된 것으로서) 공적인 언어를 배경으로 사적인 언어 훼손을 지양하는 것이 중요하며, 두 번째 경우에 공적인 언어 자체를 정돈하는 것이 중요하다고 말할 수 있다.

다르게 공식화하면 사회적 해방 과정의 경우에 이론을 통해 매개된 계몽은 자기 인식, 즉 실천과 경험의 변화가 결실을 맺어**야만 하는** 과정의 결정점(結晶點)이 된다. 만약 이에 상응하는 해방적 과정이 진행되기 시작**하면**, 계몽된 개인 간에 합리적인, 즉 투명한 관계가 형성될 것이고, 그들의 실천은 전체 사회의 조직 내에서 그러한 관계를 관철할 것을 목표로 할 것이며, 동시에 그들의 고유한 조직 형식 속에서 그러한 관계를 선취할 것이다. 그러나 그렇게 하는 것은 분석적 치료 과정의 경우와는 달리 이론적 계몽을 통해 산출된 더 나은 자기 이해, 즉 행위하는 개인의 더 나은 자기 이해가 동시에 경험적으로 가능하고 실천적으로 필수적인 사회적 구조 변동에 대한 지식이라는 것을 의미한다. 다시 말해 이러한 구조 변동은 말하자면 변화된 자기 이해가 변화된 사회적 구조 속에 침전되어야만 하고, 확증되어야만 하며, 이와 더불어 원래 해방으로 귀결되어야 하는 경우에 발생해야 하는 구조 변동이다.

따라서 이론을 매개하는 통찰은 반성적 지식(나의 주변 상황에 대한, 내가 영향을 받고 서 있는 억압에 대한, 나의 의도에 대한 것 등에 관한 지식)일 뿐만 아니라, 사회적 관계를 새롭게 구조화할 가능성과 실천적 필연성에 대한 사회이론적 지식이기도 하다. 여기에는 바로 다음과 같은 것이 상응한다. 이론과 구체적인 경우와 관련된 해석들 사이에 있는 차이는, 마치 그러한 차이가 프로이트 모델의 경우에 존재하고 있는 것과 마찬가지로, 사회 이론의 경우에서도 동일한 의미로 존재하고 있는 것은 아니라는 것이다. 즉, 이론은 구체적인 역사적 상황에 대한 해석이며, 동시에 체계 문제와 그 문제를 해결하기 위한 가능한 방향에 대한 객관적 지식인 것이다. 그러나 이론의 두 가지 기능은 서로 분리될 수 없다. 왜냐하면 비판의 적절성은 이론적 의미에서 가설적 요소의 적절성에 의존하기 때문이다. 만약 우리가 그 이론을 참이라고 가정한다면, 그 이론을 통해 매개된, 행위하는 개인의 자기 인식과 더불어 결정적인 정치적 과제와 목표 설정(의지의 특수한 내용)이 그려진다. 그러나 만약 그 이론이 거짓이라면, 그것은 또한 개인의 현실적 자기 인식에 이를 수 없게 될 것이다. 그러므로 그 이론이 참이냐 아니냐 하는 것은 본래 성공적인 실천과 해방, 그리고 사회의 변혁에서 비로소 나타날 수 있다. 여기서 '가설적' 자기 인식이라는 특징적 현상이 중요하다. 그래서 반성적으로 얻어진 통찰의 적절성은 예측의 적절성으로 연결된다. 그러나 그것은 근본적으로 프로이트적 모델과는 다른 종류의 구조이다. 여기서 통찰은 해방과 합치하는 반면 — 게다가 정확히 통찰은 구조개혁(실천적 변화)과 같은 뜻을 지니기 때문에 — 사회 이론의 경우에는 통찰과 해방 간에 차이가 존재하는 것이다. 그러나 그것은 그 통찰 자체가 해방이 아직 실현되지 않은 정도만큼 가설적으로 남아 있다는 것을 의미한다. 그리고 그것은 나아가 여기에서 그 통찰이 프로이트적 모델과는 어느 정도 구조적으로 다르다는 것을 의미해야만 한다는 것을 뜻한다. 즉, 그러한 통찰은 앞에서와 같은 의미에서 삶의 연관의 '분열된' 계기에 대한 반성적 학습이 아니며, 동시에 **그러한 학습을 통해서** 발생한 주체의 실천적 변화도 아니다. 프로이트적 모델에서는 자유를 예측할 수 있는 어떤 상황이 가능한지, 자율성이라는 기초적인 개념이 **적절한지** 하는 의문은 제기되지 않는다. 즉, 간파될 수 없는 억압이 어디에서 반성적으로 깨어지는지 하는 물음은 해방으로서 간주될 수 있다. 왜냐하면 자신을 통찰하는 순간에 정신분석을 받는 환자는 자신의 심리 상태의 미래적 구조를 예측하지 못하고, 오히려 그에게 어떤 것이 약간 명확해지며, 그러한 과정에서 동시에 환자는 강제에서 해방되기 때문이다. 즉, 환자의 자아가 갖는 세력 범위는 변화한다(여기서 하나의 '이상'이 존재할 필요는 없다). 이와 달리 사회 이론의 경우에는 현실적 통찰이 중요한지에 대한 물음이 미래의 사회조직 형태에 대한 예측이 적절한지 여부에 대한 물음에서 분리될 수 없다. 특정한 억압이 지양될 수 있는지에 대한 질문은 두 가지 경우에서 선천적으로 결정될 수 없다. 그러나 프로이트 모델의 경우에 통찰은 억압의 지양을 의미한다. 즉, 인식과 해방은 하나가 된다. 이와는 반대로 사회 이론의 경우에는 결국 억압을 지양하는 것이야 말로 비로소 어떤 것이 통찰이고 아니었는지를 결정하는 것이다. 여기서 통찰은 말하자면 억압을 지양하는 것에 대해서 먼저 파악하는 것이다. 따라서 통찰은 언제나 또한 억압에 대한 지양 가능성에 대한 통찰이라고 — 그러므로 통찰에는 가설적 계기가 부착되어 있다고 — 말할 수 있을 것이다.

우리는 이제 왜 마르크스주의적 전통에서 비판 사회 이론이 이데올로기 비판이어야 하며, 동시에 사회적 체계 문제에 대한 이론이어야 하고, 그러한 체계 문제의 가능한 해결을 위한 이론이어야만 하는지를 이해할 수 있다. 문제는 이론이 잠재적 혁명 주체를 파악해야만 한다는 것이 아니라, 이론이 사회적 구조와 그 구조의 가능한 변화에 대한 객관적 지식을 산출해야만 한다는 것이다. 그러므로 특징적인 것은 반성적인 통찰을 객관적인 지식과 연결하는 것이다. 그때 두 가지의 적절성은 궁극적으로 성공적인 실천을 통해 비로소 증명될 수 있다. 그러나 이 모든 것은 프로이트 모델이 사회적 해방 과정과의 연관 속에서 비판적 사회 이론의 내용과 기능을, 그리고 이와 동시에 이러한 해방 과정 자체의 특성을 충분히 규정하기에는 부족하다는 것을 말해준다.

이와는 다른 측면에 있는 피아제의 모델도 그 자체로 받아들인다면 역시 불충분하다. 다시 말해 그 모델은 사회적 구조와 사회적 진보의 고유한 논리에 정박하고 있는 계몽주의에 대립하는 모순을 설명할 수 없다. 간단히 말하자면 그러한 모순에서 잘못된 의식이 아니라 단지 '미성숙한' 의식만이 생겨나기 때문이다. 그러나 그것은 두 가지 모델을 서로 결합할 수 있다는 것을 말해준다. ― 어쨌든 이것은 우리가 마르크스주의적 이론의 근본 의도를 고수하고자 할 경우에는 당연한 것이다. 사회적인 구조를 통해 재생산된 잘못된 의식은 (특히) 발전논리적으로 '필요한' 이행, 그리고 객관적 관점과 마찬가지로 주관적인 관점에서 볼 때 후기자본주의사회의 조직 원리로 넘어갈 수 있는 **가능한** 이행이 봉쇄되었다는 것에 대해 책임이 있다고 할 수 있다. 그러한 파악은 자본주의사회에서 계급 없는 사회로 넘어가는 이행에 대한 마르크스의 진화론적이면서 변증법적인 구상을 구원해줄 수 있을 것이다. 그리고 그러한 파악은 옛 비판 이론의 반객관주의적 특징을 스스로 지양할 것이며, 이와 동시에 소외된 사회와 해방된 사회 사이의 **비연속성**이라는 옛 비판 이론의 강조를 증명할 것이다. 즉, 해방은 사회적 진보의 기만 관계를 파괴하는 개인의 계몽과 의지라는 상황이 된다. 이러한 단계는 원칙적으로 모든 계기 속에서 가능하다. 그러나 어느 누구도 언제 그 시점이 현실적으로 실현될지에 대해서는 말할 수 없다. 동시에 마르크스의 이론에서 특징적인 역사유물론, 이데올로기 비판, 자본주의 체계 이론을 새로운 방식으로 결합하는 것은 현명한 일이 될 것이다. 왜냐하면 마르크스 이론의 모든 부분 또는 계기는 곧 현대사회라는 역사적 장소를 이론적으로 규정하기 위해 본질적일지도 모르기 때문이다.

Ⅱ. 해방된 사회

1

나는 지금까지 마르크스적 전통에서 중심적인 실천적 가설로부터 출발했다. 그 실천적 가설은 바로 자본주의가 역사적으로 관철될 새로운 사회 조직 형태라는 관점에서야 비로소 이해될 수 있고 분석될 수 있다는 것이며, 그뿐만 아니라 이러한 미래적 사회는 '해방된' '계급 없는' 사회, 즉 '이성적으로' 조직된 사회로서의 특징을 지닌다는 것이다. 그런데 이러한 이념에서 — 비록 현재 사회와 미래 사회의 관계라는 관점에서뿐만 아니라 한 사회에서 다른 사회로의 이행에 대한 문제라는 관점에서 그들 간에 차이가 존재했을지라도 — 정통마르크스주의자, 무정부주의자, 비판이론가들은 언제나 일치한다. 이에 상응하는 이념은 더욱이 아렌트와 같은 보수적 무정부주의자에게서도 여전히 발견된다. 그녀는 그녀의 현대적 혁명에 관한 책5)에서, 언제나 쇄신과 실패를 반복하는 급진민주주의적인 바이에른 인민공화국의 실마리들이 모든 현대적 사회의 변혁 중 유일하게 진정한 혁명의 핵심이라고 강조했다. 물론 역사유물론의 주변에 정착한 이론가 중에서 진화적 연속성이라는 관념과 실제로 가장 분명하게 결별한 벤야민과 유사하게, 그리고 마르크스가 진화의 연속성이 소외와 진보의 역사를 자유의 왕국과 연결시킨 것과 마찬가지로, 아렌트에게

---

5) Hannah Arendt, *Über die Revolution*, München, 1963.

서도 역시 바이에른 평의회 공화국의 창설은 세계사적으로 일회적인 문제의, 그리고 역사적으로 자신을 예리하게 만들 수 있는 문제의 성좌를 이론적으로 예측할 수 있는 하나의 해결책으로 구상한 것이 아니라, 오히려 모든 시대에 원리적으로 가능한 사실이자 진보의 비극적 연관에 대한 대응에서 생길 수 있는 사실로서, 즉 서로 간의 행위에서 벗어난 개인들이라는 사실로서 구상한 것이다. 아렌트와 마르크스주의 사이에는 하나의 세계가 놓여 있다. 그럼에도 둘을 서로 연결하는 것은 둘 모두가 의존하고 있는 하나의 혁명적 전통이다. 즉, 현대 유럽의 대중 사회의 지배 구조와 소외 관계에서 생겨나게 된, 언제나 시도와 좌절을 반복하는 급진적 민주주의 발생의 전통이 그것이다. 이에 부응하여 아렌트는 의회주의에 대한 비판 또한 마르크스주의자 그리고 무정부주의자와 공유한다. 근대적 산업사회의 의회주의와는 반대로, 바이에른 평의회 공화국은 아렌트에게는 인간의 일상적 삶 속에 **현실화된** 정치적 자기결정의 형식이라는 이념을 나타내는 것이다.

마르크스주의적 전통으로 되돌아가보자. 그러면 이제 지금까지 나의 고찰에 근거를 뒷받침해주는 '실천적 전제', 즉 사회를 합리적으로 새롭게 조직하는 것이 가능할 것이라는 전제가 문제될 것이다. 이때 사회를 합리적으로 새롭게 조직한다는 것은 자본주의사회의 조직 형식에 반대되는, 구조적으로 새로운 어떤 것을 의미하게 될 것이며, 사회를 그렇게 조직함으로써 본질적인 의미에서 자유가 현실화될 수 있을 것이다. 나는 역사철학적으로 똑같이 근거가 뒷받침

된 두 입장을 이러한 실천적 가설에 대한 명백한 대안이라고 부르고
자 한다. 예컨대 수정된 헤겔주의와 체계이론적 사회 구성이 그것이
다. 시민사회에서 제도화된 법보편주의의 형식이 '극복될 수 없다'는
것으로부터 출발하는 입장은 어떤 의미에서 수정된 의미로 헤겔적이
라고 할 수 있을 것이다. 그리고 그러한 법보편주의의 형식이 헤겔적
국가 구성의 근본 특징이 아니라고 하더라도, 근대 세계에서 이성을
실현시키려는 문제에 대한 헤겔의 해결 전략이 정당했다는 사실에서
출발하는 입장도 수정된 의미에서 역시 헤겔적이라고 할 수 있을
것이다.[6] 이와 반대로 현대사회의 체계이론적 구성은 이성적으로
된 인간의 생활 연관이라는 문제가 구태의연한 것으로 취급되면서
체계이론에서 배제된다는 사실을 통해 자신을 드러낼 수 있다. 즉,
사회 통합은 체계 통합을 통해 최종적으로 극복된다는 것으로 스스
로를 드러낸다.[7]

나는 여기서 체계이론적 입장을 더 이상 자세히 다루지 않을 것이
다. 왜냐하면 이러한 입장에 대한 하버마스의 반론이 설득력 있다고
생각하기 때문이다.[8] 반대로 헤겔적인 입장과 마르크스주의적 무정

---

6) 나는 마르크스적 전통에 반대하여 헤겔의 법철학과 역사철학의 기초를
   다시금 타당하게 만든 가장 설득력 있는 연구를 테일러가 했다고 본다.
   Charles Taylor, *Hegel and Modern Society*, Cambridge, 1979; Charles Taylor, *Hegel*,
   Frankfurt, 1978.

7) J. Habermas and N. Luhmann, *Theorie der Gesellschaft oder Sozialtechnologie*, Frankfurt,
   1971.

8) 같은 책.

부주의의 입장에 대한 반론에 대해 몇 가지 언급하고 싶다. 헤겔적 입장은 다음과 같은 근본적 확신을 통해서 특징지을 수 있다. ① 복잡한 근대사회의 조건하에서 '부정적(추상적)'인 자유의 영역이 분화됨으로써 시민사회의 구조적 특징이 되었던 '소외' 또는 '분열'의 계기는 단지 전체주의와 집단적 퇴행이라는 대가를 치르고 나서야 비로소 포기될 수 있다. 그것은 자본주의 경제 형식을 고집하는 것을 의미하는 것은 아니다. 그러나 그것은 아마도 돈과 같은 위상을 지니는 '의사소통적 매체', 그리고 시장과 같은 위상을 지니는 조절 기제가 시민적 자유권을 민감하게 제한하지 않고서는 결정과 조절이라는 정치적 또는 행정적인 형식으로 대체될 수 없다는 것을 의미한다. 따라서 이미 마르크스가 가정한 것처럼, 체계 통합의 형식과 체계 조절의 형식은 그것이 자본주의적 경제를 통해 최초로 실현되었던 것처럼 단순히 시민적 법보편주의의 '토대'가 될 뿐만 아니라, 적어도 체계적인 자기 조절과 이에 상응하여 부분적으로 '탈인륜적인' 사회적 연관의 토대가 지속된다는 것을 동시에 가정하지 않고서는, 어쨌든 시민적 법보편주의를 사회적 자유의 더 높고 실체적인 형식으로 '지양'하는 것(그것은 이러한 사유에 있어서 헤겔적인 것이다)에 대해서는 언급할 수 없다고 가정될 수 있을 것이다. ② 그것은 법과 도덕의 분화, 정치와 경제의 분화, 예술, 과학과 세속적 삶의 실천 사이의 분화가 동시에 법의 보편적 구조와 도덕적 의식 자체의 보편적 구조를 손상하지 않고서는 **그 자체로** 포기될 수 없다는 것을 의미할 것이다. 이성의 통일성은 근대성의 조건하에서 **본질적으로** 그리고 **필연**

적으로 — '공동 사회'와 '이익 사회'에 관한, 즉 개인 간 연대적이고 도구적인 연관에 관한 철회할 수 없는 상호 분열에, 특히 체계를 통해 매개적으로 진행된 기능적 분화에 근거하면서 수행되는 — 양분화 속에 있는 통일성일 것이다. ③ 헤겔적 구상은 결국 이성적으로 조직된 사회의 개념이 어쨌든 개별 주체의 어떤 (이상적) 합리성으로써 구성될 수 없다는 것을 염두에 두고 있다고 할 수 있을 것이다. 개별적인 개인들의 지평 위에서, 그리고 그 개인의 사회적 연관이라는 지평 위에서 해결할 수 없는 약간의 우연성과 특수성이 가정될 수도 있을 것이다. 그것과 마찬가지로 살아 있는 것들의 신호로서 고통과 결핍의 해결 불가능성도 가정될 수 있을 것이다. 오류, 범죄, 정신병, 자기 과실, 그리고 불행이라는 마르지 않는 가능성과 마찬가지로 바로 이것으로부터 여러 갈등의 지속 가능성이 생긴다. 따라서 이러한 사실은 아직은 불완전한 사회질서의 기호로서가 아니라, 그리고 적어도 사회질서에 대해 **사유할 수 있는** 경계에까지 이르지 못한 실천적인 합리화 과정의 기호로서가 아니라, 주관적인 것으로서 살아 있는, 상황에 처해 있는, 죽음에 위협당하는 존재 속에서 구현되는 정신의 신호로서 강조되어야 한다.

앞서 밝힌 사회적 해방의 두 가지 모델(프로이트적 모델과 피아제적 모델)로부터 프로이트적 모델이 가장 먼저 현대성에 관한 '헤겔적' 구상의 영역 속으로 통합될 수 있다. 그래서 해방은 이미 현대사회에서 제도화된 보편적인 법의 구조와 보편적 도덕의 구조의 완전한 잠재력을 없앨지도 모른다.

이에 반하여 마르크스적 입장은 ─ 여기서 고찰된 문제가 중요할 경우에 ─ 무정부적 입장을 함께 포괄하는데, 다음과 같은 근본적 가정을 통해 특징지을 수 있다. ① 자본주의사회에서 계급 없는 사회로의 이행은 사회의 **새로운** '조직 원리'로의 이행을 의미한다. 계급 없는 사회에서 조화를 이룬 개인은 자신의 의식적이고 합리적인 통제하에서 사회적 삶의 과정을 수행하는 것과 마찬가지로 자연과의 신진대사를 수행한다. 이와 더불어서 소외와 자연발생설은 인간적 역사로부터 소멸된다. ② 계급 없는 사회에서 법과 도덕, 정치라는 시민적 형식은 기능을 상실한다. 다시 말해, 법과 도덕, 정치라는 이러한 형식은 자신의 구조 속에서 자본주의사회의 대립적인 생활연관을 표현한다. 즉, 시민적 정치는 단지 개별자와 보편자 사이를 오직 환상적으로만 화해시키는 장소일 뿐이다. 그래서 시민법은 한편으로는 교환관계에 근거한 사회적 조직을 표현한 것이며, 다른 한편으로는 자유와 평등이라는 가면 뒤에 도사리고 있는 계급 지배를 표현한 것이다. 시민적 도덕은 시민법과 자본주의적 성공윤리(Leistungsethik)의 내면화에서 산출된 주체성의 형식이다. 다시 말해 이러한 주체성의 형식은 그 형식을 통해 개인들의 조화가 보장되고 동시에 그들의 적대적 관계가 서로 은폐된다는 의미가 있는 주체성의 형식이다. ③ 계급 없는 사회에 있는 개인 간의 사회적 관계 및 그들의 도덕적 성격을 드러내려 할 경우, 내가 제대로 알고 있다면 마르크스적 전통에서는 아주 정당하게 마르크스의 표현을 증거 삼을 수 있는 두 가지 상이한 모델이 존재한다. ⓐ 그 **첫 번째** 모델은 엥겔스와 레닌이 주장한 것이며, 『자본론』 3권에 나오는 자유의 왕국과 필연의 왕국과의 관계에 대한 유명한 구절에 대응된다. 그것에 따르면 우리가 익숙하게 정치적 문제라고 부르는 것이 계급 없는 사회에서는 행정적인 문제로 환원될 것이다. 즉, 자연과 인간의 신진대사를 가능한 한 합리적으로 조절하는 문제로 환원될 것이다. 이러한 문제에는 사회적 갈등을 위한 어떠한 소재도 더 이상 들어 있지 않다는 것이 가정된다. 자유롭게 결합된 개인들의 전체적 계획에 따라 생산 활동이 조직되기 때문에, 모든 개인은 똑같이 지속적인 '필연성의 영역'의 제거할 수 없는 억압에 굴복한다는 것이 확실해진다. 왜냐하면 이러한 필연성의 영역에서 개인의 자유란 모든 개인들이 자유를 ― 역사 속에서 최초로 ― 통찰을 통해 획득할 것이라는 데 있기 때문이다. 이러한 필연성의 영역 너머에 있는 고유한 자유의 영역에서, 개인들은 자유롭고 방해 없이 자신을 펼칠 수 있다. 마르크스는 "개개인의 자유로운 발전이 모든 사람의 자유로운 발전을 위한 조건이 되는 공동체"에 대해 언급하고 있다. 다른 곳에서[9] 마르크스는 "개인들을 총체적 개인들로 발전시키는 것"에 대해, 그리고 "노동을 자기 증명 활동으로 변화시키는 것"에 대해 언급한다. 또한 "지금까지 제약된 교제를 개인 자신들의 교제로 변화시키는 것"에 대해서도 언급한다. '협동조합의 부유함의 모든 원천'이 흘러나오는 조건하에서는 결핍의 문제와 이에 따른 분배적 정의의 문제는 더 이상

---

9) K. Marx, *Frühe Schriften*, Bd. II(Hrsg. H. J. Lieber and P. Furth), p. 90 이하.

존재하지 않는다. 즉, '모든 사람이 각각의 필요에 따라' 사회적 생산 과정의 조정을 위한 행정적 기관을 무시한다면, 인간의 사회적 관계를 제도적으로 '대상화'하는 것과 소외시키는 것은 더 이상 필연적인 것이라고 생각될 수 없다는 것이다. 개별자와 일반자의 화해는 말하자면 **직접적으로** 이루어진다. 다시 말해 계급적 대립을 지양함으로써, 그리고 물질적 잉여라는 조건을 통해 이기적인 특수성의 흔적이 사라지는 개인의 인격 구조 속에서 직접적으로 구현된다. 착취, 계급 지배, 궁핍을 제거함으로써 다음과 같은 조건이 사라진다. 즉, 이러한 조건하에서 인간적 관계의 소외가 ─ '독립'과 억압의 특징과 함께 ─ 사회적 제도 속에서 필연적으로 존재했었다. 그러한 가정을 하는 배경 위에서 엥겔스는 인간에 대한 지배를 사물에 대한 관리로 이행시키는 것에 대해서 말했다. 레닌은 국가의 소멸을 전제했다. ⓑ 매우 엉성하고 애매한 형태를 갖추고 있는데도 계급 없는 사회의 사회적 연관에 대한 두 번째 모델 역시 마르크스에게서도 암시되었다. 그 모델은 근대 혁명사의 평의회민주주의의 전통과 일치한다. 이에 따르면 계급 없는 사회가 사회적 삶의 모든 지평 위에서 자신을 스스로 규정한다는 근본민주주의적인 형식을 통해 특징지을 수 있을 것이다. 마르크스는 파리코뮌에 대해 평가하면서[10] 이러한 근본민주주의적 조직 형태의 고유한 구조적 특징을 강조했다. 즉, 아래로부터(지역 평의회나 코뮌) 경우에 따라서는 몇몇의 좀 더 큰 중간 단계를

---

10) K. Marx. *Politische Schriften*, Bd. II(Hrsg. H. J. Lieber), p. 918 이하.

넘어 상위(중앙위원회)로 나아가는 권한 위임의 원리를 강조했다. 권한을 위임하는 협의회를 통해 권한을 위임받은 모든 대표 위원들을 언제든지 해산시킬 수 있는 가능성, 행정부·입법부·사법부의 삼권분립의 지양, 가능한 한 매번 스스로 자신을 관리하는 좀 더 높은 단계로부터 좀 더 낮은 단계로 능력을 향상시키는 것, 근대의 시민적 민족국가에 특징적인 중앙집권적 통합, 통제, 억압이라는 심급의 해체, 즉 관료제 정치나 경찰, 기존 군대의 해체가 그것이다. 우리가 정치적인 것의 개념을 마르크스에게 전형적이었던 계급 지배와의 결합에서 떼어낸다면, 그리고 고전적인, 아마도 아리스토텔레스적으로 이해된 정치적인 것과 연결해본다면, 계급 없는 사회에 대한 레닌-엥겔스적 모델에 반대하여 평의회민주주의적 모델에서는 계급 없는 사회의 **정치적** 구상이 중요하다.

앞서 논증된 ─ 프로이트의 모델과 피아제의 모델에서 나타난 ─ **이행**이라는 모델 중에서 피아제 모델이 마르크스가 예상한 계급사회에서 계급 없는 사회로의 이행을 명확히 개념화하는 데 가장 적합하다. 물론 우리가 계급 없는 사회의 **정치적** 조직 모델에 연결되어 있고 (조화로운) 비조직 모델에 연결되어 있지 않을 경우에 한해서 그러하다. 만약 내가 ─ 강하게 도식화하면서 ─ 오히려 프로이트 모델을 합리적인 사회조직의 헤겔적인 모델로, 피아제 모델을 마르크스적 모델로 분류한다면, 여기서 하버마스의 경우에는 이러한 두 모델이 서로 남김없이 해명되지 않은 채 맺고 있는 관계 속에 한편으로는 해방된 사회를 향한 좀 더 헤겔주의적으로 회귀하는 구상과 다른 한편으로는 좀 더 강조된 마르크스주의적 구상 사이에 있는 해명되지 못한 경쟁과 관계하는 문제가 숨어 있다는 추측이 제기된다. 물론 내가 시사한 바와 같이 하버마스에게 이 두 가지 모델은 본래 상호대립적으로 관계한다. 말하자면 프로이트의 모델은 하버마스가 정치적으로 이해한 계급 없는 사회에 대한 구상을 여전히 아무런 굴곡 없이 있는 그대로 요구하는 단계에서 생겨난 것이다. 반면 하버마스는 피아제 모델을 그가 체계 이론의 반론을 수용함과 동시에 합리적인 사회라는 유토피아의 일부분과 결별하는 것처럼 보이는 단계에서 전개한다. 다른 한편 그러한 분류를 역전시킬 가능성이 '이성적' 사회에 대해 방금 개괄한 두 가지 구상이 명백한 분류와 예리한 경계 설정을 가능하게 하는 데 너무나 불명료하다는 점에는 동의한다. 그러므로 나는 그러한 구상을 두 가지 구상이 대답해야 하는 체계적 질문(즉, 어떻게 이성적인 사회가 근대성의 조건들 아래에서 사유될 수 있는가 하는 질문)에 대해 적어도 두 구상의 고유한 관점에서 표현하고자 하는 시도를 위한 출발점으로 받아들이고자 한다.

2

나는 먼저 방금 개괄한 두 가지 구상의 문제점과 약점을 지적하고 싶다. 헤겔적 구상은 근대사회의 환원할 수 없는 복잡성, 개인의 환원할 수 없는 특수성과 상황적 특성을 주장한다. 즉, 사회적·역사적인 삶의 관점뿐만 아니라, 자연적 존재로서의 개인의 고유성의 측면에서, 근대성에 대한 조건들 아래에서는 개인과 사회의 '직접적 통일성'이 회복될 수 없다는 것을 주장한다. 비록 헤겔적 구상이 태고적이거나 고전적인 전형이라는 의미에서든, 사회적 삶의 연관을 직접적으로, 그리고 두루 스며들고 있는 이성적인 일반의지의 의미에서든 말이다. 물론 그러한 입장이 어떻게 사회를 이성적으로 조직하려는 이념과 결합될 수 있느냐 하는 문제는 헤겔이 합리적 사회질서에 대한 모든 계몽적·'주체중심적'인 구상을 동시적으로 비판하면서도 여전히 이러한 이념을 고수할 수 있다고 한 전제를 우리가 포기하는 경우에 제기될 수 있다. 우리가 여기서 '헤겔적'이라고 명명된 구상을 체계이론적으로 솎아내느냐, 또는 보편화용론적으로 마주치느냐, 아니면 '상황적 자유'에 대한 철학을 통해 이러한 구상을 새롭게 해석하느냐 여부에 따라서 그러한 구상은 전적으로 다양한 의미를 가정하게 될 것이다. 그러므로 여기서 그러한 구상의 주된 약점은 근본적으로 그 구상이 **엄밀하지 않다**는 것이다.

마르크스주의적 구상의 문제점은 그 구상이 자유에 대한, 그리고 이성적인 — 사회적일 뿐만 아니라 개인적인 — 자기결정에 대한 계몽주의적이고 합리주의적 개념에 반대하는 헤겔의 이의 제기를 충분히 진지하게 검토하지 않았다는 데 있다. 공산사회에 대한 마르크스적 구상은 절대적인 자유라는, 모순 없는 자유라는 특징을 담고 있거나 아니면 오히려 자연과 인간의 신진대사라는 필연성을 통해서만 구분되는 자유라는 특징을 담고 있다. 그러한 구상은 자연화된 선험적 의식철학과 자유철학이라는 특징이다. 다시 말해 해방된 인간성은 어떤 의미에서 '초월적 주체(über-Subjekt)'로서, 즉 단수적으로 자신과 일치하는 주체로서 생각된다. 이러한 주체의 자유는 단지 외적 자연과의 대립에서만 제한된다. 여기에서 자유가 ─ 칸트적 의미에서 ─ '자의적인 자유'로서 이해될 경우에 자유에 대한 제한은 외적 자연을 나타낸다. 물론 마르크스는 계급 없는 사회를 위해 이러한 제한을 결코 감지할 수 없는 것처럼 해주는 정도의 자연 지배를 가정한다. 이에 반하여 마르크스는 이성적 자기규정의 자유와 관련해 개인들의 역사적·자연적인 다원성의 실현에서 자기 자신과 가상적인(noumenalen) 자아와의 일치 문제에서 지금까지 대립했던 것이, 말하자면 계급 없는 사회로의 이행을 통해 완성되었다는 것을 가정한다. 즉, 자유의 왕국은 목적의 왕국이다. 그러므로 엄밀히 말해서 개인의 직접적 사유와 의지, 그리고 일반적 해석 또는 의지로서 인정될 수 있는 것 사이에 있는 약간의 차이를 전제하는 제도적인 매개는 더 이상 필요하지 않다. 계급 없는 사회에 대한 **정치적** 구상은 이미 이처럼 자연화된 선험적 일원론에 대한 개정을 포함하고 있다. 물론 마르크스가 자치헌법(Kommunalverfassung)을 본래 공산사회를 위한 과도기로서, 즉 '그 형태 아래에서 노동 해방이 실현될 수 있는 궁극적으로 공개된 정치 형태'로서만 파악했다는 것은 그의 저서에서 잘 드러난다. 마르크스에게 남아 있는 이러한 양의적 의미에도 불구하고 나는 계속해서 계급 없는 사회에 대한 **정치적** 구상에서 출발하려 한다. 역사유물론의 규범적 토대에 대한 하버마스의 보편화용론적 재구성이 이러한 구상과 관련될 수 있다. 다시 말해 지배에서 자유로운 사회는 집단적 의식 형성 과정이 강제 없는, 즉 논변을 통해 도출된 합의적 일치의 형식을 가정할 수 있는 사회일 것이다. 여기서 해방된 인간이란 더 이상 단수로 등장하지 않고, 오히려 일원론적으로 처분하는 의식철학과 관련된 체계에서 해방의 이념을 **확실히** 분리시키며, 주체들의 주관성을 위해 상호주관적인, 즉 상징적으로 매개된 삶의 연관 관계에 대한 구성적인 의미에 관해서 헤겔이 통찰한 것을 자유와 합리성에 대한 철저한 계몽적인 개념 속으로 가져온다. 우리는 이러한 합리성과 자유의 개념이 칸트와 헤겔을 종합한다고 말할 수 있을 것이다. 즉, 주체의 합리성은 합리화된 상호주관적 삶의 연관들 중의 한 기능이 된다. 그러나 이러한 구상이 '초주관적으로' 계획된 이성이라는 토대, 즉 개별자들의 의지와 사유와는 독립적인 이성의 토대가 헤겔적 의미에서 볼 때 결여되었기 때문에, 그러한 구상은 주관적 합리성과 초주관적 삶의 연관 사이의 관계를 하나의 **상호적인** 조건 연관으로 구성하지 않으면 안 된다. 말하자면 사회를 통해 결합된 개인이 이성적인 만큼 사회 역시 이성적일 것이다. 따라서 마르크스적 구상의 문제는 다음과 같이 새롭게 공식화될 수 있다. 우리가 해방된 사회에 대해서, 이른바 모든 혼탁함으로부터 순수하게 된 개별자들의 합리성이라는, 그리고 그들의 사회적인 연관의 합리성이라는 이상적 극한값으로부터 그처럼 해방된 사회를 구성한다고 말할 수 있지 않을까? 사회적 상황이 이러한 극한값에 실제로 얼마나 접근할 수 있는가 하는 것은 당연히 어떠한 경우에도 경험적 문제, 즉 우리가 그것을 선험적으로 알 수 없는 문제로 남는다. 그러나 그러한 구성은 우리가 사회의 사실적 상황을 그러한 극한값에 입각해 '측정'할 수 있을 것이라는 가정을 포함한다.

나는 그러한 구성을 하면서 생각하고 있는 문제를 좀 더 엄밀하게 드러내고 싶다. 왜냐하면 그러한 구성은 개인의 손상 없는 동일성뿐만 아니라 그 자신과 사회와의 손상 없는 동일성을 가정하는 합리성(궁극적 가치로서의 합리성)이라는 개념에 의존하기 때문이다. 그것은 당연히 매우 조잡한 추측이다. 나는 그러한 추측을 하나의 입장에 대해서만 명확히 하려 한다. 왜냐하면 하버마스가 그것을 구성한 바를 보면, 비록 우리가 그 문제들을 맞추지 못하거나 내적 또는 외적인 의사소통 장애로 이러한 문제를 합리적으로 해결하는 데 **실천적으로** 방해받는다고 할지라도, 지배에서 자유로운 의사소통이라는 개념은 실천적 문제가 명백히 규정된 합리적 해결책을 **가지고 있다**는 가정을 포함하고 있는 것으로 보이기 때문이다. 하버마스는 실천적 문제 해결의 옳음이라는 기준으로 더 이상 존재론적으로 확정된 합리적 질서가 아닌 개인들의 강제 없는 일치를 확정함으로써 이러한 가정을 정당화한다. 나는 이러한 사유가 순환 논증이라고 생각한다. 그러나 나는 이러한 순환 논증 대신에 구성 그 자체와 대면하고자 하는 것이 아니라, 오히려 그러한 구성 속에서 내가 추측하고 있는 다음과 같은 문제를 해명하고 싶다. 그것은 바로 무역사적으로 이해된 이성 자체의 통일에 대한 문제이다. 그러한 이성 개념의 관점에서 ① 개인들 서로의 관계와 스스로에게 잠재적인 것으로서 완전하게 투명한 관계가 나타난다. 그리고 ② 개인과 사회에 대한 자기 해석이 적어도 반사실적으로 예측된 '참된' — 말하자면 어떤 역사적인 내용(Index)도 더 이상 담고 있지 않은 — 지식의 빛 속에서 나타난다. 비록 우리가 이러한 참된 지식에 결코 도달할 수 없다고 하더라도 말이다. 끝으로 ③ 다음과 같은 자연적이고 역사적인 조건, 즉 각각의 인간적 상황에 특수한 내용을 부여하는 조건은 오직 합리적 자기규정, 그리고 합리적 의사소통의 가능한 **경계 설정**으로서 나타나거나 오히려 합리적 자기규정과 의사소통을 위해 **발생적으로** 필수적인 전제로서 나타나는 것이다. 그러나 그런 조건은 결코 이성의 개념에서 함께 생각되어야 할 상황성이라는 계기로 나타나는 것이 아니며, 진리를 가능하게 하는 것으로서의 경계를 설정하는 관점이라는 계기로 나타나는 것도 아니다. 따라서 이성적 사회는 모든 실마리가 어떤 한 지점으로 모이는 체계로서 드러난다. 설령 이러한 지점이 이상적 의사소통 공동체라는 반사실적 현실성으로 변화된다고 하더라도 말이다.

내가 마르크스적 구상과 하버마스가 재구성한 마르크스적 구상의 형태에서 염두에 두었던 문제는 합리적 이성 개념과 합리적 자유 개념의 확고한 구조 속에 놓여 있다. 우리가 이성적 사회의 상태에 어느 정도까지 경험적으로 근접할 수 있는지 알 수 없다는 사실은 문제가 되지 않는다. 그래서 나는 오히려 이상적 척도 자체라는 측면에서 그 문제(만약 비트겐슈타인이 '엄밀성의 이상'은 여기서 생각될 필요 없다고 일상 언어적 맥락에 대해 말했을 때, 그가 생각했을 문제와 유사한 본성을 지닌 것으로 보이는 문제)를 바라본다.

그러므로 우리는 다음과 같은 딜레마에 직면하게 될 것이다. 즉,

헤겔에 따른다면 헤겔적 입장의 토대 위에서 이성적 사회라는 개념 자체가 해결되는 것처럼 보인다. 이에 반하여 헤겔적인 반론을 수용하면서 합리적으로 계몽된 이성 개념을 재공식화하는 것을 통해 마르크스적 입장을 새롭게 정당화하려는 시도가 의문의 여지가 있을 법한 합리주의적 입장으로 되돌아가는 것처럼 보인다.

그런 점에서 그 딜레마는 여태까지의 고찰의 결과로서 산출된 딜레마이다. 나는 이제 어떻게 우리가 합리주의적 동일성 요구에서 벗어난 이성이라는 개념과 사회의 이성적 조직이라는 개념을 우리 자신에게 확증시킬 수 있는가 하는 문제를 추적하고자 한다.

Ⅲ. 탈합리주의적 이성 개념에 대한 고찰

1

나는 우선 하버마스의 고찰을 다시 언급하고자 한다. 하버마스는 몇몇 저작에서 포스트모던 사회의 두드러진 구조적 특징에 대한 가설을 언급했다. 그의 근본 논제는 지금까지의 역사 속에서 자연발생적으로 효력을 발휘한 전승의 노선에서 특정한 **내용**(가치, 규범, 해석)과 결부된 집단적 정체성의 형식을 가능하게 했던 모든 전통, 삶의 형식, 해석체계가 침식되면서 **오늘날에는** "집단적 정체성이 영원히 반성적 형태로만 사유될 수 있다"는 것이다. 다시 말해 그의 근본 논제는 "집단적 정체성이 그러한 의사소통 과정에 참여할 수 있는 일반적이고 동일한 기회를 의식하면서 정당화된다는 것이다. 이때 이러한 의사소통 과정 속에서 정체성은 지속적인 학습 과정으로서 형성된다".11) 이러한 연관 속에서 하버마스는 두 가지 상호연관적인 현상을 지적한다. 그는 이러한 현상을 진화론적으로 새로운 역사적 수준의 지표라고 이해한다. 즉, **동기 형성**의 과정을 통해 반성된 것, 그리고 지금까지 자연발생적으로 재생산된 자원으로서 **의미의 결핍**이 그것이다.12) 동기와 의미의 '결핍'은 한편으로 가치, 규범, 욕구 해석을 '의사소통적으로 용해시키는 것'에서 드러난다. 이렇게 용해시키는 것은 예를 들어 '여태까지의 자율적 삶의 영역을 무차별화하는' 경향에서 가시화된다.13) 하버마스는 특히 예술의 '탈예술화(Entkunstung)', 범죄의 탈도덕화, 정신병의 탈병리학화, 정치의 탈국가화에 대한 경향을 언급한다.14) 가치, 규범, 욕구 해석을 의사소통적으로 용해하는 것은 '민주화'라는 말을 통해 적절하게 드러날 수 없다. 왜냐하면 조직적 형식으로 질서가 이루어진 정치적 의지 형성의 과정으로서 보충적으로 진행하는 과정이 중요하기 때문이다. "그러한 과정은 주로 넓게 분산되어 있고, 매우 상이한 정의 아래에서

---

11) J. Habermas, "Können komplexe Gesellschaften eine vernüfige Identität ausbilden?" in J. Habermas and D. Henrich, *Zwei Reden*, Frankfurt, 1974, p. 66.
12) Habermas, *Zur Rekonstruktion des Historischen Materialismus*, p. 182.
13) Habermas, "Können komplexe Gesellschaften eine vernüfige Identität ausbilden?," p. 67.
14) 같은 글.

나타나며, '토대'로부터 드러나면서, 조직적 형식으로 질서가 이루어진 삶의 영역이라는 구멍 속으로 스며든다. 그러한 과정은 하부정치적 특성을 지닌다. 다시 말해 정치적 결정 과정의 경계에서 멈추는 것이다. 그러나 그러한 과정은 정치적 체계에 간접적으로 영향을 끼친다. 왜냐하면 그러한 과정이 정치적 결정의 규범적 틀을 변화시키기 때문이다."15) **다른 한편으로** 동기와 의미의 자원이 결핍되어 있다는 것은 사회적 행정의 새로운 유형의 발생에 대한 새로운 경향을 요구하는데, 이러한 경향은 동기와 해석을 생산 및 통제와 더불어 파악할 수 있게 해줄 것이다. 하버마스는 동기 형성 과정, 그리고 의미의 결핍을 반성함으로써 사회의 새로운 조직 원리가 확연히 드러날 것이라고 추측했다. 한편 이러한 조직 원리에 대해 반성적으로 이루어진 집단 정체성이라는 형식이 상응할 것이라는 점을 덧붙일 필요가 있다.

여기서 나에게 중요한 것은 하버마스가 공식화한 하나의 대안, 즉 나의 첫 출발 문제로 되돌아가게 하는 대안이다. 한편으로 하버마스는 "확장된 참여와 팽창하는 사회 행정 사이에서, 다시 말해 동기 형성 과정이 반성된 것과 사회적 통제(즉 동기의 조작)의 증가 사이에서" 미래와 관계하는 '악순환'의 가능성에 대해 언급한다.16) 이것은 말하자면 포스트모던 사회에 대한 하버마스 구상의 비관적 변종이다. 만약 이러한 변종이 현실화될 수 있다고 한다면, 하버마스가

15) 같은 글, p. 66 이하.
16) Habermas, *Zur Rekonstruktion des Historischen Materialismus*, 1976, p. 183.

주목한 새로운 형식의 집단적 정체성은 단순히 **기획**으로만 남을 수도 있다.[17] 이에 반하여 대안적이고 낙관적인 변종은 한 사회 속에서 실현될 수 있을 것인데, 이 사회에서 반성적인 형식의 집단 정체성은 그 자신의 침전물을 사회의 실제적 삶의 과정 속에서 발견할 수 있을지도 모른다. "만약 복잡한 사회 속에서 하나의 집단적 정체성이 형성될 수 있다면, 그러한 정체성은 내용적으로 결코 미리 결정되지 않은 다음과 같은 사람들이 사는 사회의 정체성, 즉 특정 조직과는 독립적인 사람들이 사는 사회의 정체성이라는 형태를 지닐 수 있을 것이다. 그 사람들은 구체적인 정체성 기획에 대한 지식, 즉 전통을 비판적으로 상기하면서, 또는 활발하게 과학, 철학, 예술을 통해 논증적이고 실험적으로 자신에 대해 정체성 연관의 지식을 형성한다."[18] 비록 앞서 인용된 몇몇 표현들 속에서이기는 하지만, 이러한 표현들 속에는 흡사 이성의 '탈중심화된' 개념, 그리고 이성적 동일성의 '탈중심화된' 개념이 확연히 드러나는 것처럼 보이는데, 이러한 탈중심화된 이성 개념은 '합리적 사회'에 대한 '헤겔적'이고 '마르크스적' 구상에 관해 앞서 설명된 대안을 넘어설 수 있는 개념이다. 내가 보기에는 이와 관련해서 하버마스식으로 헤겔을 언급한 다음과 같은 문장은 위에서 언급한 것과 물론 정확히 합치되지 않을 것이다.

---

17) Habermas, "Können komplexe Gesellschaften eine vernüfige Identität ausbilden?," p. 71.

18) 같은 글, p. 75.

276

그러는 사이에 그것은 미래 지향적인 기억의 시간적 구조로 하여금 그때마다의 특수한 해석 방향에 대한 편들기를 넘어 보편적인 자아 구조를 형성하는 것을 허락할 것이다. 왜냐하면 각각의 입장은 **미래적으로** 실현될 일반성을 지지하는 당파성이라는 측면에서 볼 때 **현재적으로** 대립하고 있는 나머지 입장들과 일치할 수 있기 때문이다.[19]

나는 다음과 같은 이유로 이와 같은 문장이 앞서 주목된 해석과 일치하지 않는다고 생각한다. 그것은 이 문장이 마르크스주의적 전통 속에서 계급 없는 사회에 대한 관념이 언제나 다시금 이끌어갔던 해방된 사회에 대한 구상 속으로 애매한 구조를 재도입하기 때문이다. 트로츠키의 영구혁명론이 그 대표적인 예이다. 왜냐하면 일반적으로 말해서 이러한 애매한 구조는 — 메를로퐁티(Merleau-Ponty)가 언급했듯이 — 다음과 같이 표현되기 때문이다. 계급 없는 사회는 역사적으로 명백하게 확장된 자본주의의 다음 단계에 오는 체계로서 구상되지만, 역사의 **저편에 있는** 도달할 수 없는 하나의 기준점이 되거나 **최종적으로** 도달할 수 없는 하나의 기준점이 되어야만 한다. 만약 하버마스가 해방된 사회〔이 사회는 하버마스에게 반성된 형식의 집단적(집합적) 정체성을 통해 특화되었다〕 속에서 지속하는 대립을 미래에 비로소 실현될 어떤 일반자와 관련시킨다면, 나는 비일관성이 중요하다고 생각한다. 다른 말로 표현하면 **만약** 실현될 이성적 일반자가

---

19) 같은 글.

실현될 것이라고 현실적으로 생각될 수 있다면, 우리는 그 일반자를 미래에 비로소 실현될 일반자와의 연관을 통해 특성화할 수 없을지도 모른다. 헤겔과 더불어 이러한 입장에 대해 다음과 같이 말하고자 한다. "여기가 로도스다, 여기서 뛰어라(hic Rohdos, hic salta)."[20]

나는 계속해서 앞서 인용된 하버마스의 표현에 대해 다소 다른 관점을 제공하려 한다. 왜냐하면 내가 언젠가 처음으로 실현될 수 있는 이성과 관계할 필요 없이 '이성적이라' 명명될 수 있는 사회의 개념을 구성하려 할 것이기 때문이다.

2

나는 '이성적으로' 조직된 사회 속에서 원리적으로 모든 사람들에게 똑같은 논변과 참여의 기회를 부여한다는 '논변적 합리성'이라는 원칙이 제도적인 구현물을 발견할 수 있을 것이라는 사실로부터 출발한다. 논변적 합리성이라는 원칙하에서 나는 교제의 원칙을 상호주관적 타당성 요구를 통해 이해한다. 왜냐하면 그러한 원칙은 논쟁의 여지가 있는 상호주관적인 타당성 요구를 해명해야 하는 — 경험적 증명과 논리적 분석의 절차와 더불어서 — 유일하게 합리적인 절차로서, 동등한 권한을 지닌 토론 참여자들이라는 가정하에서 논증을 진행한다는 절차를 강조하고 있기 때문이다. 여기서 타당성 요구에 대한 상호주관적인 특성은 각각 충분한 능력을 지닌 — 통찰력

---

20) **역주**-헤겔의 『법철학 강요』의 서문에 나오는 말로서, 지금 발 디디고 있는 이 순간의 중요성을 강조하는 말이다.

과 판단력이 있는 — 화자의 '좋은' 또는 '타당한' 논증이 수용될 수 있어야만 한다는 것으로 표현된다. 그러므로 상호주관적인 모든 타당성 요구 속에는 하나의 타당성 요구가 향하고 있는 모든 합의들 가운데 강제 없는 논거 및 통찰에 근거하는 하나의 합의에 대한 예상이 들어 있다.

나의 주장은 다음과 같다. 만약 우리가 조직 원리인 '논변적 합리성'이 인정되고 관철되는 사회라는 이념에 대해 충분히 특정한 의미를 부여할 수 있다면, 우리가 이와 더불어 동시에 완전히 합리화된 삶의 형식이라는 이상을 공식화하게 된다는 것을 의미하는 것은 아니다. 그러한 이상은 존재할 수 없다.

이러한 주장을 해명하기 위해 나는 제일 먼저 투겐타트를 실마리로 삼아 보편화용론적으로 파악된 진리의 합의 개념에 대한 몇몇 논거를 공식화할 것이다.

경험적 발화의 진리성 요구는 — 어떤 의미에서는 — 언어에 독립적인 실재에 대한 발화와 관련되어 있다. 그러한 발화들이 진리일 수 있는 조건은 그 발화 속에서 발생되는 표현들에 대한 의미를 규정하는 의미론적 규칙을 통해 결정된다. 이와는 달리 규범적 발화에 대한 타당성 요구는 옳음의 척도와 관계된다. 그 척도는 — 이 발화와 그것으로부터 독립적인 실재는 연관이 없기 때문에 — 발화를 할 때 발생하는 표현의 사용에 대한 의미론적 규칙을 통해 규정되는 것이 아니라, '정당한'과 같은 말의 사용을 위한 의미론적 규칙을 통해서 정의된다. 경험적 발화에 대한 논쟁은 이러한 발화의 진리에 찬성하는지 반대하는지에 대해 논증하는 것을 의미한다. 즉, 경험적인 발화를 정당화된 것으로 수용한다는 것은, 그 발화가 올바로 정당화되었음을 받아들이는 것을 의미한다. 이와는 반대로 규범적 발화에 대한 논쟁은 p가 정당하다(도덕적으로 옳다)는 것에 대해서 찬성하는지 반대하는지에 대해 논증하는 것을 의미한다. 어떤 경우에는 진술된 내용과 독립된 척도, 즉 이러한 진술의 옳음(Richtigkeit)에 대한 척도와 맺는 관계가 언어와는 독립적인 실재에 대한 연관에 상응한다. 물론 척도의 '독립성'은 두 가지 경우 모두에서 단지 상대적인 독립성일 뿐이다. 즉, 경험적 진술의 경우에 — 언어와는 독립적인 실재인 — 척도는 단지 표현을 사용하는 것에 관한 의미론적 규칙에 의거해서만 제공되는데, 특정한 한계 내에서 이러한 표현을 사용하는 것에 관해 선행하는 합의가 존재하지 않으면 안 된다. 다시 말해 실천적으로 기능하는 동의가 존재해야만 한다는 것이다. 물론 이러한 동의는 근거를 가지고 비판될 수 있고 근거를 통해 수정될 수도 있다. 그러나 의미론적 규칙에 대한 합의는 전적으로 근거를 통해 산출될 수 있는 것은 아니다. 합의는 오히려 모든 논증 활동의 전제인 공동적 삶의 실천을 통해 습득한 결과이다. 규범적 발화의 경우에 옳음의 척도는 '정당한'과 같은 표현을 사용하기 위한 의미론적 규칙에 의거해 제공된다. 그리고 이러한 의미론적 규칙은 우선적으로 문화에 의존적이다.

'정당한'과 같은 말의 — 문화적으로 불변하는 — 의미론적 핵심은 동일한 것을 동일하게 다루려는 요구에서 정당화될 수 있는 것으로 보인다. 그것은 무엇을 의미하는가?

p라는 행위에 대해 그것이 정당하다고 주장하는 것은 우선 아무런 의심 없이 모든 사람들이 그 행위를 정당한 것으로 수용해야만 한다는 것을 의미한다. 그러나 그것은 **동시에** 모든 사람이 비교할 수 있는 상황에서 그렇게 행위해야만 하거나 그렇게 행위해도 좋다고 주장한다는 것을 의미한다. p를 정당한 것으로 판단하는 것은 우선 — 나를 포함한 — 모든 사람이 비교할 수 있는 상황에서 — 마치 경험적 주장을 참으로 인정한다는 것은 모든 사람이 이러한 주장을 정당하게 찬양해도 좋다는 것으로 인정한다는 것을 의미하는 것처럼 — 그렇게 행동해야만 한다고 주장하는 것을 의미한다. 그러나 동시에 p를 정당한 것으로 인정하거나 주장하는 것은 **또한** 모든 사람이 'p는 정당하다'는 주장을 (규범적으로) 참인 것으로서 수용해야만 한다는 것을 가정하거나 요구하는 것을 의미한다.

어떤 규범에 대해 그러한 규범이 정당하다는 것을 주장하는 것은 모든 사람들의 요구가 '동등하게' 고려된다는 것(같은 것은 동일하게 다루어져야 한다는 것)을 주장함을 의미한다. 동시에 요구를 — 주장하는 것이 아니라 — 제기한다는 것은 누구든지 이러한 규범을 정당화된 **것으로** 찬성할 수 있어야만 한다는 것을 의미한다. 그러므로 하나의 규범을 올바른 것으로 또는 정당화된 것으로 판정할 때는 각각의 모든 사람들과의 — 또는 한 집단의 모든 구성원들과 맺는 — 이중적 관계가 포함된다. 즉, 그것은 한편으로는 '정당한'이라는 말의 의미론 때문에, 다른 한편으로는 타당성 요구라는 상호주관성 때문에 가능하다. 그러나 '정당한'이라는 말을 상호주관적으로 구속력 있는 것으로 사용한다는 것은 합의가 관련된 의미 속에서 '동등한 것'으로서 동등한 대우나 배려로 간주해야만 한다는 것에 존재한다는 데 의존한다. 그러나 규범 N이 정당하다는 주장이 당연히 찬양되는지 어떤지는 — 그래서 누구에게나 당연히 요구될 수 있는 것인지 어떤지는 — 관련된 의미 속에서 무엇이 '동등한' 것으로 불려야만 하는지에 대해 기준이 적합한지 하는 것에 의존한다. 그러나 동등함과 동등하지 않음에 대한 기준이 옳은지에 대한 의문은 다시금 규범이 '정당한가' 하는 의문은 아니다. 오히려 그것은 동등하지 않다는 것을 어떻게 해석·평가하고 설명하는지에 대한 의문이다.

그래서 우리는 규범에 대한 정당화의 '독백적' 수준과 '대화적' 수준을 구분할 수 있다. 이해 관심, 욕구, 상황에 대한 공통적인 해석의 토대가 가정될 수 있는 한, 논변은 규범을 적절하게 정당화하기 위해서 — 아마도 화용론적 근거에도 불구하고 — 원리적으로 반드시 필요한 것은 아니다. 그러나 상황 이해와 욕구 해석이 서로 달라질 경우에 규범에 대한 정당화된 찬동(Einverständnis)의 가능성이 다시 산출되어야만 한다면 실제적인 논증이 필요하게 된다. 여기서 이제 이상적인 발화 상황에 대한 규칙이 나름의 정당성을 확보한다. 나는 투겐타트가 그렇듯 우리가 이상적 발화 상황에 대한 규칙을 **도덕적** 규칙으로 이해해야만 한다는 것을 염두에 두고 있다. 이때 이 규칙은 논변 기회의 동등성과 담화 참여자의 정직함을 보장한다. 그러나 만약 이러한 규칙이 인정된다면, 그 경우 어떻게 욕구를 해석하고 상황을 이해할 것인지를 확정하기 위한 어떠한 특권화된 입장도 존재할 수 없다는 것이 명백해진다. 즉, 상황 이해와 욕구 해석에 대한 강제 없는 일치는 규범을 정당화하기 위해 유일하게 가능한 토대인데, 이러한 규범에 의해 강제 없는 일치가 상호주관적으로 수용될 수 있어야만 한다는 것이 예측될 수 있다. 그러한 찬동이 존재하지 않는 한, 공통적인 이해와 연관된 상호적 인정의 관계는 결여된다. 그러나 그러한 욕구 해석과 상황 이해가 관건이 되는 한, 찬동 가능성은 그러한 욕구 해석과 상황 이해의 진리에 관한 **기준**이다. 그리고 공통적으로 인정된 의미론적인 규칙의 토대 위에서 주장되는 문장, 즉 경험적이고 규범적인 문장에서 나타나는 것처럼, 찬성의 가능성은 단순히 욕구 해석과 상황 이해의 진리의 **결과**만은 아니다.

이제 상호적인 인정의 관계가 공통적인 해석에 대해 산출될 수 있는지는 개개의 경우에 결코 선천적으로 결정할 수 있는 문제가 아니다. 합의를 목표로 하는 것이 실천적인 문제 속에서 보장될 수 있도록 도와주는 규칙이나 절차는 존재하지 않는다. 그렇기 때문에 이상적 담화 상황의 대칭성 요구는 동시에 모든 참여자에게 결정을 행하는 일에 참여할 동등한 기회를 필요로 한다는 요구로 이해될 수 있다. 일치가 이루어질 수 없는 곳에서는 곧바로 모든 사람들이 자신의 논거를 청자에게 알려주고 결정에 참여할 수 있는 권리를 동등하게 가지고 있어야만 한다. 비록 제도적으로 언급된 것이지만, 여기서 '기회'라는 것이 실제로 의미하는 것은 형식적인 숙고를 통해 다시 선천적으로 결정될 수 있는 것은 아니다.

우리는 불일치와 (논변적으로) 교섭하며 결정을 행하고 해석을 밝혀 주는 특수한 형식을 통해서 드러난 사회를 '합리적으로' 조직되었다고 말한다. 그러나 이것은 우리가 절차의 합리성이 결과의 올바름 또는 단지 (내용적) 합의에 관한 가능성만을 보장한다는 것을 가정해서는 안 되는 경우에, 그러므로 우리가 또한 (형식적) 합리성 구조와 내용적 합의의 기회 사이, 그리고 공통적인 해석과 성공적인 삶의 형식 속에서 성취된 집단적 정체성을 형성할 수 있는 기회 사이를 구별해야만 하는 경우에, 다시 말해 우리가 합리적인 사회조직의 이상적인 극한값에 대해 말할 수 없는 경우에 그러하다. 그러나 그것은 말하자면 어느 정도 이상적인 극한값에 좀 더 크거나 작게 접근하는 척도에 의거해서, 지배에서 자유로운 의사소통의 사회를 허무는 것을 도외시해야만 한다는 것을 의미하기도 한다. 나는 그것 대신에 우리가 또한 '합리성의 척도'라고 부를 수 있는 다른 종류의 평가 표준이 도입될 수도 있을 것이라 생각한다. 물론 합리성의 척도가 처음부터 그것이 형식적으로 특징지을 수 있는 최선책도 결코 허용하지 않는다는 사실은 명백한 것이다.

나는 이러한 사유를 우선 간접적으로 해명하고 싶다. 왜냐하면 내가 개인의 삶의 형식이라는 측면에서 하나의 유추를 구성할 것이기 때문이다. 나는 우리가 특정한 발전 단계의 개인들에게 도덕적·인지적 의식구조를 귀속할 수 있다는 것을 가정하는데, 이러한 도덕적·인지적 의식구조를 우리는 '논변적 합리성'이라고 부를 수 있을 것이다. 그러한 구조는 문제 해결의 형식과 타당성 요구와의 교섭 형식을 나타낸다. 그래서 또한 문제 해결을 위한 내용적 특질이 아닌, 형식적 속성만을 드러낸다. 나는 신경증이라는 문제와 그것의 치료에 대해 내가 바라는 바를 분명히 하고자 한다. 나는 신경증 환자의 — 도덕적이고 인식적인 종류의 — 형식적 능력이 이른바 '건강한 사람들'의 능력 못지않다고 가정한다. 그래서 신경증적 '합리성의 결핍'은 — 만약 이러한 합리성의 결핍에 대해 굳이 언급한다면 — '의사소통적 능력' (또는 '강제 없는 자아동일성')이라는 형식적 규준의 척도에 따라 서술될 수는 없다. 오히려 신경증과 반대되는 것은 향상된 나의 종합능력을 통해, 이미 사방으로 퍼져 있는 본능적 충동의 강제 없는 통합을 통해, 그리고 이것과의 **관련** 속에서 자연적으로 고양된 자기투명성을 통해, 당사자인 주체의 적절한 자기 이해를 통해 어느 정도 특성화될 수 있는 (주체의 규칙) 상태이다. 해석(인식적 지평)의 변화는 자아, 자아의 감정 구조, 자아의 동기, 자아의 종합적 능력의 변화를 수반한다. 내가 주장한 바와 같이 주체의 이러한 변화에서 우리가 구성 요소의 '이상적인 균형'에 대해서, 또는 예술 작품의 계기를 하나의 전체로 강제 없이 통합하는 것에 대해 말할 수 있다는 의미가 아니라면, **어떠한** 이상적 규범도 존재할 수 **없다**. 물론 인간은 결코 예술 작품이 아니다. 그렇기 때문에 이러한 유추 역시 확실히 어떤 관점에서는 오도된 것이다.

우리는 신경증과 치료 상태 간의 차이를 동일한 (형식적) 능력의 사용이라는 두 가지 상이한 종류 간의 차이로 서술한다. 비신경증 환자의 경우에는 이러한 능력을 **훨씬** 더 잘 사용하지만, 어떤 것이든지 **형식적으로** 특징지을 수 있다는 의미에서 볼 때, 반드시 더 **합리적으로** 사용하는 것은 아니다. 여기서는 통찰, 즉 판단 능력과 행위 능력의 성장이 중요하다. 다시 말해 확실히 자율성의 성장이 중요한 것이다. 그러나 여기서 강제 없이 자신과 교제할 수 있는 능력이 중요한 한에서, 그리고 다른 사람과의 강제 없는 상호적 관계를 형성하는 능력, 즉 판단 능력과 행위 능력이 중요한 한에서, '완벽한' 건강이라는 이상적 규범이란 존재하지 않는다. 나는 심지어 '자기기만'(또는 정직)이라는 문제를 고려할 때조차도 자기투명성이라는 이상적인 규범은 그 자체로 아무런 의미도 없다고 믿는다. 다시 말해 만약 우리가 자기투명성이라는 개념을 인식적 관계의 전형에 따라 이해한다면, 나는 우리가 — 자기기만과는 반대로 — 자기투명성이라는 개념을 잘못 구성한 것이라고 생각한다. 오히려 주체가 자기 자신에 대해 접근할 수 있는 것과 같은 것이 중요한 것처럼, 말하자면 자기 집에서 자유롭게 움직일 수 있는 능력이 중요하다. 그리고 만약 우리가 이러한 비유에서 벗어나지 않은 채, 여기서 '완벽한' 활동의 자유에 대해 말한다면, 그것은 언제나 하나의 상대적인 의미, 즉 특수한 맥락과 관계되는 의미만을 가질 수 있을 것이다.

3

나는 이제 사회에 대해서 유사한 관찰을 할 수 있어야만 한다고 믿는다. 나는 우리가 미래 사회의 조직 원리에 대해 말할 수 있는 것처럼 논변적 합리성에 대해서도 말할 수 있다고 가정한다. 왜냐하면 반성적으로 이루어진 집단 정체성의 형식이 이러한 조직 원리와 일치하기 때문이다. 이러한 방식으로 형식적으로 특징지어진 사회구성체의 영역 내부에는, 언제나 여전히 다수의 상이한 조직 형식이 존재할 수 있을 것이다. 그리고 그러한 조직 형식의 경우에 이러한 조직 형식들 사이의 구별은 여러 가지 논변적 합리성의 제도화 정도라는 용어로 특징지어질 수 있는 것이 아니라, 오히려 신경증 환자와 건강한 사람 사이의 차이에 대한 유추로, 또는 두 명의 상이한 개인 간의 삶의 형식과 골상학(physiognomie)의 차이에 대한 유추로 특징지어질 수 있다. '성공적인' 해결과 '거의 성공하지 못한' 해결, 그리고 어느 정도 갈등 및 강제의 지속과 결합된 해결책이 존재할 수도 있을 것이다. 그러나 '완전하게' 해방된 사회에 대해 어떠한 사유 가능한 목적지도 존재할 수 없을 것이다. 형식적 합리성의 구조가 (예컨대 좀 더 이후의 경험의 관점에서 고찰된다면) 결정의 옳음도, 모순에 대한 논증적 해결 가능성도, 즉 개인의 의미 있는 삶 또는 아주 행복한 삶도 보장하지 못하기 때문에, 형식적인 합리성의 구조 속에는 우리가 '좋은 삶'이라고 하기 위해 필수적이지만 충분하지 못한 조건만이 주어질 것이다. 그러나 바보와 판단 능력이 있는 자, 신경증 환자와 건강한 자, 볼 수 있는 사람과 맹인, 또는 행복한 사람과 행복하지 않은 사람을 구별하는 것과 마찬가지로, 좋은 삶이라는 의미에서 이성적인 것은 **단지** 형식적 구조라는 의미에서 이성적인 것으로 나타낼 수 있다는 것과 다소 구별될 것이다.

Ⅳ. 합리성, 진리 그리고 합의

3절에 대한 비판적 고찰은 계속해서 '이상적 담화 상황'이라는 이념의 도움을 받아 '합리성' 개념과 '진리' 개념을 해명하고자 하는 하버마스의 시도에 대한 비판으로 이어질 것이다.[21]

1

합리적 합의, 즉 정당화된 합의의 내용은 다음과 같은 의미 이외에는 필연적으로 참이 아니다. 즉, 합의를 의문시하는 사람이 생기지 않는 한, 우리는 합의의 내용을 적어도 근거를 가지고서 참으로 간주하게 될 것이다. 그렇지 않다면 우리가 동의할 어떠한 합의도 존재할 수 없을 것이다. 그러나 합리적인 합의가 존재하기 때문에 그 합의가 참이라고 말하는 것은 잘못이다. 오히려 우리는 하나의 주장을 좋은 근거를 가진 것으로 인정했다. 즉, 우리는 그 주장을 어떤 근거에 의거해 참이라고 간주한다. 그러나 그 주장이 전적으로 근거에 의거해 참으로 여겨질 수 있기 때문에 그 주장이 참이라고 말할 수는 없다. 우리가 그러한 주장을 적절한 근거들을 가졌기 때문에 참이라

---

21) 특히 다음을 참조하시오. J. Habermas, "Wahrheitstheorien," in H. Fahrenbach (Hrsg.), *Wirklichkeit und Reflexion. Walter Schulz zum 60. Geburtstag*, Pfullingen, 1973; J. Habermas, "Vorbereitende Bemerkungen zu einer Theorie der kommunikativen Kompetenz," in J. Habermas and N. Luhmann, *Theorie der Gesellschaft oder Sozialtechnologie*, Frankfurt, 1971.

고 생각한다는 것은 우리가 그 주장이 잘못일 수 있다는 사실을 배제한다는 것을 **의미한다**. 그러나 그러한 사실에서 그 주장이 거짓일 수 없다는 **결론이 도출되지는** 않는다. 만약 p라는 주장에 대한 적절한 근거가 존재한다면, 그것을 통해 p라는 주장이 도출된다. 그러나 — 내가 믿는 것처럼 — 적절한 근거를 가졌기 때문에 p라는 주장이 참이라고 간주하는 것에서 바로 p라는 주장이 도출되지는 않는다. 그러나 근거를 가지고서 p라는 주장을 참이라고 간주하는 것은 아무런 의미도 없다. 왜냐하면 내가 p에 대해 충분한 근거를 진술할 수 있기 때문이다. 만약 우리 모두가 — 우리가 전적으로 믿는 바와 같이 — p가 좋은 근거를 가졌기 때문에 참이라고 간주한다 해도, 우리 모두가 동일한 의견을 지녔다는 사실은 p라는 주장이 참이라는 것에 대해 어떠한 추가적인 근거도 제공하지 못한다. 물론 어떤 사람도 의심할 수 없는 사실, 즉 어떤 사람도 반대 논증을 제기할 수 없는 사실은 그 고유한 통찰을 신뢰하지 않을 수 없다는(신뢰할 수밖에 없다는) 더 좋은 근거이기는 하다. 공통적으로 인정된 주장에 대한 의심이 그 주장이 공통적으로 인정되었다는 **그러한** 사실에 의거해서 의미 없는 것(적어도 색깔을 표현하는 진술이 이러한 경우와 매우 비슷하다)으로 되는 곳에서만 합의는 진리의 **기준**이 된다. 즉, '척도'에 관한 의견 일치(Einverständnis)는 중요하다. 그리고 그러한 동의는 일반적으로 **의견의** 다양성이 존재할 수 있음을 인정하기 위한 전제이다. 그러한 의견 일치가 타당성 요구에 대한 모든 논변에 기초해야만 하기 때문에, 우리가 불일치를 주장의 진리에 관한 불일치로서, 또는 표현의 사용에 관한 불일치로서 이해할 것인지 하는 문제, 그러므로 의미론적 규칙을 올바로 적용하고 있는가에 관한 논쟁 또는 '언어의존적' 사태에 관한 논쟁이 중요한가 하는 문제는 어떤 의미에서는 관점의 문제라고 말할 수 있다. 그러나 두 가지 관점이 똑같이 가능하다는 것이 우리가 진리 문제를 단지 이러한 관점 중 오직 **하나의 관점으로부터만** 이해할 수 있다는 것을 의미하지는 않는다. 왜냐하면 진리대응론과 진리합의론은 그때마다 단지 **하나의** 측면만을 파악하기 때문이다(진리정합설은 이러한 두 가지 측면의 관계를 파악한다. 즉, 세 번째 측면을 파악하는 것이다). 만약 주장 p나 이론 T에 대한 일반적이고 강제 없는 합의가 거듭해서 ─ 무한하게 ─ 증명될 수 있다면, 그것은 어떠한 사람도 더 이상 p라는 주장이나 T라는 이론의 오류성에 대한 근거를 전제할 수 없다는 것을 의미할 것이다. 그리고 p 또는 T는 선천적 또는 분석적인 진리 가까이로 이동하게 될 것이다. 그러나 우리가 말할 수 있는 하나의 관점은 결코 존재할 수 없다. 이제부터 우리의 합의는 더 이상 의문시될 **수 없다.** 왜냐하면 오히려 합의가 더 이상 좋은 근거를 통해서는 의문시될 수 없다는 사실은 합의가 잘 정당화되었다는 사실에서 도출되기 때문이다. 그러나 잘 정당화된 합의가 중요하다는 **것은** 그 합의가 의존하고 있는 근거가 적절하다는 사실에서 도출되는 것이지, **모든 사람들이** 이러한 적절한 근거를 수용했다는 사실에서 도출되는 것은 아니다. 달리 말하면 **무엇이** 적절한 근거인가 하는 것을 특정한 종류의 합의에 관심을 기울이고 있다는 사실을 통해서는 (충분히) 해명할 수 없다. 왜냐하면 이런 종류의 합의('합리적 합의')를 특징짓기 위해 우리는 이미 무엇이 적절한 근거인지를 알고 있어야만 하기 때문이다.

이제 확실히 의미론적 규칙에 대한 의견 일치 역시 근거를 통해 비판되며 개정될 수 있다고 정당하게 말할 수 있다. 그러한 의견 일치가 의미론적 규칙의 고유성에 의거해 결코 단 한 번에 '견고하게' 될 수 없다는 것을 전적으로 도외시하고서도 말이다(그러한 의견 일치는 언제나 그리고 다시금 실천적으로 평가되어야만 한다. 왜냐하면 여기서 규칙은 그 규칙을 적용하는 과정에서 지속적으로 형성되기 때문이다). 표현의 올바른 사용에 대한 물음은 의미론적 규칙의 확정에 관한 물음일 뿐만 아니라, 심지어는 규범적 물음이기도 하다(설령 정의가 관건이 아니라 참된 표현의 가능성이 관건이라고 해도 말이다). 여기서 우리는 어째서 진리합의 개념이 진리 개념의 한 측면과 올바로 관계하는지에 대해 다시 볼 수 있다. 다시 말해 우리는 실제로 규범적 질문에 대해 — 보편화 작업이 문제가 되지 않는 한에서 — 합의가 진리의 규준이라고 말할 수 있을지도 모른다. 다시 말해 규범적인 문제가 경험적인 문제에서 최종적으로 명백하게 분리될 수 있다면, 우리는 그렇게 말할 수 있을 것이다.

우리의 자기 이해의 문제 및 상호작용과 관련된 해석의 문제가 관계하는 의미론적 규칙은 그 규칙의 토대 위에서 구어적이거나 비구어적인 표현과 행위 사이에 있는 모순 없는 연관이 도대체 어디까지 가능한가 하는 문제에서, 따라서 의미론적 규칙의 타당성이 모순을 은폐해야 할 필연성과 결합되는지 하는 문제에서 평가될 수 있을 것이라는 사실에 의해 좀 더 폭넓은 복잡성이 드러난다는 것을 추측해볼 수 있다. 따라서 의미론적 규칙의 기준은 그러한 규칙을 통해 매개된 개인 간의 **진실한** 관계의 가능성이다. 우리는 의미론적 규칙의 적절성에 관한, 아니 오히려 의미론적 규칙체계의 적절성에 관한 **하나의** 기준이, 그리고 이러한 규칙체계를 통해 규정된 관계, 즉 언어적이고 비언어적인 행위 사이에 있는 특정한 연관의 통일성이라는 기준이 존재한다고 말할 수도 있을 것이다. 합의의 측면과 — 화용론적인 — 일관성이라는 측면은 — 도덕적 옳음과 정의라는 의미에서 — 규범적 타당성 문제에서 작동한다. 경험적 타당성 문제에서 대응설과 합의의 측면이 어느 정도 작동하는 것처럼 말이다. 그러나 규범적이고 이론적인 논변은 서로 독립적이지 않다. 따라서 진리합의 개념이 충분하지 못하다는 것은 오직 진리합의라는 개념이 진리의 '대응설이라는 측면'을 함께 포괄하지 못한다는 사실에서 기인한다(보편화 원칙과 귀납 원칙은 모순에 의거해 명제를 특수하게 파악하는 것처럼 보인다).

합리적으로 정당화된 표현과 참인 표현은 범주적으로 동일하지 않다. 다시 말해 단지 다양한 논변 유형 상호 간의 내적인 얽힘뿐만 아니라, 전통 속에서 매번 일면적으로 강조된 진리 개념에 대한 다양한 측면(상응설, 대응설, 합의설)의 내적 얽힘이 존재한다. 이런 것을 강조하는 것이 곧 객관성의 문제와 진리 문제를 뒤섞는 것을 의미하지는 않는다. 그러나 물론 우리는 합리적으로 정당화된 표현, 즉 적절한 근거를 가졌기 때문에 그러한 표현을 참으로 여긴다는 표현

이상으로 나아갈 수는 없다(그리고 그렇게 해서도 안 된다).

무한한 합의 속에서 **우리에게는** 더 이상 일치라는 것이 있을 수 없다. 그러나 합의가 의존하고 있는 근거는, 만약 우리가 논변에 계속 참여할 수 있다면, 우리를 여전히 납득시키는 것이 가능해야만 한다는 것을 위한 근거여야 한다. 더 이상 사례에 대한 검증만이 수행될 수는 없다. 따라서 만약 합의만을 진리의 기준으로 이해해야 한다면, 그 합의가 필요로 하는 증명의 일부분은 무한한 합의 때문에 **원칙적으로** 봉쇄되어버린다. 그럼에도 합의가 적절한 근거에 의존하고 있으므로 그 누구도 합의를 통한 진리에 대해 의심하지 못할 것이다.

2

척도에 대한 확정(또는 좋은 논증이란 무엇인가에 대한 확정)은 언어 사용의 규칙에 대한 상호 이해를 통해 이루어진다. 만약 어느 정도까지 '판단의 공통성'이 존재하지 않는다면(비트겐슈타인), 그러한 상호 이해라는 표현 자체가 성립할 수 없다. 만약 타당성 요구의 정당성에 대한 사실적이고 정당화된 합의가 이루어지고, 정당화된 문법적 규칙에 따라 이러한 타당성 요구가 정당하게 성립한다면, 이러한 합의는 나중에 다시 문제로 부쳐질 수 있다는 것은 합의하는 사람이 **실제로** 공동적으로 인정된 규칙에 따르지 않을 수 있다는 논증을 통해 생각될 수 있다. 이에 대해 동의가 얻어질 경우, 이것은 또한 선행된 합의가 (충분히) 정당화되지 못했다는 사실에 동의하는 것이다. 만약 새로운 합의가 다시 의문시되지 않는다면, 그것으로부터 그 합의가 충분히 정당화되었다는 사실, 곧 그 합의가 '참된' 합의라는 사실이 **귀결되는가**? 그렇지 않다. 결론적으로 도출되는 것은 그 누구도 참된 합의가 의존하는 근거에 대해 더 이상 의심하지 않는다는 것뿐이다. 만약 이상적 담화 상황의 조건이 실현된다면, **그것에서** 그 경우의 합의가 참된 합의라는 사실이 귀결되는가? 그렇지 않다. 그것은 그 경우의 합의가 의존하는 근거에 의해 귀결되는 것이다. 그러나 여전히 가능한 반대 근거가 **존재한다면**, 이러한 반대 근거가 이상적 담화 상황에서도 역시 제기될 것이고 인정될 것이라는 것을, 그리고 이 반대 근거가 발생하지 않기 때문에 합의가 **틀림없이 참이**라고 말해서는 안 된다는 말인가? 만약 이상적 담화 상황 속에 어떤 **가능한** 논거도 무시되지 않는다는 것을 통해, 그리고 모든 **타당한** 논거가 수용되어 있다는 것을 통해, 우리가 이상적 담화 상황을 정의한다면, 앞서 말한 것을 우리는 단지 행할 수 있을 뿐이다. 이러한 조건하에서 성취된 합의는 당연히 **참된** 합의일 것이다. 우리가 하나의 근거 있는 합의를 획득할 때면 언제나 우리는 어떤 의미에서 그러한 조건을 가정하고 있는 셈이다. 그리고 우리가 이러한 가정 속에서 기만당할 수도 있는데, 만약 새로운 논거가 드러나게 되면 그처럼 기만당한 사실도 드러난다. 물론 모든 가능한 논거가 검사되고 모든 타당한 논거가 수용되는 상태는 어떤 의미에서 볼 때 '이상적'이다. 그것은 정당화된 지식의 이상인 것이다. 그러나 만약 우리가 이상적 담화 상황을 이러한 의미로 이해한다면, 이상적 담화 상황이 존재하는지 여부에 대한 의문은 특수한 의사소통적 **구조**가 존재하는지에 대한 의문과 동일한 의미가 아니라, 우리의 — 공통적으로 인정된 — 근거가 실제로 적절한 것인지에 대한 의문과 동일한 의미를 지닌다(만약 우리가 앞으로 놀랄 만한 일을 체험하게 된다면, 그것은 과거의 발화 상황의 구조와 관계되는 것이 아니라, 각각의 개별적인, 즉 모든 논거에 대한 확신이 이미 충분하게 검사되어 있다는 것이다). 우리가 여기에 반대해 이상적 담화 상황(다양한 종류의 발화 행위를 할 수 있는 기회를 동등하게 분배하는 것 등)을 의사소통적 상황에 대한 하나의 **구조**라는 의미에서 이해한다면, 우리는 오직 의사소통적 상황의 이상적 구조가 필연적으로 모든 가능한 논거가 발언되고 모든 타당한 논거가 수용된다는 결과를 가지는 경우에만 이상적 담화 상황이라는 조건하에서 도달된 합의야말로 당연히 참된 합의라고 말할 수 있을 것이다. 그러나 정작 그것은 성립될 수가 없는데, 왜냐하면 그렇지 않을 경우 — 이상적 담화 상황하에서의 — 불일치 가능성이 배제되어야만 하기 때문이다. 그러나 그 경우에 이상적 담화 상황이 논변적 상호 이해의 이상적 조건을 드러내지 못할 수도 있기 때문이 아니라, 오히려 — 처음에 위에서 언급한 바와 같이 — 논변적 상호 이해 과정의 이상적 **결과**를, 즉 참된 합의를 드러내기 때문에 그것은 아무런 의미도 없다. 따라서 이상적 담화 상황은 곧 상호 이해와 논증이 불필요하게 된 상황일지도 모른다. 왜냐하면 참된 합의가 이미 존재하기 때문이다.

만약 방금 해명된 두 가지 '가정'(한편으로는 하나의 이상적 의사소통 구조가 실현된다는 가정, 다른 한편으로는 모든 가능한 근거가 발언되고 모든 타당한 논거가 수용되었다는 가정)을 서로 분명하게 구별한다면, 다음과 같은 결론이 도출된다. 합의에 포함된 **두 번째** 종류의 가정이 정당하게 성립하는 그 경우, 그리고 그 경우에만, 하나의 합의가 '참'이라는 것이 일상적으로 정당하다. 바로 그와 같은 가정도 — 의사소통 구조라는 의미에서 — 이상적 담화 상황의 조건하에서 도달된 합의에 속한다는 사실 역시 타당하다. 그러나 이러한 가정이 정당하다는 것은 — 그래서 합의가 '참'이라는 것은 — 논리적인 추론을 통해, 그러한 — 구조적으로 — 이상적인 발화 상황이 실현될 수 있다는 가정이 정당하게 성립된다는 것으로부터는 획득될 수 없다. 그러나 이것으로부터 이상적 담화 상황의 조건하에서 도달된 합의가 당연히 참된 합의라는 논제는 일상적으로 — 즉, 분석적으로 — 참 또는 거짓이라는 사실이 도출된다. 거짓(잘못)이라는 것은 곧 — 구조적으로 — 이상적인 담화 상황 속에 있는 상호 이해와 논변이 여전히 필수적일 수 있다는 가정과 일치될 수 없다는 것을 뜻한다. 그러나 만약 우리가 이러한 가정을 포기한다면, 단지 우리는 — 합리적으로 정당화된 — 참된 합의가 — 합리적으로 정당화된 — 참된 합의일 뿐이라고 주장할 수 있다. 그리고 그것은 논제 자체의 의미로 존재할 수 없다. 그러나 만약 이상적 담화 상황이라는 조건하에서 실제적으로 도달된 합의가 '참'일 필요가 없다면, 이상적인 담화 상황이라는 조건이 진리를, 그렇다고 합의를 보장할 수 없다는 것은 마땅하다. 이상적 상호 이해 상황과 논변 상황이라는 형식적 구조로, 그리고 그러한 조건하에서 도달된 합의로 소급한다고 해서 무엇이 진리인가 하는 문제는 충분히 해명될 수 없다.

3

논변적 합리성의 특징을 통해 삶의 형태를 특징짓는다는 것은 진리가 공공연하게 드러나 있다는 가정과도 같은 의미일 수 없으며, 일반적인 합의가 지배하고 있다는 가정과도 같은 의미일 수 없다. 오히려 우리가 논쟁에 참여했기 때문에 논거를 통해 타당성 요구에 대한 논쟁이 종결되는 조건을 가정한다는 것이 중요하다. 그리고 만약 필요하다면 우리가 그러한 논쟁에 참여한다는 **사실**이 중요하다. 우리가 살펴본 바와 같이, 판단에 대해 어느 정도의 일치를 보이는 것이 여기에 속한다. 왜냐하면 판단을 행할 때 일치를 보인다는 사실은 생활 형태의 공동성에 속하기 때문이다. 그러나 여기서 마찬가지로 불일치의 가능성도 생활 형태의 공동성에 속하는데, 우리가 개인들의 '합리성'을 태도나 행위의 형식, 문제 해결의 형식, 노력 여부와 형식적 능력 등으로 간주하는 것이 아니라, '통찰' 또는 '판단력'과 같은 어떤 것으로 간주하지 않는다면, 이러한 불일치가 생겼다고 해서 의견을 달리하는 사람들 중 어느 누구에 대해서도 합리성이 결핍되었다고 비난할 수는 없다. 그러나 만약 우리가 개인의 '합리성'을 후자의 의미로 이해하고자 한다면, 우리는 첫째로 — 위에서 전개된 논거에 상응해서 — 개인들의 합리성을 형식적 구조를 통해 서술할 수 있는 '의사소통적 능력'의 도움을 받아서 해명할 수는 없을 것이다. 그리고 둘째로 우리는 생활 방식의 합리성이라는 것을 형식적

구조를 통해서만 특징지을 수 없고, 오히려 우리는 생활 방식의 합리
성을 고차원적인 정도의 합의와 합의의 기회를 통해서, 그리고 '성공
적인' 집단적 정체성과 같은 어떤 것을 통해서 특징짓지 않으면 안
될 것이다.

　만약 우리가 '논변적 합리성'을 형식적 특징의 도움을 받아 서술할
수 있는 개인 및 체계의 속성으로 간주한다면, 우리는 이러한 속성에
대해, 그것이 비록 개인의 판단 능력에 대해 언급되었던 것이든 개인
의 통찰에 대해 언급되었던 것이든 사회가 지닌 고유한 정도의 강제
없는 의견 일치에 대해 언급되었던 것이든 간에, **본질적인** 어떤 것
없이도 존재한다고 말할 수 있을 것이다. 물론 그것이 우리가 이
점에 대해 아무것도 말하지 못한다는 것을 뜻하는 것은 아니다. 공동
적인 삶의 실천이 존재해야만 하며, 모든 사람에게 어느 정도 공유되
어 있는 능력, 즉 이 공통적인 삶의 실천에 근거해 있는 규칙에 따르는
능력이 바로 공동적 삶의 실천에 해당한다. 만약 이러한 판단 능력과
통찰의 상호 확인이 없다면 논변적 합리성은 더 이상 '공격점'을
지닐 수 없을 것이다. 그러나 우리가 이제 이를 넘어서서 태도나
능력 및 제도에서 구현된 형식적 원리라는 의미와는 전적으로 다른
'합리성'에 대해, 즉 개인 또는 사회의 이성적 정체성에 관해 말할
수 있다면, 따라서 우리가 아마도 판단력이라는 개념 속에서나 '강제
없는' 또는 '성공적인' 동일성이라는 개념 속에서 발생할지도 모르는
것처럼 합리성이라는 개념과 진리라는 개념을 서로 결합시키고자
한다면, 우리는 개인들의 능력(판단력)이라는 의미에서든 상호주관적

삶(좋은 삶)의 연관 구조라는 의미에서든 개별자와 일반자의 성공적인 결합이나 화해에 대해 생각해낼 것이다. 그리고 이러한 사고가 합리적 원칙에 관한 진술을 통해서든 이상적 담화 상황이라는 대칭적 조건의 진술을 통해서든 충분히 공식화되거나 명확히 규정될 수는 없다. 아마도 우리는 그 차이를 또한 다음과 같이 명료화할 수 있을 것이다. 말하자면 여러 다른 종류의 발화 행위를 사용할 수 있는 기회가 실제적인 논변 상황 속에서 대칭적으로 분배될 것이라는 가정은 우리가 지금 여기서 합리적으로 상호 이해할 수 있다(그래서 참된 합의를 목표로 할 수 있다)라는 **광범위한** 가정에 대한 충분한 형식적 설명은 아니다. 다른 측면에서 볼 때, 만약 우리가 합의에 도달한다면 이상적 담화 상황의 대칭적 조건이 선재하고 있었다는 이유 **때문에** 그 합의를 참이라고 생각하지 않는다. 오히려 우리는 그 합의를 **합리적이라고** 간주한다. 왜냐하면 우리는 합의가 모든 사람들의 통찰과 발언된 근거의 질에 의존한다고 가정하기 때문이다. 그리고 우리는 합의를 **참**이라고 생각하는데, 이는 우리가 그 근거를 충분하다고 생각하기 때문이며, 따라서 의문시된 타당성 요구를 우리가 정당한 것으로 생각할 **수 있는** 타당성 요구로서 간주하기 때문이다. 합의가 합리적인가에 대한 평가는 근거의 적합성에 대한 평가와 구별될 수 있다(우리는 이러한 근거의 적절성을 합의에 의존하지 않고서도 인정할 수 있다). 그리고 이러한 구별은 단지 우리가 스스로 의견을 같이한다는 사실에서 근거의 적절성이 도출되는 곳에서만 무력해질 뿐이다. 그러나 이미 반복해서 강조한 것처럼, 후자(근거의 적절성)의 경우는 논변적 우주(공간)의 모든 관점에서 **동시에** 참일 수는 없다. 그러므로 해소될 수 없는 불일치는 — 이상적 담화 상황이라는 의미에서 — 합리성의 결핍을 **지시해서는 안 된다.** 그리고 합리적인 것으로 고려된 합의라는 관계를 파괴하는 것은 '합리성이라는 가정'이 — 이상적 담화 상황이라는 의미에서 — 잘못된 것임을 의미해서도 **안 된다.**

4

우리가 합리적인 것이라고 여겼던 합의가 나중에 '기만적인' 것으로 증명될 수도 있다고 말하는 것(이것이 하버마스가 주목한 경우이다)은 무엇을 의미하는가? 나는 두 가지 경우로 구분해보고자 한다. 두 가지 경우 모두 — 외관상으로 — 찬동의 상황 속에서는 약간의 예측이 수행된다는 사실에서 출발한다. 한편 그러한 찬동은 장차 생각할 수 있는 새로운 성좌 속에서 찬동으로서 증명된다는 가정에서 출발한다(우리는 결코 모든 시간 중에서 바로 지금 다음의 것을, 즉 우리는 자신을 — 지금 — 이해하고 있다는 것을 결코 확신할 수 없다. 어떤 의미에서 그것은 아직도 여전히 한층 더 증명되지 않으면 안 된다). 두 경우는 다음과 같이 서술될 수 있다. **한편으로는** 각각의 찬동에서 무엇이 가능한가 하는 물음이 생긴다. 말하자면 찬동은 특정한 지점에서 '사방으로 각자 흩어진다.' 즉, 좀 더 넓은 의미에서 그것은 의미론적 규칙의 적용 과정에서 생기는 의미론적 규칙의 끊임없는 발전이라는 문제이다. 우리는 본래 우리 자신을 기만하지 않는다.

그렇다고 해서 우리 중 각자가 새로운 경험을 하고 공통적인 의미를 계속 발전시킨 것과 똑같은 정도로 찬동을 계속 발전시키는 일에 성공하는 것도 아니다. 만약 우리가 여기서 어떤 '기만적' 찬동에 대해 말하고자 한다면, 그 기만은 합의의 '합리성'이 아닌, 합의의 '지탱 능력'과 관계된다. **그렇지 않다면 다른 한편으로** 우리가 강제 없는 합의를 가정하고 있는 그곳에서, 사실이 하나의 내적인 강제가 작동한다는 것을 우리가 폭로하는 것이다. 그것은 ─ 구성원에게 의식되지 않은 채로 ─ 강제나 억압 또는 종속이라는 부분이 의사소통을 방해하는 삶의 형식의 와해에 대한 경험이다. 이것은 하버마스가 주목한 바로 그러한 사례에 해당한다. 우리가 **이러한 경우를** ─ 우리의 가정에 반대하여 ─ 이상적 담화 상황의 조건이 실현되지 않는다는 것을 나중에 발견하게 되는 경우라고 해석할 수 있는지에 대한 의문은 결정적이다. 그 대답은 우리가 이상적 담화 상황이라는 개념에 어떤 의미를 부여할 것인가에 달려 있다. 말하자면 '강조적인' 의미인가 또는 '형식적인' 의미인가 말이다. 하버마스에게 그 개념의 문제성은 정확히 다음과 같은 것에 놓여 있는 것처럼 보인다. 즉, 본래는 강조적인 의미를 염두에 두었으나, 논증의 특정한 입장에서는 불가피하게 형식적 의미가 전면에 등장한 것이다.

만약 우리가 이상적 담화 상황이라는 개념을 **형식적** 의미로 이해한다면, 따라서 발언 기회를 동등하게 분배하고 논변 영역을 변경할 때도 개방성(Freizügigkeit)을 지녀야 한다는 의미에서 그 개념을 이해한다면, 그만큼 이상적 담화 상황의 조건은 다음과 같은 협의 상황 또는 토론 상황에서 실현될 수 있을 것인데, 이러한 상황에서는 발언 공헌도의 질이나 표현의 진리성에 관해서는 사전에 아무것도 결정되지 않은 채, 영리한 자와 우매한 자, 건강한 자와 신경증 환자와 같은 모든 사람이 동등한 발언권을 갖는다. 게다가 이러한 조건을 통해 왜곡된, 즉 비생산적이거나 잘못된 합의에서 귀결되는 의사소통적 구조 역시 결코 분명하게 배제될 수 없을 것이다. 이와는 반대로 만약 우리가 상이한 종류의 발화 행위를 할 수 있는 기회를 동등하게 분배한다는 것을 다음과 같은 것으로 이해하고자 한다면, 즉 모든 사람이 동등하게 진실한 표현을 행하기, 참된 주장을 제기하기, 올바른 행위를 수행하기, 근거의 적확성을 통찰하기, 그리고 이로부터 타당성 요구를 수용하거나 거절할 수 있도록 동기화하기를 모든 사람이 똑같이 바랄 뿐만 아니라, 수행할 수 있는 것으로 생각한다면, 앞서 가정된 상황은 이상적 담화 상황의 조건과 명백히 일치하지 않는다. 그러나 그 경우에 우리는 이상적 담화 상황을 고유하게 더 이상 논변이 필요하지 않은 곳에서만 실현되는 것으로 생각할 수 있다. 왜냐하면 진리가 모두에게 똑같이 명백하기 때문이다. 아니면 아마도 이상적 담화 상황 속에서 어떠한 불일치도 생겨날 수 없다고 — 따라서 어떠한 토론도 있을 수 없다고 — 말하는 것이 아니라, 모든 화자가 똑같이 그들의 발화 행위를 통해 여태까지 은폐되었던 것을 공공연하게 드러낸다고 말하는 것이 더 적절할지도 모른다. 다시 말해 타당성 요구에 대해 논쟁한다는 것은 그 자체로 좀 더 나은 근거와 좀 더 훌륭한 통찰을 요구한다는 것을 의미하는 것이다. 왜냐하면 다른 사람이 나의 논거를 따르고 나의 논거를 수용할 준비가 되어 있으며 또 그렇게 할 수 있다는 것이 — 내가 이미 다른 사람의 논거를 편견 없이 검증하고 경우에 따라서는 그 논거를 받아들일 준비가 되어 있는 것처럼 — 다른 사람에 의해서 가정되기 때문이다. 따라서 만약 모든 사람이 처음부터 똑같이 올바른 것과 관계하지 않는다는 의식이 모든 사람에게 있다고 가정될 경우, 구조적인 비대칭성이 논변 상황에 들어 있게 된다. 그러므로 어떤 의미에서 — 공통적으로 획득된 통찰이라는 의미에서 — 대칭성은 논변의 최초 결과일 수 있다.

하버마스는 여기서 이상적 담화 상황이라는 개념을 통해 해명된 극단들 **사이에** 놓여 있는 무엇인가를, 즉 어떤 의사소통 상황을 염두에 두고 있는 것 같다(틀림없이 염두에 두고 있을 것이다). 그 상황 속에서 논변적 학습 과정은 필수적이고 의미 있을 수 있지만, 그 속에서 형식적 조건 외에도 ⓐ 화자가 진실된 표현을 할 능력과 각오가 가정되어 있으며, ⓑ 서로 이해할 수 있는 화자의 능력, 서로의 말을 듣고, 다른 사람의 적절한 논거를 받아들이고자 하는 화자의 마음가짐 등이 가정되어 있다. 그래서 치료적 논변은 이상적 담화 상황의 조건하에서 **생각될 수조차** 없다. 이상적 담화 상황은 이러한 의미에서 볼 때, 모든 참여자의 완전한 '합리성'이 전제되는 경우에는 앞서 서술된 종류의 비대칭성과 잘 어울리게 될 것이다. 앞에서 가정된 의미에서 '잘못된' 합의는 확실히 이상적 담화 상황의 조건을 위반한 표지일 것이다.

만약 우리가 이상적 담화 상황을 방금 전에 해명된 의미로 이해한다면, 결정적인 문제점은 'ⓑ' 이하에서 언급된 특징인 '이해하는 능력'에 놓여 있는 것으로 보인다. 나는 이상적 담화 상황이 논변 상황 속에 있는 필수적 가정이어야만 한다는 것에서 출발한다. 그렇다면 어떤 의미에서 이것은 서로를 이해하는 능력으로 간주되는가? 만약 나 자신이 화자라면, 그리고 내가 나 자신에게 명석판명한 사유 작용과 논거 또는 의문을 공식화한다면, 나는 나를 이해할 수 있는 다른 사람의 능력을 가정한다. 어떤 다른 사람이 내가 보기에 나를 이해하지 못하고 있거나 완전하게는 이해하지 못하고 있는 것으로 보이는 반론이나 반대 논거 또는 질문 등으로 대답한다고 가정해보자. 나는 그러한 오해를 — 내가 다른 사람의 말을 이해했다는 근거에 입각해 — 해명하려고 할 것이다. 왜냐하면 아마 다른 사람도 이에 입각해 나의 오해를 해명하려는 등의 노력을 할 것이기 때문이다. 따라서 우리의 노력 중의 일부분, 그리고 간혹 가장 중요한 부분은 그 문제에 대한 공통적인 언어와 이해를 발전시키는 데 있을 것이다. 그리고 아마 우리는 부분적이나마 — 자주 발생하지는 않지만 때때로 발생하는 — 어떤 합의에 이를 것이다. 우리는 이러한 논변의 과정에 속해 있는 부분적인 오해나 몰이해라는 사실이 이상적 담화 상황의 조건을 위반한 것임을 나타낸다고 말할 수 있을까? 만약 '예'라고 답한다면, 우리는 이상적 담화 상황에 대한 이해라는 관점에서 볼 때 또 다시 이 개념을 '강조하는' 해석이라고 앞서 반박된 사례에 매우 근접하는 셈이 된다. 만약 '아니오'라고 대답한다면, 우리는 명석하고 — 그 자신에게 — 판명한 논거로 출발한, 모든 화자가 말하는 순간에 취하게 되는 가정을, 즉 화자의 명확한 말이 다른 사람에게도 명확할 수 있다는 가정을 지금까지 받아들였던 방식과는 완전히 다르게 해석하지 않으면 안 될 것이다. 다시 말해 그것은 담화 상황의 이상적 특성에 대한 가정은 결코 아닐 것이다. 오히려 이미 공통적인 언어라는 '이상화된' 가정, 즉 우리가 당장 ― 반성적인 태도로 ― 확신할 수 있는 가정으로 충분하다. 그래서 그러한 가정은 사실에 대한 가정으로서 동시에 존재론적 가상을 포함한다. 그리고 여기에는 고유한 논증의 명확성과 적절성에 대한 확신, 즉 전적으로 담화 상황의 구조가 아니라, 오히려 나의 고유한 말이 지닌 진리 내용 및 명확성과 관련된 가정이 포함된다. 그러나 합리적 상호 이해를 위한 노력의 결과물이 될 수 있는 것은 대체로 두 번씩이나 **현실화된** 것으로서 가정된다. 그러나 그것은 이상적 담화 상황이라는 가정과 변증법적인 가상이 결합된다는 것을 의미하는데, 이때 변증법적 가상이라는 것은 우리가 항상 그리고 이미 통찰로부터 시작해야만 하며 공통적 언어에 의지해야만 한다는 사실에서 귀결된 것이다. 비록 합리적 논변이 바로 이에 상응하는 가정을 항상 그리고 다시금 문제로 삼거나 교정한다고 할지라도 말이다. 바로 이점에서 합리적 논변은 합리적인 **논변으로** 증명된다.

만약 이러한 고찰이 정당하다면 이상적 담화 상황이라는 개념은 해소되지 않은 변증법적 가상을 포함하는데, 이러한 가상은 이상적 담화 상황이라는 개념 속에서는 합리적 상호 이해를 위한 노력의 출발점과 결과물이 동일한 것으로서, 그리고 동시에 상이한 것으로서 출현한다는 사실에서 나타난다. 그리고 만약 우리가 이러한 사실로부터 이상적 담화 상황이라는 개념을 이성적으로 된 삶의 형식이라는 이념의 규범적 기준점으로 이해한다면 그 개념의 양의성이 나타난다. 즉, 이상적 담화 상황이라는 개념은 형식적인 구조, 말하자면 합리적인 상호 이해를 위한 노력을 할 수 있는 가능성의 조건을 지시할 뿐만 아니라, 이성적 동의라는 의미에서도 그러한 노력의 결과물까지 가리키는 것이다.

앞서 예시된 사유는 확장될 수 있다. 또한 다른 사람이 그가 자신에게 말한 것을 이해하고 생각한 것을 말한다는 가정은 하나의 이상화인데, 우리는 이러한 이상화를 — 반성적인 태도에서 — 잘못된 존재론적 가상에 사로잡혀 있는 것이라고 간파할 수 있다. 즉, 합리적 상호 이해는 바로 모든 사람이 그가 자신을 이해하는 것보다 다른 사람을 더 잘 이해하는 데서, 그러므로 다른 사람을 생산적으로 이해한다는 것을 넘어서서 나는 나 자신의 고유한 논거를 더 잘 이해하는 것을 배울 수 있는 데서 진행된다. 방금 언급된 이상화는 필연적이면서도 변증법적인 가상의 원천이다. 만약 내가 그러한 이상화를 문자 그대로 받아들인다면, 그리고 이상화에서 완전히 투명하게 된 의사소통이라는 이념이나 개인의 전적인 자기투명성이라는 이념을 도출한다면, 나는 가능한 한 즉자적으로 존재하는 의사소통 상황의 구조를 위해 불가피한 '이상화된' 가정을 실체화하게 된다.

5

지금까지 우리가 고찰해온 결과는 다음과 같다. 우리는 '완전한' 또는 '이상적' 의미에서 유한하면서 동시에 인간적인 상호작용 형식일 수 있는 이성적인 삶의 형식이라는 개념을 형성할 수 없다. 이는 우리가 완전한 또는 이상적인 건강함이라는 개념을 신경증의 반대 개념으로 형성할 수 없는 것과 마찬가지이다. 이러한 근거에서 우리는 단지 이성적 삶에 대한 특정한 형식적 **조건**(보편주의적 도덕의식, 보편적 권리, 반성된 집단적 정체성 등)만을 진술할 수 있을 뿐이다. 그러나 실체적 의미에서 이성적 삶의 가능성, 즉 이성적인 정체성이 중요하다고 한다면, 형식적인 구조라는 관점에서 서술할 수 있는 어떠한 이상적 극한값도 존재하지 않는다. 오히려 개인 간의 강제 없는 상호성과 개인의 강제 없는 정체성이 경험할 수 있는 하나의 실재성이 되는 삶의 형식을 얻고자 하는 노력이 성공하느냐 실패하느냐 하는 것만이 있을 뿐이다. **그렇기 때문에 우리는 단지 소극적인** (negatorisch) 태도를 취할 수 있을 뿐이다. 즉, 우리는 의미의 완성을 의도할 수 없고, 오직 무의미한 것을 제거하기만을 의도할 수 있다. 그리고 우리는 개인 간의 완전히 강제 없는 관계라는 사유, 또는 완전한 합리성이라는 사유를 생각할 수 없다. 그러나 우리는 실제로 경험할 수 있는 강제나 방해를 제거하려고 하거나 비합리성을 제거하려고 노력할 수는 있다. 여기에서는 좋은 ─ 이성적이면서도 성공적인 ─ 삶에 대한 이념이 우리를 이끌어간다. 그러나 이러한 이념은 아마도 그림을 그리거나 원과 직선의 이념에 대한 물질적인 대상을 그릴 때 우리가 무한히 접근할 수 있다는 것과 같은 의미에서, 우리가 무한히 접근할 수 있는 이상적 극한값을 의미하지는 않는다. 오히려 좋은 삶이라는 이념은 언제나 우리가 피할 수 있는 비합리성이나 장애 또는 고통이 개인과 사회의 삶의 연관 속에서 의식된다는 정도에서 비판적 척도라는 의미를 획득하는 것이다.

지은이

알브레히트 벨머(Albrecht Wellmer)

벨머는 이 책을 출간하던 당시 콘스탄츠(Konstanz) 대학에서 철학 교수로 있었고, 포퍼(Karl R. Popper)에 관한 박사학위 논문 이후에 사회철학의 체계적 문제에 몰두해왔다. 그는 하버마스처럼 마르크스의 사회철학 속에 노동과 상호작용이 구별되고, 그래서 도구적 행위와 의사소통 행위가 구별되는 사회과학을 발전시킬 수 있는 성향이 잠재되어 있다는 견해에서 출발한다. 주로 주어캄프(Suhrkamp) 출판사에서 *Zur Dialektik von Moderne und Postmoderne: Vernunftkritik nach Adorno*(근대와 탈근대의 변증법을 위하여: 아도르노 이후의 이성비판; 문고판 532번), *Endspiele: Die unversöhnliche Moderne*(마지막 게임: 화해 불가능한 근대; 문고판 1095번) 외 다수의 책과 논문을 저술했다. 하버마스는 『의사소통행위이론』 등의 저서에서 벨머가 준 중요한 도움을 상당수 언급한 바 있다.

1933: 바트 오이엔하우젠에 있는 베르크키르헨에서 7월 9일 출생
1954~1961: 베를린과 킬 대학에서 수학과 자연과학을 공부
1961~1966: 하이델베르크와 프랑크푸르트에서 철학과 사회학을 공부
1966: 「인식론으로서의 방법론」이라는 연구 논문으로 박사학위 수여받음
1966~1970: 프랑크푸르트 대학의 연구조교 역임
1971: 「설명과 인과율」이라는 연구로 교수 자격 논문 제출
1970~1972: 토론토, 온타리오의 교육학 연구소의 강사 역임
1972~1975: 뉴욕의 사회연구를 위한 신대학 강사 역임
1973~1974: 슈타른베르크의 막스 플랑크 연구소 연구원 역임
1974: 콘스탄츠 대학 정교수로 임명
2006: 프랑크푸르트 시로부터 아도르노 상 수상

옮긴이

김동규

부산대학교 철학과에서 박사학위를 받고, 현재 경성대학교, 부산대학교, 신라대학교, 인제대학교에서 강의하고 있다. 현재 연구모임 비상(비판과 상상력)의 연구팀장으로 있으면서, 지역의 인문학 활성화를 위해 작은 실천을 하고 있다. 그중 하나로 대안공간 '공간초록'에서 대중 독서모임 '산책'을 조직해 3년 넘게 운영하고 있고, 같은 장소에서 지역시민을 위한 대중 인문학강연도 실시하고 있다. 그뿐만 아니라 부산의 노숙인 희망의 인문학 강좌와 새터민 인문학 강좌에 강사로 활동하며, 부산 민주주의사회연구소 부속 연구기관인 대안사회연구회 회원으로도 활동하고 있다. 『개성은 왜 사회를 발전시키는가』 외 다수의 저서와 논문이 있다.

박종식

부산대학교 철학과에서 박사학위를 받고, 현재 부산대학교, 해양대학교 등에서 강의하고 있다. 서양철학과 동양철학, 불교철학의 비교연구에 관심이 있으며, 특히 칸트철학과 불교의 나가르주나 및 다르마끼르띠의 철학의 비교연구에 몰두하고 있다. 논문으로는 「칸트철학과 소통의 문제: 아렌트의 칸트 '반성적 판단력'과 '공통감' 해석을 중심으로」, 「칸트철학에서 판단력과 매개활동에 관한 연구」, 「칸트의 제3이율배반과 선험적 자유」, 「현대 과학철학에서 핸슨과 쿤의 칸트주의적 경향」 등 다수가 있으며, 저서로는 『칸트철학과 현대』(공저), 『칸트철학과 현대해석학』(공저), 『비판적 예술이론의 역사』(공저), 『칸트 해석: 이원론의 문제』(공역) 등이 있다.

한울아카데미 1122

대화윤리를 향하여
칸트와 하버마스의 윤리학 비판

ⓒ 김동규·박종식, 2009

지은이 알브레히트 벨머
옮긴이 김동규·박종식(연구모임 비상 번역팀)
펴낸이 김종수
펴낸곳 도서출판 한울

편집책임 김현대
편집 최규선

초판 1쇄 발행 2009년 4월 29일
초판 2쇄 발행 2010년 10월 18일

주소 413-756 파주시 교하읍 문발리 535-7 302(본사)
    121-801 서울시 마포구 공덕동 105-90 서울빌딩 3층(서울 사무소)
전화 영업 02-326-0095, 편집 02-336-6183
팩스 02-333-7543
홈페이지 www.hanulbooks.co.kr
등록 1980년 3월 13일, 제406-2003-051호

Printed in Korea.
ISBN 978-89-460-5122-5 93100 (양장)
ISBN 978-89-460-4057-1 93100 (학생용)